特色小镇创建指南

陈 根 编著

电子工业出版社
Publishing House of Electronics Industry
北京·BEIJING

内 容 简 介

什么是特色小镇，特色小镇与特色小城镇的区别是什么？为什么要提出特色小镇的创建计划？应该如何规划特色小镇，如何建立特色小镇，如何参与特色小镇，如何让所建立的特色小镇不仅具有特色，并且具有可持续的生命力，都是摆在投资者与大众面前的课题。本书基于上述问题进行编写，旨在为大众提供理解特色小镇的通道，并从中寻找到合适的商机。

未经许可，不得以任何方式复制或抄袭本书之部分或全部内容。
版权所有，侵权必究。

图书在版编目（CIP）数据

特色小镇创建指南 / 陈根编著．—北京：电子工业出版社，2017.9
ISBN 978-7-121-32556-4

Ⅰ. ①特… Ⅱ. ①陈… Ⅲ. ①小城镇－城市建设－研究－中国 Ⅳ. ①F299.21

中国版本图书馆 CIP 数据核字（2017）第 204145 号

责任编辑：秦　聪
印　　刷：北京七彩京通数码快印有限公司
装　　订：北京七彩京通数码快印有限公司
出版发行：电子工业出版社
　　　　　北京市海淀区万寿路 173 信箱　邮编　100036
开　　本：720×1000　1/16　印张：19.5　字数：312 千字
版　　次：2017 年 9 月第 1 版
印　　次：2018 年 11 月第 8 次印刷
定　　价：59.00 元

凡所购买电子工业出版社图书有缺损问题，请向购买书店调换。若书店售缺，请与本社发行部联系，联系及邮购电话：（010）88254888，88258888。
质量投诉请发邮件至 zlts@phei.com.cn，盗版侵权举报请发邮件至 dbqq@phei.com.cn。
本书咨询联系方式：（010）88254568、qincong@phei.com.cn。

前　言

大多数人对于特色小镇的概念、意义及规划设计尚没有清晰的认识。当然，任何事物的发展都需要一个过程，特色小镇也是如此。尽管特色小镇在国外已经有非常悠久的历史，也形成了各种各样的特色小镇，但在我国当前的国情下，需要寻找到自己的特色小镇的发展模式。目前，从国家部委到各级地方政府再到企业层面等都在积极探索特色小镇的建设。

2016年7月，住建部、发改委、财政部联合发布《关于开展特色小镇培育工作的通知》，提出到2020年前，将培育1000个各具特色、富有活力的特色小镇；同年10月中旬，住建部即公布了首批127个中国特色小镇；10月底，发改委发布了《关于加快美丽特色小（城）镇建设的指导意见》。2017年2月8日，发改委在官网发布了《国家开发银行关于开发性金融支持特色小（城）镇建设促进脱贫攻坚的意见》。两会期间，特色小镇首次被写入政府工作报告，成为了当前产业、城市、经济升级的一个重要抓手。

根据上海市委书记李强（原江苏省委书记、浙江省长）在《特色小镇是浙江创新发展的战略选择》一文中的诠释，特色小镇不是行政区划单元上的"镇"，也不同于产业园区、风景区的"区"，而是按照"创新、协调、绿色、开放、共享"的发展理念，结合自身特质，找准产业定位，进行科学规划，挖掘产业特色、人文底蕴和生态禀赋，形成"产、城、人、文"四位一体有机结合的重要功能平台。

以国家新兴战略产业为主导方向，借助特色小镇的平台，将产业与产业所配套的人才集聚起来，同时通过小镇的人文、商业、居住等一系列配套措施，最终实现产业人才的安居乐业。2017年12月6日，发改委网站刊出了《关于规范推进特色小镇和特色小城镇建设的若干意见》，此文件由四个部委联合发文，标志着特色小镇的归属部门正式由之前的住建部移交至发改委。

这次的转移与其说是移交，倒不如理解为是对特色小镇对口监管部门的明确，让我们更清晰地看到国家对特色小镇这一新时期经济发展抓手的重视，从国家管理层面有了更清晰明确的顶层设计与考量。特色小镇不仅承载着国家新兴战略产业的未来国际竞争力的使命，同时对北京、上海等特大型城市目前所出现的人口拥挤问题也将起到非常大的疏解作用，缓减城市中心人口"拥堵"的问题。对于我国快速发展的城镇化而言，借助特色小镇，尤其是在一些城乡结合部培育、打造特色小镇，不仅能盘活区域经济，同时将更进一步地推进城镇化的有效转换。

正是由于特色小镇强调的是以围绕国家新兴战略产业培育为核心要素，因此，特色小镇并不能简单地理解为一次房地产运动，准确地说应该是一次以产业为核心的运动，鼓励产业人员投身到特色小镇的创建中去，结合自身对于产业的理解，建立一个产业集聚高地的特色小镇，并培育出一个具有独特竞争力的新经济体。

当然，目前在特色小镇的创建过程中也存在着各种各样的问题，包括对特色小镇的理解并不充分就仓促上马。而本书正是基于上述一些问题，受有关部委的委托编写了此书，当时，关于特色小镇的监管权限还未从住建部移交至发改委，而移交之后，对于特色小镇的考虑与顶层设计有了更细致的要求，因此笔者整理了相关内容进行了补充，您可在华信教育资源网（www.hxedu.com.cn）注册后搜索本书书名进行下载阅读。希望能帮助大家真正理解特色小镇的内涵、本质，并创建一个真正符合国策的特色小镇。

本书在写作过程中受到了包括发改委、住建部、工信部等有关部门领导的支持与帮助，在此一并感谢。同时也感谢特色小镇相关评审专家组成员的支持，以及陈道双、陈道利、林恩许、陈小琴、陈银开、卢德建、张五妹、李子慧、朱芋锭、周美丽、张叶等人的帮助，使得本书能顺利完稿。由于时间仓促，加之本人水平所限，书中难免存在疏漏或一些观点的不到位，望广大专家、读者能及时批评指正，并进行补充。

陈　根

2018 年 8 月

第一章　特色小镇解读　/ 001

Section 01　特色小镇的定义　/ 002

Section 02　特色小镇的目的　/ 007

Section 03　特色小镇的内涵　/ 010

Section 04　特色小镇的 IEPCO 模式　/ 012

第二章　特色小镇发展沿革　/ 015

Section 01　从产业园区到特色小镇　/ 016

Section 02　特色小镇扶持政策　/ 025

Section 03　特色小镇验收程序与标准　/ 044

第三章　特色小镇创建模式与运营　/ 067

Section 01　特色小镇的 PPP 模式　/ 068

Section 02　特色小镇的 IP 模式　/ 076

Section 03　特色小镇的经营模式　/ 081

Section 04　特色小镇的一体化建设　/ 087

Section 05　特色小镇的五种设计架构　/ 090

Section 06　如何设计特色小镇　/ 093

第四章　基于物联网的智慧特色小镇　/ 099

Section 01　智慧特色小镇的建设基础　/ 100

Section 02　特色小镇智慧化平台解决方案　/ 106

Section 03　智慧特色小镇的重要业务流程　/ 112

第五章　特色小镇的融资模式　/ 115

Section 01　概述　/ 116

Section 02　发债模式　/ 121

Section 03　融资租赁模式　/ 122

Section 04　基金模式　/ 124

Section 05　资产证券化模式　/ 127

Section 06　收益信托模式　/ 129

Section 07　PPP 融资模式　/ 130

第六章　特色小镇案例详解　/ 131

Section 01　"国家样板"特色小镇　/ 132

Section 02　我国智造产业项目小镇　/ 135

Section 03　我国旅游产业特色小镇　/ 139

Section 04　金融产业特色小镇　/ 143

Section 05　汽车工业特色小镇　/ 147

Section 06　航空特色小镇　/ 149

Section 07　教育特色小镇　/ 154

Section 08　艺术主题特色小镇　/ 157

Section 09　互联网创业特色小镇　/165

Section 10　创意农业特色小镇　/ 168

Section 11　休闲运动特色小镇　/ 173

Section 12　名人 IP 特色小镇　/ 182

Section 13　历史文化特色小镇　/ 184

Section 14　产业建质特色小镇　/ 194

Section 15　主题娱乐特色小镇　/ 198

Section 16　健康疗养特色小镇　/ 202

Section 17　风情主题特色小镇　/ 206

第七章　特色小镇规划编制指南　/ 209

Section 01　特色小镇规划编制总则　/ 210

Section 02　组织机制　/ 213

Section 03　编制内容　/ 215

Section 04　成果要求　/ 221

Section 05　审议程序　/ 223

Section 06　规划实施　/ 225

第八章　特色小镇申报文件　/ 229

Section 01　特色小镇申报流程　/230
Section 02　特色小镇创建指标体系　/235
Section 03　特色小镇申报材料　/237

附录 A　国家及地方政府关于特色小镇申报条件、流程汇总　/ 249

附录 B　全国各地"特色小镇"政策　/266

附录 C　第二批全国特色小镇推荐工作　/275

附录 D　特色小镇是浙江创新发展的战略选择　/295

第一章
特色小镇解读

Section 01
特色小镇的定义

当前，我国与世界发达国家之间的差距正在逐步缩小。随着城镇化进程的加快，最大的制约因素是农村人口与城市边缘地带人群如何有效地导入城市，以及城市新生一代的力量如何有效地融入城镇中，成了当前摆在城镇化道路上的重要问题。特色小镇由此孕育而生，作为加快新型城镇化建设的一个重要突破口，特色小镇是 2017 年从中央到地方都在大力推进的重要任务。2016 年 10 月 14 日，住建部公布了第一批中国特色小镇名单，进入这份名单的小镇共有 127 个，其中浙江 8 镇入选，位列榜首，其次的江苏、山东和四川各有 7 镇入选。

从入选名单可以看出，浙江占比重最高。而特色小镇的模式也正是起源于浙江，之后在全国迅速发展。不过特色小镇并非浙江原创，在国外已经有着比较悠久的历史，也沉淀了非常多知名且成功的特色小镇案例。

2016 年 2 月，国家发改委曾出面组织了一场特色小镇的专题发布会，浙江、贵州两省特色小镇的具体负责人参加并谈了相关经验，浙江、贵州被视为特色小镇发展的典型地区，也可以理解为当前的国家样本。尽管当前特色小镇处于爆发期，但对于特色小镇的定义至今并没有明确的表述。但按照住建部、发改委、财政部关于开展特色小镇培育工作的通知，特色小镇应具有特色鲜明、产业发展、绿色生态、美丽宜居的特征。

在浙江，特色小镇不是传统行政区划单元上的"镇"，也不同于产业园区、风景区的"区"，而是按照"创新、协调、绿色、开放、共享"的发展理念，结合自身特质，找准产业定位，进行科学规划，挖掘产业特色、人文底蕴和生态禀赋，形成"产、城、人、文"四位一体有机结合的宜居、宜业的重要功能平台。其关键指标要求为：规划空间要集中连片，规划面积要控制在 3 平方千米左右，建设面积控制在 1 平方千米左右，建设面积不能超出规划面积的 50%。

特色小镇定义：特色小镇非镇非区，并非传统行政区划单元，也不是产业园区，而是相对独立于市区，有明确产业定位、文化内涵、旅游特色和一定社区功能的产城融合的发展空间平台。特色小镇主要是指依赖某一特色产业和特色环境因素（如地域特色、生态特色、文化特色等），打造的具有明确产业定位、文化内涵、旅游特征和一定社区功能的综合开发项目。是旅游景区、消费产业聚集区、新型城镇化发展区三区合一，产城乡一体化的新型城镇化模式。特色小镇产业定位"一镇一业"，突出"特而强"；特色小镇功能集成"紧贴产业"，力求"聚而合"；特色小镇形态打造"突出精致"，展现"小而美"；特色小镇运作机制是"破旧去僵"，做到"活而新"，如图 1-1 所示。

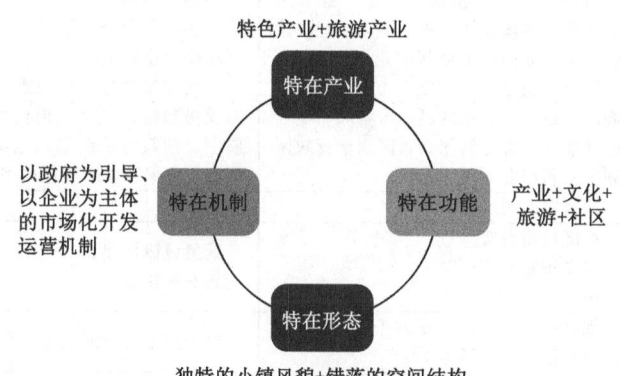

图 1-1 特色小镇示意图

特色小镇的特点如下。

（1）不要"千镇一面"，要"小而美"。过去，我国一些城市的建设被批评为"千城一面"，不重视差异化的建设与发展，导致许多城市大同小异。

如今，在特色小镇的建设中，从一开始就确立了不要"千镇一面"的思路。从特色出发，可以窥见当下中国特色小镇的思路。

（2）经济新常态下的创新模式。对于经济进入新常态的中国来说，以特色小镇为代表的新型城镇化建设，不仅是一种创新，同时也是一种非常有价值的探索。如果说转型升级是倒逼和牵引两种力综合作用的结果，那么，特色小镇就是一种正面牵引力，也可以说是一种新机制。在特色小镇创建这一创新模式中，倒逼着政府职能与管理做出相应的改变以适应新的发展模式。

（3）将产业集聚特色化。特色小镇尽管在我们国家的发展时间短，但其将产业、生活、文化等多种要素有效地叠加与融合在一起，从目前的发展情况来看，已经表现出了很强的示范效应和发展潜力。而对于当前的城镇化发展，或是一些地方政府而言，特色小镇既是当下经济增长的新抓手，同时也代表着未来。如表1-1与图1-2所示为特色小镇与特色小城镇的区别。

表1-1 特色小镇与特色小城镇的区别

	特色小镇	特色小城镇
概念	特色小镇主要指聚焦特色产业和新兴产业，集聚发展要素，不同于行政建制镇和产业园区的创新创业平台。 特色小镇是相对独立于市区，具有明确产业定位、文化内涵、旅游和一定社区功能的发展空间平台，区别于行政区划单元和产业园区	特色小城镇是指以传统行政区划为单元，特色产业鲜明，具有一定人口和经济规模的建制镇。 一般指城乡地域中地理位置重要、资源优势独特、经济规模较大、产业相对集中、建筑特色明显、地域特征突出、历史文化保存相对完整的乡镇
主管单位	国家发改委	住建部
提出背景	经济转型升级 城乡统筹发展 供给侧结构性改革	新型城镇化建设 新农村建设
面积	规划面积控制在3平方千米（建设面积控制在1平方千米）	整个镇区（一般为20平方千米^2）
产业类型	信息技术、节能环保、健康养生、时尚、金融、现代制造、历史经典、商贸物流、农林牧渔、创新创业、能源化工、旅游、生物医药、文体教	商贸流通型、工业发展型、农业服务型、旅游发展型、历史文化型、民族聚居型等
小镇建设	政府引导 企业主体 市场化运作	政府资金支持 统筹城乡一体化 规划引领建设

第一章 特色小镇解读

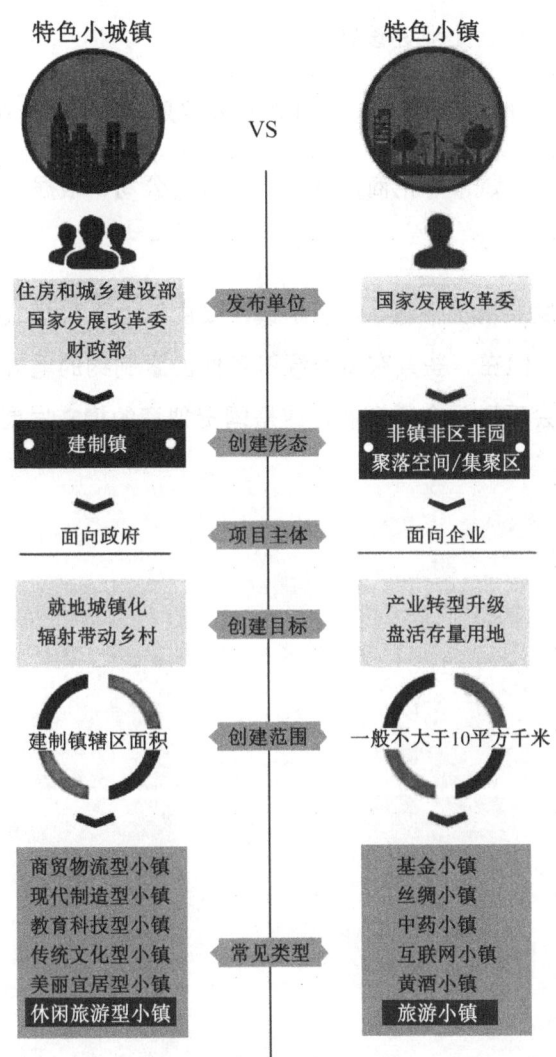

图 1-2 特色小城镇与特色小镇的区别

特色小镇发展模式主要有以下三种。

一是企业主体、政府服务。政府负责小镇的定位、规划、基础设施和审批服务，引进民营企业建设特色小镇。

二是政企合作、联动建设。政府做好大规划，联手大企业培育大产业。

三是政府建设、市场招商。政府成立国资公司，根据产业定位面向全国招商。

从前面的发展情况来看，特色小镇主要由以上三种模式组成，通常选择第一种模式，但在一些具有特殊经济条件因素制约的地方，或是一些特定的项目，也会采取混合所有制，或是国资独资的模式发展。

Section 02
特色小镇的目的

特色小镇从本质上来看，是世界主要发达国家产业竞争力的一种重要载体，是体现一个国家创新能力与产业实力的一种主要载体，也是中国当前经济转型升级的重要抓手。特色小镇的一个核心要素就是产业载体，然后辅以相应的文旅、景观，推动产业升级，盘活区域经济活力。可以说，特色小镇是一种优质产业的集聚区，在集聚产业的同时将人才也集聚在一起，实现一种"安居乐业"的模式。

经过多年的发展之后，北上广深等一线大型城市尽管占据着比较多的配套资源，但房价也正在成为一部分年轻群体进入的门槛，城市竞争力将面临困局。因此，如何在一线城市的边缘区域，以及一些人口导入与区域经济活力下降的城市，通过选定一个特色产业，并以此为依托来构建一个特色小镇，将有效盘活区域经济。从当前一些发达国家的情况来看，很多具有国际竞争力的产业，并非集聚在大型城市的核心区，更多的则是聚集在相对边缘的区域，形成了一个以产业带动居住、人文、休闲的特色小镇。

比如，美国的核心关键产业是金融与高科技，而这两大支撑美国的关键产业都没有集聚在纽约的核心区。美国的硅谷，其实就是由一连串小镇聚集而成的。斯坦福大学附近的帕罗奥图，除去大学校区也就几个平方千米，是硅谷的孵化中心；苹果公司所在的库比蒂诺人口五万多；英特尔总部所在的山景城也就七万多人口。在欧洲也是如此，比如德国，德国的汽车制造业领先全球，著名的高端汽车品牌——奥迪的全球总部和欧洲工厂都集中在一个叫英戈尔斯塔特的小镇，距离慕尼黑 60 公里，这个小镇也因此被叫作"奥迪之城"。英戈尔斯塔特工厂占地大约 1,993,276 平方米，其中大约 858,609 平方米已经修建完毕；工厂可用面积为 1,693,259 平方米。除了奥迪技术开发部，这里还有冲压车间、装配车间、塑料制品车间、喷涂车间等。英戈尔斯塔特的压制车间每天处理 1,350 吨原材料，可以用来生产大约 2,100 辆汽车。但该地区总人口也不过十二万，其中奥迪总部所在的英戈尔斯塔特的传统镇区人口则只有两三万人。

　　英国也是如此，比斯特文明的奥特莱斯购物小镇，以及闻名于全世界的剑桥大学的所在地剑桥镇，距离伦敦 80 公里，人口不到十万，这里是英国教育和科技创新中心。此外，英国最先进的产业——航空发动机制造，也是世界著名的航空发动机公司罗伊斯·罗尔斯的总部就在距离德比市中心大约 4 公里的 Sinfin 小镇上。而德比市也不过是一个总人口二十来万的小城，距离伦敦 180 公里。从这些欧美发达国家走的路径来看，特色小镇能够有效破解当前我国所面临的大城市病的问题，是真正能有效盘活与提振区域经济的一大抓手。同时，特色小镇的模式也是政府的重要工作，也可以理解为一种新的经济发展模式。

　　目前，我国大部分的高级人才和高端产业主要集中在大中城市，鲜有集中到小镇的。但这种情况正在发生改变，比如在上海、北京等城市，核心区域基本上以服务等相关配套的办公模式为主，并不承载产业的功能，大部分的产业经过几年的不断调整已经开始搬迁到相对边缘的区域。而目前一些高端产业的人才之所以还未充分地流动到一些边缘区域，一方面是因为相关的配套设施还不健全，另外一个最关键的原因则是特色小镇还未发展完善。一旦宜居、宜业、宜游、宜学等多业态叠加的特色小镇在区域经济中形成，必然将吸引相关产业大量人才的迁移，这也是经济水平和城镇化发展到一定程度之后的必然结果。

可以说，未来特色小镇的强弱将成为国家相关产业国际竞争力强弱的关键表现。因此，严格意义上而言，以文旅为主导的特色小镇其比重在整体中所占的比重将会逐步下降，真正意义上形成国家竞争力的特色小镇是基于产业集聚且是以高端产业为主导的小镇，如教育、IT、物联网、科研、金融、智能制造、生物医药、新能源、新材料等高端人才集聚的产业小镇。

Section 03

特色小镇的内涵

特色小镇，从字面可以了解其关键就在于"特"。不论是住建部主导的特色小城镇，或是国家发改委主导的特色小镇，两者之间都围绕着一个核心，即以"特"字展开相应的工作，其内涵主要由以下六方面所构成。

1. 产业"特"

特色小镇需培育发展的主要产业目标是国家新兴战略产业，其中包括新能源、物联网、互联网、金融、文化、设计、教育等，或者是传统经典产业中的某一行业乃至其中的某一环节，主要侧重于核心产业的集聚，而不是像产业园区或特色小城镇那样追求产业集群的完整性或产业链的集聚。

2. 人群"特"

由于特色小镇偏向于新兴战略产业，其从业人员层次相对较高，通常以高智力者、高技能者为主，多有着高学历、高收入，或有着独特思想、才华，与特色小城镇的创业者与从业者的文化层次有一定的差异，特色小城镇基本都是伴随着改革开放的步伐发展起来的，其创业者草根性相对较强。

3. 文化"特"

特色小镇与特色小城镇都对文化特色提出了要求，从目前的特色小城镇来看，文化主要体现在两方面，一是基于产业链集群所形成的一种产业自文化；二是基于当地人文所形成的一种旅游文化。而特色小镇在建立初期就对文化提出了要求，不仅要"特"更要"融"，也就是说既要有代表反映产业特色的文化，这是集聚力；同时又能融合所在地的人文特色，这是生命力，并将两者在小镇中融合为"特"。

4. 位置"特"

特色小镇通常在选址上偏向于市中心边缘的地带，或是城乡结合的区域，或是希望依托特色小镇带动区域经济的区域。因此，在位置的选择上需要独特的思考，要基于特色小镇这一新经济抓手的核心思想进行规划，借助于区域的人文优势突出选址的"特"。

5. 管理"特"

特色小镇从产业内容方面来看，主要是围绕着国家新兴战略方向进行打造，而这些产业的从业人员通常教育程度比较高，接受新生事物的能力强，乐于创新，对于科技有比较强烈的兴趣。因此，在小镇的管理层面需要充分考虑互联网、物联网、大数据、人工智能等趋势技术，借助于这些技术构建智慧管理的"特"，实现小镇的智慧化管理，并与智慧城市进行数据打通与共享。

6. 功能"特"

特色小镇的主要功能是为在小镇的产业企业提供创业创新所需的办公场所及必要的公共重大装备、实验室、图书馆，包括生活、商业、教育、医疗，以及为从业人员提供的舒适、惬意的休闲和人居环境。特色小镇应是一种创业创新生态圈的空间载体，是集"产、人、文、商、旅、居"六位一体、高度融合发展的"复合生态系统"。

Section 04
特色小镇的 IEPCO 模式

  特色小镇是国家新型城镇化建设、美丽乡村建设、城乡一体化发展的新模式和新路径，有利于促进新一轮土地释放、改善城乡居民生活水平和质量、拉动特色产业发展、带动区域经济发展、解决社区居民就业等，是破解城镇改革所面临的一些问题的有效途径。当前，如果继续依赖于政府财政来推动产城建设，政府债务将面临前所未有的压力，因此需要通过新办法、新模式来发展特色小镇的建设。为更好促进特色小镇持续健康发展，在总结以往团队小镇实践案例和国内外成功特色小镇建设经营经验的基础上，创意性提出迅速提升特色小镇全程价值的 IEPCO 模式，提供特色小镇 IP 孵化、规划设计、PPP 模式、建设施工、运营管理一站式服务；I（IP 孵化）、E（Engineering 规划设计）、P（PPP 模式）、C（Construction 建设施工）、O（Operation 运营管理）。相比较于 IP 或者 PPP 等概念，IEPCO 模式对于很多人而言相对比较陌生，那么到底什么是 IEPCO 模式？

  I：特色小镇 IP 孵化创意解读。IP 传统意义上是指"知识产权/知识财产"，这里所说的 IP 是核心认知产品，这个 IP 可以理解为核心吸引力、细分到极致的特色产业。换言之，IP 就是独特的"特"。特色小镇 IP 是自身"特"的显示和提炼，也是特色小镇特色产业的描述；纵观目前特色小镇发展，其 IP 属性种类较多，如影视 IP、动漫 IP、农业 IP、音乐 IP、金融 IP、汽车 IP 等不同 IP 属性。特色小镇通过挖掘和发现 IP 属性，打造自身发展特色，找到小镇发展特色灵魂产业的支撑。

E：特色小镇策划规划设计。特色小镇是按"创新、协调、绿色、开放、共享"的发展理念，结合自身特质，找准产业定位，科学进行规划，挖掘产业特色、人文底蕴和生态禀赋，形成"产、城、人、文"四位一体有机结合的重要功能平台。"特色小镇"是面向未来的新产业生态和成长空间，新常态下建设"特色小镇"，主要是融合产业转型升级、文化资源挖掘、旅游品牌打造等功能，成为传承文化和推进城乡统筹的平台，实现产业、文化、旅游、生态、社区功能的叠加，做到"特而强""聚而合""小而美"。

P：特色小镇 PPP 模式创新。PPP 模式，也称 PPP 融资，或者 PPP。即公私合营模式，即"Public—Private—Partnership"的字母缩写，起源于英国的"公共私营合作"的融资机制，是指政府与私人组织或者企业之间，为了合作建设城市基础设施项目，或是为了提供某种公共物品和服务，以特许权协议为基础，彼此之间形成一种伙伴式的合作关系，并通过签署合同来明确双方的权利和义务，以确保合作的顺利完成，最终使合作各方达到比预期单独行动更为有利的结果。

PPP 模式将部分政府责任以特许经营权方式转移给社会主体（企业），政府与社会主体建立起"利益共享、风险共担、全程合作"的共同体关系，政府的财政负担减轻，社会主体的投资风险减小。PPP 模式是一种非常有效的融资模式。PPP 融资模式首先可以解决特色小镇资金不足、不能持续发展的问题，用政府的财政资金撬动社会资本，弥补特色小镇的资金缺口，拓宽小镇建设的资金来源。

C：特色小镇建设施工。特色小镇的建设施工，既要有整体性思考，也要有因地制宜、因时制宜的把握。产品既要符合相关质量标准、法定规范，又需要结合运营、使用需要，做到充分尊重小镇特色。根据小镇的主题风格、创意设计，针对小镇具体的内容细节进行营造；建设施工过程中要注重小镇调性的统一，彰显小镇特色风格，在力求小镇"高颜值"呈现的基础上，保证小镇基础设施、建筑、公共空间、软性展现等方面的实用性、功能性。

O：特色小镇统一经营管理。Operation 运营管理，这个环节可能是整个 IEPCO 过程中最重要的环节，也是区别于传统乡建的核心差异点，我们理解的 IEPCO 整体应该是"OIEPCO"的闭环，以运营思路切入设计和规划，最后以运营管理收尾。

总的来说，IEPCO 模式下的特色小镇，主要体现在以下两方面。

一是政府主导，企业主体。政府负责小镇的定位、规划、基础设施和审批服务，民营企业负责实施、建设、运营、管理特色小镇。

二是政企合作、联动建设。政府做好大规划，联手民营资本，降低政府负债，有效盘活区域经济，做好做精特色小镇。

第二章
特色小镇发展沿革

Section 01
从产业园区到特色小镇

特色小镇火爆的背后,一些传统大体量的园区在升级改造后也直奔特色小镇而去。相比较于特色小镇,工业园区的发展在我国起步较早,经过了几十年的发展,全国各地开发区、工业园区、产业集聚区、高新区等产业园区的招商平台与管理体系都相对比较完善,一些产业园区的配套服务也都比较完善。而面对特色小镇这一新的发展模式,产业园区是否有必要延伸成特色小镇,成为了当下的一个焦点。从本质上而言,产业园区与特色小镇之间的发展理念并不相同,产业园区更侧重于产业的集聚,在传统的规划中更多的是考虑工作环境与配套的问题;而特色小镇则更侧重于产城融合,以产业为依托将生活与居住、休闲等要素融合考虑的一种模式。

一、园区和特色小镇的三点共性

1. 两者都重视产业发展

园区和特色小镇两者之间有个非常类似的共性,就是都关注重视产业发展,或者说产业是其两者的核心。特色小镇与工业园区、产业园区和企业园区之间的共性在于它们都是以产业为依托,以产业为支撑,强调主导产业的发展。

无论是特色小镇还是产业园区,两者都重视产业发展,如产业定位、产业特色、产业平台等，强调高端要素和优质产业的集聚，以新理念、新机制、新载体推进产业集聚、产业创新和产业升级。重视产业特色、集聚与创新。不论是国外成熟的特色小镇，或者是国内标杆的浙江特色小镇，都尤其强调产业特色是重中之重，也揭示了产业对于小镇发展的基础性支撑。

2. 两者都聚焦战略新兴产业

产业园区在转型升级过程中，其定位与相关产业的引进都基本保持着与国家产业发展战略方向一致的步伐，都非常关注节能环保、新一代信息技术、生物、高端装备制造、新能源、新材料和新能源汽车等大战略性新兴产业。

相比较于传统的产业园区，特色小镇在产业定位上更符合时代的趋势，其核心主要聚焦于信息经济、环保、健康、旅游、金融、高端装备制造等产业。相比传统的工业、产业园区是以一些劳动密集型为主的产业发展方式，特色小镇更是优中选优，倡导打造"高精尖"特色。环保与"轻、新"的产业业态是其核心特征，比如，云计算产业生态小镇——云栖小镇、互联网小镇——乌镇、玉皇山基金小镇等，均围绕着"轻、新"产业业态，彰显了聚焦战略新兴产业和产业发展升级。

3. 两者都重视产业集群

不论是产业园区，或者当前的特色小镇，在产业定位上都以集群的发展思路为主导，重点都是关注着将"业"集聚起来，两者都重视推动"同质化竞争"向"差异化发展"转型。二者都积极搭建资源集约化、产业集群化的产业体系和空间格局，形成独特的竞争优势。两者都重视新兴战略性产业的培育、集聚。

二者将产业布局的重点都放在金融、互联网、新能源、研发、设计、创新等上游领域及电子商务、物流、会展、策划等存在较大利润空间的下游领域；延伸产业链条、拓展产品种类，实现区域经济的结构化优化与升级。两者都强调为招商引资营造良好环境，创新与加快制定和落实相关优惠政策。比如对项目建设用地给予重点保障，在企业投资、科技创新、人才引进、员工子女就学等方面予以重点倾斜。

二、特色小镇的特色不限于产业

但特色小镇与工业园区、产业园区又有本质区别。首先，特色小镇强调的是特色产业与新型城镇化、城乡统筹、美丽中国、美丽乡村等结合，是一种产业与城镇有机互动的发展模式；其次，特色小镇更多针对的是小城镇、城市中的城中村改造，讲求其产业、居住和服务等空间功能布局的紧凑、协调、和谐，重点在于将工作、居住、生活三者融合在一起的新型生活模式。而工业园区、产业园区过去大多规模较大，用地粗放，居住、服务等功能不够完善，对附近的城市依赖性强。

从土地规划的空间上可以看出，三部委提出的国家级特色小镇更多关注城市圈、卫星城镇、重点镇、边远城镇对农村腹地的梯度辐射，是城镇化建设的重要抓手。无论是住建部、国家发改委、财政部《关于开展特色小镇培育工作的通知》中倡导的建制镇国家级小镇，还是浙江省的特色小镇都明确了特色小镇的产业定位、文化内涵、旅游和一定社区功能的发展空间平台，而区别于产业园区。国家"十三五"规划纲要及部委所发布的一系列文件都提出特色小镇要因地制宜，发展特色鲜明、产城融合、充满魅力的小城镇。

尤其浙江的特色小镇，比如云栖小镇、滨江物联网小镇等，都不同于传统的单一以生产主导的产业园区，而是加入上了文化、旅游和社区（生活）的考虑，具有产城融合的特征。其更加注重功能叠加，在自有特色产业的基础上，注重旅游开发、文化等产业。可以看出，特色小镇不同于以产业为主体、主要作为发展工具和空间载体的产业园区，而是以居民的"安居乐业"为主体，具有多元的功能、完善的服务、社区的认同、浓郁的生活氛围。

三、特色小镇离不开特色产业

特色小镇不是单纯的以工业制造业为主的园区开发。从产业本身来看，特色小镇所承载的产业，如云计算、基金、互联网创业等，更具创新性，而且需要以新理念、新机制和新技术、新模式来推进产业集聚、产业创新和产业升级。这与产业园区的单一性产业集聚是有所区别的，特色小镇将体现更强的集聚效应，释放产业、生活、商业、文旅等多层次叠加效应，将形成一种新的经济业态模式。

特色小镇的产业特色体现在五方面：一是以互联网、物联网等 IT 科技产业为主，围绕大数据、金融、云计算、物联网等科技发展趋势的高附加值产业为发展动力的特色小镇；二是以"工业 4.0"、"中国制造 2025"为引领，以智能制造为牵引力的战略性新兴产业、第三产业为主，重点在于研发设计；三是以服务传统产业转型升级为主，从加工制造向设计、品牌、展示转变，重点在于营销策划、服务、咨询等智力服务产业；四是以休闲度假旅游为主，满足市民短期、重复、特色需求，如飞行小镇重点在于体验式旅游与休闲服务；五是以体育、影视、教育等文化创意为主题的特色小镇，重点在于培育创意产业的发展。

此外，特色小镇的社区功能也是其与园区开发的重要区别，可以说园区重点在于产业规划，并未结合社区及人文、旅游等多重叠加的功能。可见，特色小镇还承载了除产业以外的居住、生活、文化、旅游等其他功能。特色小镇的特色不只限于产业，城镇格局、建设风貌、自然景观、历史人文、生态环境、生活方式等都可能形成特色。因此，以产业为主导的特色小镇，与现有的产业集聚区、产业园区也不能混为一谈。

四、特色小镇更讲求产城融合

当然，也不乏有些园区在升级改造后可以直奔特色小镇而去。从目前已经公布的名单中可以发现，特色小镇的崛起并不是一场单一的运动，更不是政府贸然实施的形象工程，而是实现城镇化的一个抓手与推力。当前，产城融合在一些城市的改造，以及新城区的发展中有着举足轻重的作用，但经过多年的发展之后，在土地方面出现了比较严重的供需矛盾。从供给侧结构改革层面来看，单一的依赖简单的土地财政显然走入了困境。而目前的趋势又是资源在不断地向一二线强城市集聚，如各大地产开发商集体涌入一线和二线城市，以新城大规模开发的概念愈演愈烈，从目前的实际情况来看，土地供给已经出现困难，未来这种模式势必难以为继。从需求侧来看，三四线城市在经济、产业、人口导入等综合评价指标方面，难以达到开发商的选址标准，容易被排除到扩展布局范围之外，因此会出现一二线过热、三四线过冷的局面。

因此，特色小镇是依托产业为载体，围绕产业、就业来完善生活、娱乐、休闲等多重功能叠加的小镇。而一些文化创意类的特色小镇，尤其是文化、旅游等特色资源的小镇，在产业载体上相对偏弱，难以充分利用比较优势来发展，对于推动产城融合的发展模式而言，其推动力相对乏力。当然，特色小镇与传统意义上的建制特色小镇之间存在着本质的差异，传统意义上的建制特色小镇基本上由过去的产业镇优化升级转变而来，规划相对固化，与当下的特色小镇并非同一概念。

2.1.1　特色小镇创建背景

在中国经济进入新常态时期，宏观经济环境开始错综复杂，面对"三期叠加"的巨大压力，即：（1）增长速度换档期，是由经济发展的客观规律所决定的；（2）结构调整阵痛期，是加快经济发展方式转变的主动选择；（3）前期刺激政策消化期，是化解多年来积累的深层次矛盾的必经阶段。支撑中国经济高速增长的两大主导，工业化和城镇化，几乎同时进入了换挡回调通道，中国经济随即陷入了相对困难的局面。为摆脱阶段性的发展困境，国家层面出台了"新型城镇化"和"大众创业、万众创新"两大对内解决方案。此时，"新型城镇化"和"大众创业、万众创新"落实的空间承载和市场动力释放，特色小镇成为了最佳选择之一，主要体现在以下两方面。

1. 城市化进程面临困境，特色小镇是破解城镇化改革一剂良方

中国的城市化进程是举世罕见的，仅用不到 30 年的时间几乎走完了西方 300 年的城市化历程。然而，这种高速的城市化是以透支未来为代价的。一方面，疯狂的造城运动，让很多大中型城市陷入"大而不当"的危机，人口拥挤、交通堵塞、就业困难、贫富分化、环境污染、生态破坏等一系列城市病集中爆发。最为重要的，是严重超过居民购买力的城市高房价与大量存量物业空置并存，使得城市经济让部分人开始担忧。另一方面，资源过分向大中城市集聚，直接造成了一些乡村的经济崩溃和劳动人口的流失，人口空心化、服务不平等、无产无业、文化瓦解、空间肢解，乡村经济开始出现乏力，城乡矛盾比以往任何时刻都更显尖锐。特色小镇的提出，无疑为中国的城镇化提供了一条相对明确可行的解决道路。特色小镇关于疏解城市资源和功能、发展乡镇经济、促进中小城市复兴的理念和做法，将是解决城市病及缓解城乡矛盾的一箭双雕之策。

2. 实体经济进退两难，特色小镇成为最佳产业动力释放空间

在"三期叠加"（增长速度换档期、结构调整阵痛期、前期刺激政策消化期）的巨大压力下，当发展触碰到"天花板"，当旧有路径难以为继，就需要通过创新来寻找新的经济发展模式。而特色小镇，将是激发创业创新的重要平台，也是提高与增强国家产业竞争力的有效手段。特色小镇成为经济新常态下加快区域创新发展的必然战略选择。

2.1.2 特色小镇发展现状

2016 年 7 月 20 日，住建部等三部委联合发布《关于开展特色小镇培育工作的通知》，决定在全国范围开展特色小镇培育工作，计划到 2020 年，培育 1000 个左右各具特色、富有活力的特色小镇，引领带动全国小城镇与

特色小镇建设风潮。自此，特色小镇成为新农村、新型城镇化后中国城乡发展的又一发展新模式，成为了城镇化建设的一大重要抓手。从目前的文件要求来看，特色小镇的要求是环境美丽宜居，产业丰富，集休闲旅游、金融、商贸物流、现代制造、教育科技、传统文化等多种业态为一体，投资规模巨大，对中国的城镇化具有巨大的推动力。

一、特色小镇与相关概念比较

1. 特色小镇与新农村的关系

全面推进新农村建设，是构建和谐社会的一项基础工作。而充分挖掘产业特色、人文底蕴和生态禀赋，用新理念、新机制、新载体来推进"特色小镇"建设，在城镇与农村的交汇处打造一个新的经济发展平台，能有效带动农村人口的城镇化转移，也能充分解决就业。因此，加快建设一批产业特色鲜明、人文气息浓厚、生态环境优美、兼具旅游与社区功能的"特色小镇"，必将有力推动新农村建设。

2. 特色小镇与工业园区的关系

特色小镇不是单纯的以工业制造业为主的园区开发。与工业园区只承担工业产业集聚发展的功能不同，特色小镇还承载了除却工业以外的居住、生活、休闲、文化、旅游等其他功能。特色小镇的特色不只限于工业，产业只是特色小镇的一项载体而已，而这项载体并不局限于工业产业，更多的则是以新兴战略性产业与第三产业为主。

3. 特色小镇与产业新城的关系

特色小镇可以简单地理解为新型精品镇，是按创新、协调、绿色、开放、共享的发展理念，结合自身区位与资源优势，找准产业定位，进行科学规划，挖掘产业特色、人文底蕴和生态禀赋，实行产城融合、服务配套、管理健全的发展模式。从目前特色小镇的相关指导文件，以及已经获得国家批准的特色小镇来看，其与产业新城发展模式存在着一些共性的特征，如表 2-1 所示。当然，特色小镇相对更为精致、更符合当前中国经济发展的国情。

表 2-1 特色小镇与特色小城镇的区别

共性	分析
运行机制相同	按照现有的模式及政策导向，产业新城和特色小镇都按照"政府引导、企业主体、市场化运作"的原则。双方明确各自责任，项目公司作为投资及开发主体，主要负责设计、投资、建设、运营、维护一体化市场运作，充分发挥市场机制的主导作用；政府负责履行政府职能，负责宏观调控、制定规范标准、提供政策支持等职能工作。双方制订一定收益回报机制，收益与风险共担。
政府政策支持	都有一系列政策出台鼓励产业新城和特色小镇的发展。优惠政策有：税收政策、土地政策、收益政策、财政支持政策、金融支持政策等。这些优惠政策不仅涉及项目开发关联主体，入驻企业同样可以获得政策支持。
交通便利	产业新城的产业结构复杂多样、配套完善，新城与中心城市之间要有便捷的连接渠道，新城的建设要充分考虑各种交通系统连接城市的合理性和便捷性。而具备旅游功能的特色小镇虽然稍远离城市中心地段，但是因为叠加了旅游功能要发展成为景区，道路交通等基础设施也都服从于合理性和便捷性。

二、特色小镇发展现状与趋势分析

特色小镇数量及地区分布：2016 年 10 月 14 日，住房和城乡建设部正式公布北京市房山区长沟镇等 127 个第一批中国特色小镇。以分布情况来看，华东区域和西南区域的数量是最多的，但大部分是特色小城镇的概念，其中真正意义上的特色小镇占比并不多。

特色小镇类型结构分析：根据住建部发布的第一批中国特色小镇名单，结合住建部推荐工作的通知，特色小镇的类型主要有工业发展型、历史文化型、旅游发展型、民族聚居型、农业服务型和商贸流通型，经过整理分析，旅游发展型的特色小镇最多，共有 64 个小镇上榜，占比达 50.39%；其次是历史文化型的特色小镇，共有 23 个小镇上榜，占比达 18.11%（见图 2-1）。

特色小镇发展前景分析：根据浙江省发改委的数据显示，2016 年 1 至 9 月，37 个特色小镇共完成投资 480 亿元，预计到 2016 年年底可完成投资额超 600 亿元，约占规划中 100 个小镇 5000 亿的 12%。从对国内已建成小镇的样本统计来看，总投资中基建设施投资约占比 30%~50%，估算全国 1000 个小镇基建投资将有 1.5~2.5 万亿，对于转型过程中的中国经济有着比较关键的作用（见图 2-2）。

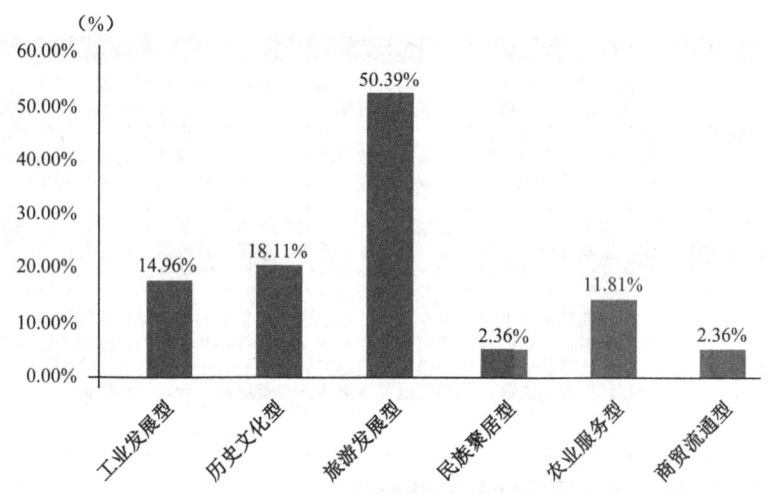

图 2-1 中国第一批特色小镇类型结构

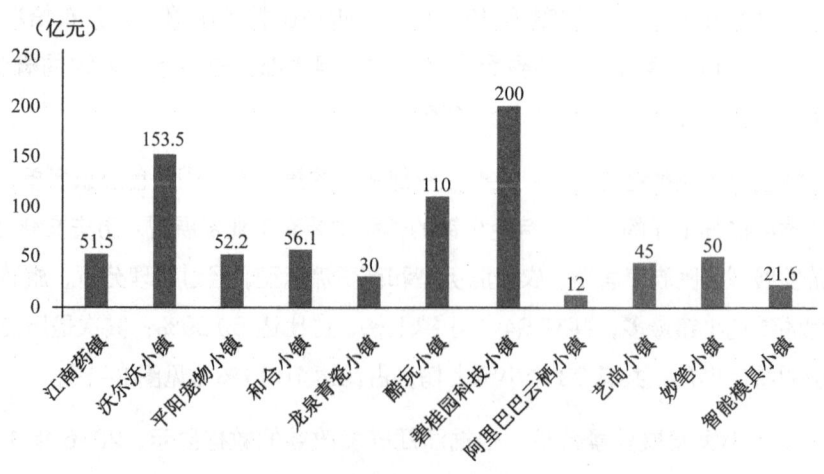

图 2-2 部分具有代表性的特色小镇投资金额

Section 02
特色小镇扶持政策

2.2.1 用地政策

一、中央关于特色小镇用地支持政策

在关于特色小镇的部委指导文件中并没有针对特色小镇的土地支持政策的具体规定，但是特色小镇培育属于深入推进新型城镇化工作的组成部分，因此我们可以从《国务院关于深入推进新型城镇化建设的若干意见》（国发〔2016〕8号）中看出特色小镇用地政策的空间。

《若干意见》第六条"完善土地利用机制"，为解决特色小镇用地问题指出四个方向：一是规范推进城乡建设用地增减挂钩。也就是说从城乡建设用地增减挂钩所获得的用地指标是特色小镇用地的来源之一。二是建立城镇低效用地再开发激励机制。允许存量土地使用权人在不违反法律法规、符合相关规划的前提下，按照有关规定经批准后对土地进行再开发。这是提高原有用地效率的方式。三是因地制宜推进低丘缓坡地开发。这种方式可新增用地。四是完善土地经营权和宅基地使用权流转机制。这里面含有两块，一块是流转，取得一定年限的使用权，另一块是农民有偿自愿退出，退出后减少的乡村用地指标可以通过第一种方式转化为增加的城市建设用地指标。

各省关于特色小镇的用地支持政策是对宏观的新型城镇化土地利用机制的进一步具体化。

二、各省市解决特色小镇用地的做法

梳理各省、自治区、直辖市关于特色小镇（示范镇、重点镇）的用地政策，主要包括以下几种措施。

1. 在建设用地计划中保证或优先安排，如重庆市专项下达特色小镇示范点建设用地计划指标。福建省国土厅对每个特色小镇各安排100亩用地指标。

2. 奖励和惩罚用地指标。天津对如期完成年度规划目标任务的，给予一定土地利用年度计划指标奖励。浙江对如期完成年度规划目标任务的，按实际使用指标的50%给予配套奖励，其中信息经济、环保、高端装备制造等产业类特色小镇按60%给予配套奖励；对3年内未达到规划目标任务的，加倍倒扣省奖励的用地指标。

3. 城乡建设用地增减挂钩指标：湖北省2017年起单列下达每个特色小（城）镇500亩增减挂钩指标。陕西省政府为每个重点示范镇提供1000亩土地增减挂钩指标。

4. 利用低丘缓坡、滩涂资源和存量建设用地。

5. 工矿废弃地复垦利用和城镇低效用地再开发。

6. 过渡期按原用途使用土地。如福建省和湖北省的新业态可实行继续按原用途和土地权利类型使用土地的过渡期政策。

7. 农村集体土地流转和租赁。如内蒙古自治区鼓励农村牧区集体经济组织和农牧民以土地入股，集体建设用地使用权转让、租赁等方式有序地进行农家乐、牧家乐、家庭旅馆、农庄旅游等旅游开发项目试点。

各省、自治区、直辖市的特色小镇用地政策都是在《国务院关于深入推进新型城镇化建设的若干意见》原则性意见基础上的细化。

三、解决特色小镇建设用地问题政策建议

解决特色小镇建设用地的基本思路是存量土地挖潜提高效率，增量用地在土地使用计划中保证或者城乡建设用地增减挂钩解决，结合农村集体建设用地改革让集体建设用地通过入股、流转参与特色小镇建设。

1. 坚持发展实业，防止打着特色小镇名义，违法违规搞圈地开发。在考核固定资产投资规模时不含商品住宅和商业综合体项目投资。对养老地产、旅游地产等房地产开发项目从严审批。

2. 坚持产城融合原则，以城镇为基础，承载产业发展；以产业为保障，建设基础设施，完善公共服务，吸引更多农业转移人口。依托建制镇建成区拓展，避免离开建制镇新开辟特色小镇规划和建设区，从而避免占用更多耕地。

3. 坚持集约节约用地原则，着力提高现有土地使用效率。127个镇（5个数据缺失）人均建设用地面积243.75平方米，指标偏高。一些开发区、工业园区土地使用效率低，特色小镇用地应与提高既有园区土地使用效率相结合。

4. 坚持城乡一体，村镇联动原则，鼓励集体建设用地以入股或租赁等形式参与特色小镇项目，分享特色小镇发展收益，保护农民的合法权益。鼓励地方开展资源变资产、资金变股金、农民变股东等改革。

5. 坚持激励和约束并举的原则，建立用地长效机制。借鉴浙江创建制的做法，对完成规划目标的小镇进行奖励，对未完成规划目标的小镇进行惩罚，有利于实现用地目标，提高用地效率。

2.2.2 财政政策

此文对中央和地方的扶持政策进行了整理供参考。

一、中央部委资金支持政策

《住房和城乡建设部 国家发展改革委 财政部关于开展特色小镇培育工作的通知》(建村[2016]147号)在组织领导和支持政策中提出两条支持渠道。

一是国家发展改革委等有关部门支持符合条件的特色小镇建设项目申请专项建设基金；二是中央财政对工作开展较好的特色小镇给予适当奖励。

应当说这是中央财政资金第一次比较系统地对小城镇建设给予支持，具有十分强烈的导向意义，说明相关部门确实把特色小镇放到了新型城镇化工作的重要地位上。

1. 国家发改委资金支持政策

关于特色小镇建设项目申请专项建设基金，实际上在三部委文件出台之前，在国家发展改革委申请专项建设基金的第19项"新型城镇化"一项中，有"特色镇建设"这一子项，其他几个子项也与特色小镇建设相关，分别是"19.1 国家新型城镇化试点地区的中小城市"、"19.2 全国中小城市综合改革试点地区"、"19.3 少数民族特色小镇"。

2016年10月8日，国家发展改革委《关于加快美丽特色小（城）镇建设的指导意见》(发改规划[2016]2125号)表示将加强统筹协调，加大项目、资金、政策等的支持力度。

2. 中央财政奖励政策

文件提出中央财政对工作开展较好的特色小镇给予适当奖励，还没有出台具体办法。

3. 农业发展银行的政策性贷款

农业发展银行对于特色小镇响应最早，于2015年年底就推出了特色小城镇建设专项信贷产品。

中长期政策性贷款主要包括集聚城镇资源的基础设施建设和特色产业发展配套设施建设两个方面。

2016年10月10日，《住房和城乡建设部 中国农业发展银行关于推进政策性金融支持小城镇建设的通知》（建村[2016]220号）进一步明确了农业发展银行对于特色小镇的融资支持办法。

住建部负责组织、推动全国小城镇政策性金融支持工作，建立项目库，开展指导和检查。中国农业发展银行将进一步争取国家优惠政策，提供中长期、低成本的信贷资金。

支持范围包括：支持以转移农业人口、提升小城镇公共服务水平和提高承载能力为目的的基础设施和公共服务设施建设。土地住房、基础设施、环境设施、文教卫设施、商业设施及其他。

为促进小城镇特色产业发展提供平台支撑的配套设施建设（生产、展示、服务）。优先支持贫困地区，以贫困地区小城镇建设作为优先支持对象，统筹调配信贷规模，保障融资需求。

建立贷款项目库。申请政策性金融支持的小城镇需要编制小城镇近期建设规划和建设项目实施方案，经县级人民政府批准后，向中国农业发展银行相应分支机构提出建设项目和资金需求。

各省级住房城乡建设部门、中国农业发展银行省级分行应编制本省（区、市）本年度已支持情况和下一年度申请报告（包括项目清单），并于每年12月月底前提交住房和城乡建设部、中国农业发展银行总行，同时将相关信息录入小城镇建设贷款项目库。

二、主要省份的特色小镇资金支持政策

1. 浙江省

新增财政收入上交省财政部分,前 3 年全额返还、后 2 年返还一半给当地财政。

2. 河北省

省级财政用以扶持产业发展、科技创新、生态环保、公共服务平台等专项资金,优先对接支持特色小镇建设。

鼓励和引导政府投融资平台和财政出资的投资基金,加大对特色小镇基础设施和产业示范项目的支持力度。

省市县美丽乡村建设融资平台对相关特色小镇的美丽乡村建设予以倾斜支持,对符合中心村申报条件的特色小镇建设项目,按照全省中心村建设示范点奖补标准给予重点支持,并纳入中心村建设示范点管理,对中心村建设示范县(市、区),再增加 100 万元奖补资金,专门用于特色小镇建设。

3. 内蒙古自治区

各级财政统筹整合各类已设立的相关专项资金,重点支持特色小镇市政基础设施建设。在镇规划区内建设项目缴交的基础设施配套费,要全额返还小城镇,用于小城镇基础设施建设。

4. 辽宁省

研究制定相关配套优惠政策,整合各类涉农资金,支持特色乡镇建设。列入省级新型城镇化试点,并可推荐申报国家新型城镇化综合试点镇。省财政通过不断优化财政支出结构,支持各地推进特色乡镇建设。

5. 山东省

从 2016 年起,省级统筹城镇化建设等资金,积极支持特色小镇创建,

用于其规划设计、设施配套和公共服务平台建设等。鼓励省级城镇化投资引导基金参股子基金加大对特色小镇创建的投入力度。

6. 安徽省

整合对特色小镇的各类补助资金。省发展改革委支持符合条件的建设项目申请专项建设基金；省财政对工作开展较好的特色小镇给予奖补；市、县财政要进一步加大特色小镇建设投入。

7. 福建省

新增的县级财政收入，可以安排一定比例的资金用于特色小镇建设。发债企业1%的贴息，省地各承担一半。50万元规划设计补助，省发改委、省财政厅各承担25万元。国家专项、省专项，垃圾污水省以奖代补。

8. 甘肃省

省级财政采取整合部门资金的办法对特色小镇建设给予支持。同时采取"以奖代补"。特色小镇建设用地的租赁收入以及小城镇基础设施配套费。

9. 海南省

《海南省特色风情小镇建设指导意见》（2014年）规定：项目和资金上优先；建议预算安排一定资金；村镇规划区内建设项目缴交的基础设施配套费全额返还小城镇；部门整合支持。

《海南省人民政府关于印发全省百个特色产业小镇建设工作方案的通知琼府》（〔2015〕88号）规定：

一是设立产业小镇产业发展引导基金，重点用于产业小镇的产业培育；

二是各方面的财政专项资金（基金）在符合投向的情况下，要向产业小镇的产业发展及相关基础设施建设等项目倾斜。

新增财政收入部分，省财政可考虑给予一定返还。

10. 重庆市

加大市级小城镇建设专项资金投入，调整优化市级中心镇专项建设资金，重点支持特色小镇示范点建设。特色小镇示范点建设项目打捆纳入市级重点项目。

11. 陕西省

重点示范镇每年省财政支持 1000 万元，文化旅游名镇每年支持 500 万元。

12. 四川省

从 2013 年开始，连续 3 年，每年启动 100 个省级试点镇建设。省级财政安排专项资金，支持试点镇市政基础设施建设，完善公共服务功能，提升试点镇的承载能力和吸纳能力。市（州）、县（市、区）财政也要安排专项资金，加大投入。

13. 贵州省

加强资金筹措：各市（州）、试点县要加大本级财政对小城镇建设发展的支持力度，在年度财政预算时要安排小城镇建设发展专项资金，集中用于支持试点县小城镇建设发展。"财政补助、信贷支持、社会投入"。

14. 广西壮族自治区

自治区将整合涉及示范镇建设的相关资金和项目，积极为示范镇争取中央专项和转移支付资金支持。自治区本级资金补助标准为每个示范镇 1000 万元，示范镇总投资一般不低于 2000 万元。

15. 西藏自治区

自治区财政安排 10 亿元特色小城镇示范点建设工作启动资金。

地（市）、县（区）人民政府要以规划为统领，以基础设施项目、产业项目、民生项目为重点，进一步整合交通运输、住房城乡建设、农牧、水利、林业、电力等部门资源，调整资金结构，按照"渠道不乱、用途不变、统筹安排、集中投入、各司其职、各记其功、形成合力"的原则，加大对特色小城镇建设的投入力度。

同时，要广泛吸纳社会资金和民间资本支持特色小城镇示范点建设。充分发挥援藏资金在小城镇建设中的重要作用。

2.2.3 金融

一、国家发展改革委、国家开发银行关于开发性金融支持特色小（城）镇建设促进脱贫攻坚的意见

此文件发布时间为 2017 年 1 月 13 日，具体内容如下。

各省、自治区、直辖市及计划单列市发展改革委、新疆生产建设兵团发展改革委，国家开发银行各分行：

建设特色小（城）镇是推进供给侧结构性改革的重要平台，是深入推进新型城镇化、辐射带动新农村建设的重要抓手。全力实施脱贫攻坚、坚决打赢脱贫攻坚战是"十三五"时期的重大战略任务。在贫困地区推进特色小（城）镇建设，有利于为特色产业脱贫搭建平台，为转移就业脱贫拓展空间，为易地扶贫搬迁脱贫提供载体。为深入推进特色小（城）镇建设与脱贫攻坚战略相结合，加快脱贫攻坚致富步伐，现就开发性金融支持贫困地区特色小（城）镇建设提出以下意见。

1. 总体要求

全面贯彻党的十八大和十八届三中、四中、五中、六中全会精神，统筹推进"五位一体"总体布局和协调推进"四个全面"战略布局，牢固树立和贯彻落实新发展理念，按照扶贫开发与经济社会发展相结合的要求，充分发挥开发性金融作用，推动金融扶贫与产业扶贫紧密衔接，夯实城镇产业基础，完善城镇服务功能，推动城乡一体化发展，通过特色小（城）镇建设带动区域性脱贫，实现特色小（城）镇持续健康发展和农村贫困人口脱贫双重目标，坚决打赢脱贫攻坚战。

——坚持因地制宜、稳妥推进。从各地实际出发，遵循客观规律，加强统筹协调，科学规范引导特色小（城）镇开发建设与脱贫攻坚有机结合，防止盲目建设、浪费资源、破坏环境。

——坚持协同共进、一体发展。统筹谋划脱贫攻坚与特色小（城）镇建设，促进特色产业发展、农民转移就业、易地扶贫搬迁与特色小（城）镇建设相结合，确保群众就业有保障、生活有改善、发展有前景。

——坚持规划引领、金融支持。根据各地发展实际，精准定位、规划先行，科学布局特色小（城）镇生产、生活、生态空间。通过配套系统性融资规划，合理配置金融资源，为特色小（城）镇建设提供金融支持，着力增强贫困地区自我发展能力，推动区域持续健康发展。

——坚持主体多元、合力推进。发挥政府在脱贫攻坚战中的主导作用和在特色小（城）镇建设中的引导作用，充分利用开发性金融融资、融智优势，聚集各类资源，整合优势力量，激发市场主体活力，共同支持贫困地区特色小（城）镇建设。

——坚持改革创新、务求实效。用改革的办法和创新的精神推进特色小（城）镇建设，完善建设模式、管理方式和服务手段，加强金融组织创新、产品创新和服务创新，使金融资源切实服务小（城）镇发展，有效支持脱贫攻坚。

2. 主要任务

（1）加强规划引导。加强对特色小（城）镇发展的指导，推动地方政府结合经济社会发展规划，编制特色小（城）镇发展专项规划，明确发展目标、建设任务和工作进度。开发银行各分行积极参与特色小（城）镇规划编制工作，统筹考虑财税、金融、市场资金等方面因素，做好系统性融资规划和融资顾问工作，明确支持重点、融资方案和融资渠道，推动规划落地实施。各级发展改革部门要加强与开发银行各分行、特色小（城）镇所在地方政府的沟通联系，积极支持系统性融资规划编制工作。

（2）支持发展特色产业。一是各级发展改革部门和开发银行各分行要加强协调配合，根据地方资源禀赋和产业优势，探索符合当地实际的农村产业融合发展道路，不断延伸农业产业链、提升价值链、拓展农业多种功能，推进多种形式的产城融合，实现农业现代化与新型城镇化协同发展。二是开发银行各分行要运用"四台一会"（管理平台、借款平台、担保平台、公示平台和信用协会）贷款模式，推动建立风险分担和补偿机制，以批发的方式融资支持龙头企业、中小微企业、农民合作组织以及返乡农民工等各类创业者发展特色优势产业，带动周边广大农户，特别是贫困户全面融入产业发展。三是在特色小（城）镇产业发展中积极推动开展土地、资金等多种形式的股份合作，在有条件的地区，探索将"三资"（农村集体资金、资产和资源）、承包土地经营权、农民住房财产权和集体收益分配权资本化，建立和完善利益联结机制，保障贫困人口在产业发展中获得合理、稳定的收益，并实现城乡劳动力、土地、资本和创新要素高效配置。

（3）补齐特色小（城）镇发展短板。一是支持基础设施、公共服务设施和生态环境建设，包括但不限于土地及房屋的征收、拆迁和补偿；安置房建设或货币化安置；水网、电网、路网、信息网、供气、供热、地下综合管廊等公共基础设施建设；污水处理、垃圾处理、园林绿化、水体生态系统与水环境治理等环境设施建设以及生态修复工程；科技馆、学校、文化馆、医院、体育馆等科教文卫设施建设；小型集贸市场、农产品交易市场、生活超市等便民商业设施建设；其他基础设施、公共服务设施以及环境设施建设。二是支持各类产业发展的配套设施建设，包括但不限于标准厂房、孵化园、众创空间等生产平台；旅游休闲、商贸物流、人才公寓等服务平台建设；其他促进特色产业发展的配套基础设施建设。

（4）积极开展试点示范。结合贫困地区发展实际，因地制宜开展特色小（城）镇助力脱贫攻坚建设试点。对试点单位优先编制融资规划，优先安排贷款规模，优先给予政策、资金等方面的支持，鼓励各地先行先试，着力打造一批资源禀赋丰富、区位环境良好、历史文化浓厚、产业集聚发达、脱贫攻坚效果好的特色小（城）镇，为其他地区提供经验借鉴。

（5）加大金融支持力度。开发银行加大对特许经营、政府购买服务等模式的信贷支持力度，特别是通过探索多种类型的 PPP 模式，引入大型企业参与投资，引导社会资本广泛参与。发挥开发银行"投资、贷款、债券、租赁、证券、基金"综合服务功能和作用，在设立基金、发行债券、资产证券化等方面提供财务顾问服务。发挥资本市场在脱贫攻坚中的积极作用，盘活贫困地区特色资产资源，为特色小（城）镇建设提供多元化金融支持。各级发展改革部门和开发银行各分行要共同推动地方政府完善担保体系，建立风险补偿机制，改善当地金融生态环境。

（6）强化人才支撑。加大对贫困地区特色小（城）镇建设的智力支持力度，开发银行扶贫金融专员要把特色小（城）镇作为金融服务的重要内容，帮助派驻地（市、州）以及对口贫困县区域内的特色小（城）镇引智、引商、引技、引资，着力解决缺人才、缺技术、缺资金等突出问题。以"开发性金融支持脱贫攻坚地方干部培训班"为平台，为贫困地区干部开展特色小（城）镇专题培训，帮助正确把握政策内涵，增强运用开发性金融手段推动特色小（城）镇建设、促进脱贫攻坚的能力。

（7）建立长效合作机制。国家发展改革委和开发银行围绕特色小（城）镇建设进一步深化合作，建立定期会商机制，加大工作推动力度。各级发展改革部门和开发银行各分行要密切沟通，共同研究制定当地特色小（城）镇建设工作方案，确定重点支持领域，设计融资模式；建立特色小（城）镇重点项目批量开发推荐机制，形成项目储备库；协调解决特色小（城）镇建设过程中的困难和问题，将合作落到实处。

各级发展改革部门和开发银行各分行要支持贫困地区特色小（城）镇建设促进脱贫攻坚，加强合作机制创新、工作制度创新和发展模式创新，积极探索、勇于实践，确保特色小（城）镇建设取得新成效，打赢脱贫攻坚战。

二、住房和城乡建设部、国家开发银行关于推进开发性金融支持小城镇建设的通知

此文件发布时间为2017年1月24日，具体内容如下。

各省、自治区、直辖市住房城乡建设厅（建委），北京市农委、规划和国土资源管理委，上海市规划和国土资源管理局，新疆生产建设兵团建设局，国家开发银行各省（区、市）分行、企业局：

为贯彻落实党中央、国务院关于推进小城镇建设的精神，大力推进开发性金融支持小城镇建设，现就有关工作通知如下。

1. 充分认识开发性金融支持小城镇建设的重要意义

小城镇是新型城镇化建设的重要载体，是促进城乡协调发展最直接最有效的途径，在推进经济转型升级、绿色低碳发展和生态环境保护等方面

发挥着重要作用。小城镇建设任务艰巨，资金需求量大，迫切需要综合运用财政、金融政策，引导金融机构加大支持力度。开发性金融支持是推动小城镇建设的重要手段，是落实供给侧结构性改革的重要举措。各级住房城乡建设部门、国家开发银行各分行要充分认识开发性金融支持小城镇建设的重要意义，加强部行协作，强化资金保障，全面提升小城镇的建设水平和发展质量。

2. 主要工作目标

（1）落实《住房和城乡建设部 国家发展改革委 财政部关于开展特色小镇培育工作的通知》（建村[2016]147号），加快培育1000个左右各具特色、富有活力的休闲旅游、商贸物流、现代制造、教育科技、传统文化、美丽宜居的特色小镇。优先支持《住房和城乡建设部关于公布第一批中国特色小镇名单的通知》（建村[2016]221号）确定的127个特色小镇。

（2）落实《住房和城乡建设部等部门关于公布全国重点镇名单的通知》（建村[2014]107号），大力支持3675个重点镇建设，提升发展质量，逐步完善一般小城镇的功能，将一批产业基础较好、基础设施水平较高的小城镇打造成特色小镇。

（3）着力推进大别山等集中连片贫困地区的脱贫攻坚，优先支持贫困地区基本人居卫生条件改善和建档立卡贫困户的危房改造。

（4）探索创新小城镇建设运营及投融资模式，充分发挥市场主体作用，打造一批具有示范意义的小城镇建设项目。

3. 重点支持内容

（1）支持以农村人口就地城镇化、提升小城镇公共服务水平和提高承载能力为目的的设施建设。主要包括：土地及房屋的征收、拆迁和补偿；

供水、供气、供热、供电、通信、道路等基础设施建设;学校、医院、邻里中心、博物馆、体育馆、图书馆等公共服务设施建设;防洪、排涝、消防等各类防灾设施建设。重点支持小城镇污水处理、垃圾处理、水环境治理等设施建设。

（2）支持促进小城镇产业发展的配套设施建设。主要包括：标准厂房、众创空间、产品交易等生产平台建设;展示馆、科技馆、文化交流中心、民俗传承基地等展示平台建设;旅游休闲、商贸物流、人才公寓等服务平台建设，以及促进特色产业发展的配套设施建设。

（3）支持促进小城镇宜居环境塑造和传统文化传承的工程建设。主要包括：镇村街巷整治、园林绿地建设等风貌提升工程;田园风光塑造、生态环境修复、湿地保护等生态保护工程;传统街区修缮、传统村落保护、非物质文化遗产活化等文化保护工程。

4. 建立项目储备制度

（1）建立项目储备库。各县（市、区）住房城乡建设（规划）部门要加快推进本地区小城镇总体规划编制或修编，制定近期建设项目库和年度建设计划，统筹建设项目，确定融资方式和融资规模，完成有关审批手续。

（2）推荐备选项目。各县（市、区）住房城乡建设（规划）部门要组织做好本地区项目与国家开发银行各分行的项目对接和推荐，填写小城镇建设项目入库申报表（详见附件），报省级住房城乡建设部门。省级住房城乡建设部门应汇总项目申报表，于 2017 年 3 月月底前报住房和城乡建设部，并将项目信息录入全国小城镇建设项目储备库（http://www.charmingtown.cn）。

今后，应在每年 11 月月底前报送下一年度项目申报表，并完成项目录入工作。住房和城乡建设部将会同国家开发银行对各地上报项目进行评估，将评估结果好的项目作为优先推荐项目。

5. 加大开发性金融支持力度

（1）做好融资规划。国家开发银行将依据小城镇总体规划，适时编制相应的融资规划，做好项目融资安排，针对具体项目的融资需求，统筹安排融资方式和融资总量。

（2）加强信贷支持。国家开发银行各分行要会同各地住房城乡建设（规划）部门，确定小城镇建设的投资主体、投融资模式等，共同做好项目前期准备工作。对纳入全国小城镇建设项目储备库的优先推荐项目，在符合贷款条件的情况下，优先提供中长期信贷支持。

（3）创新融资模式，提供综合性金融服务。国家开发银行将积极发挥"投、贷、债、租、证"的协同作用，为小城镇建设提供综合金融服务。根据项目情况，采用政府和社会资本合作（PPP）、政府购买服务、机制评审等模式，推动项目落地；鼓励大型央企、优质民企以市场化模式支持小城镇建设。在风险可控、商业可持续的前提下，积极开展小城镇建设项目涉及的特许经营权、收费权和购买服务协议下的应收账款质押等担保类贷款业务。

6. 建立工作协调机制

住房和城乡建设部与国家开发银行签署《共同推进小城镇建设战略合作框架协议》，建立部行工作会商制度。省级住房城乡建设部门、国家开发银行省级分行要参照部行合作模式建立工作协调机制，加强沟通、密切合作，及时共享小城镇建设信息，协调解决项目融资、建设中存在的问题和困难；要及时将各地项目进展情况、存在问题及有关建议分别报住房城乡建设部和国家开发银行总行。

三、住房和城乡建设部、中国农业发展银行关于推进政策性金融支持小城镇建设的通知

此文件发布时间为 2016 年 10 月 10 日,具体内容如下。

各省、自治区、直辖市住房城乡建设厅(建委)、北京市农委、上海市规划和国土资源管理局,中国农业发展银行各省、自治区、直辖市分行,总行营业部:

为贯彻落实党中央、国务院关于推进特色小镇、小城镇建设的精神,切实推进政策性金融资金支持特色小镇、小城镇建设,现就相关事项通知如下:

1. 充分发挥政策性金融的作用

小城镇是新型城镇化的重要载体,是促进城乡协调发展最直接最有效的途径。各地要充分认识培育特色小镇和推动小城镇建设工作的重要意义,发挥政策性信贷资金对小城镇建设发展的重要作用,做好中长期政策性贷款的申请和使用,不断加大小城镇建设的信贷支持力度,切实利用政策性金融支持,全面推动小城镇建设发展。

2. 明确支持范围

(1)支持范围。

支持以转移农业人口、提升小城镇公共服务水平和提高承载能力为目的的基础设施和公共服务设施建设。主要包括:土地及房屋的征收、拆迁和补偿;安置房建设或货币化安置;水网、电网、路网、信息网、供气、供热、地下综合管廊等公共基础设施建设;污水处理、垃圾处理、园林绿化、水体生态系统与水环境治理等环境设施建设;学校、医院、体育馆等文化教育卫生设施建设;小型集贸市场、农产品交易市场、生活超市等便民商

业设施建设;其他基础设施和公共服务设施建设。

为促进小城镇特色产业发展提供平台支撑的配套设施建设。主要包括：标准厂房、孵化园、众创空间等生产平台建设;博物馆、展览馆、科技馆、文化交流中心、民俗传承基地等展示平台建设;旅游休闲、商贸物流、人才公寓等服务平台建设;其他促进特色产业发展的配套基础设施建设。

（2）优先支持贫困地区。

中国农业发展银行要将小城镇建设作为信贷支持的重点领域，以贫困地区小城镇建设作为优先支持对象，统筹调配信贷规模，保障融资需求。开辟办贷绿色通道，对相关项目优先受理、优先审批，在符合贷款条件的情况下，优先给予贷款支持。

3. 建立贷款项目库

地方各级住房城乡建设部门要加快推进小城镇建设项目培育工作，积极与中国农业发展银行各级机构对接，共同研究融资方案，落实建设承贷主体。申请政策性金融支持的小城镇需要编制小城镇近期建设规划和建设项目实施方案，经县级人民政府批准后，向中国农业发展银行相应分支机构提出建设项目和资金需求。各省级住房城乡建设部门、中国农业发展银行省级分行应编制本省（区、市）本年度已支持情况和下一年度申请报告（包括项目清单），并于每年 12 月月底前提交住房和城乡建设部、中国农业发展银行总行，同时将相关信息录入小城镇建设贷款项目库（http://www.czjs.mohurd.gov.cn）。

4. 加强项目管理

住房和城乡建设部负责组织、推动全国小城镇政策性金融支持工作，建立项目库，开展指导和检查。中国农业发展银行将进一步争取国家优惠政策，提供中长期、低成本的信贷资金。

省级住房城乡建设部门、中国农业发展银行省级分行要建立沟通协调机制，协调县（市）申请中国农业银行政策性贷款，解决相关问题。县级住房城乡建设部门要切实掌握政策性信贷资金申请、使用等相关规定，组织协调小城镇政策性贷款申请工作，并确保资金使用规范。

中国农业发展银行各分行要积极配合各级住房城乡建设部门工作，普及政策性贷款知识，加大宣传力度。各分行要积极运用政府购买服务和采购、政府和社会资本合作（PPP）等融资模式，为小城镇建设提供综合性金融服务，并联合其他银行、保险公司等金融机构以银团贷款、委托贷款等方式，努力拓宽小城镇建设的融资渠道。对符合条件的小城镇建设实施主体提供重点项目建设基金，用于补充项目资本金不足部分。在风险可控、商业可持续的前提下，小城镇建设项目涉及的特许经营权、收费权和政府购买服务协议预期收益等可作为中国农业发展银行贷款的质押担保。

通知执行过程中如有问题和建议，请及时与住房城乡建设部和中国农业发展银行总行联系。

Section 03
特色小镇验收程序与标准

2.3.1 特色小镇发展目标

作为盘活区域经济的新模式，以及产业集聚、人才集聚之地，承担疏散城市功能的特色小镇最重要解决"人"的问题，即"分散人、吸引人、留住人"。概括起来其核心功能只要有以下三点。

1. 发展产业：产业的特色小镇的核心载体，这其中的产业并非传统园区所承担的产业，而是符合国家发展战略的新型产业为主。从第一批公布的特色小镇来看，主要集中在特色小城镇的概念上，基本以建制镇为主，其中还有部分以旅游景区模式的特色小镇。不论是从当下或是未来，从国外或是国内来看，旅游主体的特色小镇占整个特色小镇的比重并不高，关键是以产业集聚为核心的特色小镇。我国特色小镇的发展也需摆脱以休闲旅游为主发展模式，要扎扎实实发展产业，做强做深产业链，产业是小镇的生命力，是小镇的灵魂，是特色小镇的发展基础，也是导入、人才留住人才的关键，没有产业的小镇不能称之为特色小镇。一旦小镇的产业做活，那么随之而来的人才聚集、旅游客群、房地产开发等配套设施与产业都将会水到渠成。关键是能盘活与带动区域土地的增值，破解城乡二元结构。

2. 做好基础设施建设：人才对居住环境的需求是多元化的，有的人喜欢居住在繁华的大都市，有的人则喜欢安逸宁静、风光宜人同时生活也足够便利的小镇。而如何将人才导入到特色小镇，并将人才留在特色小镇安居乐业，这是目前摆在特色小镇面前的一个难点，需要政府共同规划，在特色小镇的 3 平方千米范围内完善好交通、环境、生活等配套服务。这也是目前疏导大城市人口"拥堵"唯一可行的方式，以及破解当前大城市房价偏高的一大民生工程，也是经济水平和城镇化发展到一定程度之后的必然结果。我国特色小镇目前的开发需完善自身基础配套，其中包括道路、交通等硬件基础建设和环境、景观等软性基础建设。

3. 建设生活配套设施：为什么现在大家在饱受大城市病之困时，依然往大城市涌入。其中最关键的原因就在于生活配套资源分配严重失衡，比如三甲医院在上海、北京这类城市到处都是，但到了三、四线城市就相对匮乏，教育资源也是如此。可以说我们生活相关的配套资源很大一部分都集中在大型城市，因此特色小镇的建设除了产业集聚之外，还有一项非常重要的建设规划就是在留住人的层面上。要想解决与留住人这个问题，就必须要解决生活配套的问题，引进或建设相关的生活配套服务机构，包括医疗、教育、养老、购物等，将特色小镇打造成能够留住人才的产城人文相融合的生活型小镇。

未来特色小镇的发展方向一定是以产业为核，生活为主，旅游为辅，配套丰富，资源集聚，自生自长，具有自循环功能的生活型小镇，说到底特色小镇的最终功能不是承载产业或者旅游等，最终是为了解决这一群"人"的问题，特色小镇的终极目标就是为了疏解大城市功能，以及进一步推进城镇化率的转换。

2.3.2 如何创建与申报

自 2016 年以来，三部委就推进特色小镇发展部署了一系列举措，内容涵盖打造、培育、建设、政策、资金等方面内容；各地也纷纷出台政策推动特色小镇建设。这次特色小镇的建设热潮一方面反映出小城镇在目前新型城镇化发展中的重要作用；另外一方面也反映出了大家对于破解大城市病的期待。特色小镇位于城和乡之间，或大城市的边缘地带，是城乡之间的纽带，建设特色小镇将成为推进新型城镇化的突破口，成为走新型城镇化道路的带动力量。

以浙江等地的特色小镇为代表，其发展充满活力，其经验说明特色发展将是未来我国大多数特色小镇的主要发展方向。面对这股热潮，我们应聚焦如何科学培育和创建特色小镇？而精心申报、科学创建、探索特色小镇规划是其中的关键。

一、精心申报特色小镇

1. 遴选的基本条件

一是产业有优势。特色小镇应是推动产业集聚、创新和升级的新平台，是下一步国家新兴战略性产业国际竞争力的关键载体。培育特色小镇要求具备一定的产业基础或产业资源，产业定位科学精准，在产业规模、市场份额和特色方面要具有明显的优势，能够发挥产业的集聚效应和叠加效应。同时能够吸纳就业，带来长足发展。

二是风貌有特色。特色小镇应是融合风貌、文化、旅游等多元要素特色发展的新载体。对一些嫁接在当地人文特色上的小镇，要注重对地域文化的挖掘与传承，将文化元素植入小镇的风貌建设的各个方面，指引建筑、街区、空间、环境等多维度的风貌建设，形成具有文化底蕴的特色风貌，增强文化认同感，同时促进特色旅游发展；对于一些以产业特色为核心的特色小镇，比如 IT、物联网、航空等小镇，则需要借助于对其产业特色元素的挖掘与提炼，将这些产业元素融入到小镇的建筑风貌中，形成产业特色的旅游景区功能。

三是发展有成效。特色小镇应是创新发展的引擎和有示范作用的排头兵，是破解城镇化与大城市病的双通道。因此，特色小镇在规划论证期必须要充分，其所选择的产业必须是能快速落地并产生与形成经济效益的产业资源，才能辐射 3 平方千米的小镇，成为带动自身及周边地区发展的引擎，同时在发展路径、发展模式上能成为条件相似的小城镇发展的范例。

四是动力有保障。特色小镇应是发挥市场主体作用和吸纳社会资本投资的新热土，是政府有效借用社会资本为杠杆撬动区域经济发展的一次新机会。培育特色小镇要选择具有一定产业资源与经济基础的合作方，处理好政府与市场的关系，充分发挥市场主体作用，政府重在搭建平台、提供服务，政府为企业创业提供条件，并做好规划与相关的基础配套设施的建设，以及相关的政策配套方面要有专门的办法，在提升社会投资效率、推动经济转型升级方面发挥更重要的作用。

2. 申报的主要内容及评选要点

特色小镇的申报和遴选将严格按照"产业形态、宜居环境、传统文化、设施服务、体制机制"这五个方面及相关要点遴选和考评。

一是特色鲜明的产业形态。主导产业定位应符合国家产业政策要求，符合国家发改委公布的产业范围目录，有独特性，注重采用新技术手段和推动传统产业改造升级。产业优势明显，产业聚集性与协同性较高，利润率和装备水平有优势，注重研发投入。产业环境优良，有支持特色产业发展的鼓励政策。产业增长势头良好且经济社会带动作用明显。产业要有基础、有依托，产业选择不可"空穴来风"；产业类型能完善小镇功能，拉动小镇发展。能兼顾与促进区域原有产业的发展，提升品质。

二是和谐宜居的美丽环境。小镇风貌要和谐统一，能有效彰显小镇特色文化内涵，整个特色小镇的3平方千米需要与核心区的1平方千米相互协同，整体风貌有机互动。新建建筑体量适宜，形式与传统建筑风貌相协调，能较好地表现本地区的建筑文化特色，或是小镇特色产业的特色元素。沿街建筑的体量、色彩、材质、符号、细部协调统一，特色小镇周边美丽乡村建设要保留乡土特色和田园风光。注重自然山水，避免人工打造；景观需要借力当地自然留存的特色，并与海绵城市协同。尤其对于一些以旅游人文为核心载体的特色小镇，其风貌要突出地域、民族、时代的特征，注重地域材质、符号的应用，避免欧式，尊重地域文化，借助文化的挖掘与塑造产生共鸣。

三是彰显特色的文化。传承独特的民俗活动、特色餐饮、民间技艺、民间戏曲等传统文化类型。保护好文保单位、历史街区、传统建筑挂牌等物质文化遗存。政府支持传承人及非遗文化活动的持续开展。文化传播具有独特地域文化特质，宣传途径多样。特色小镇要有文化、有内涵，对于国家新兴产业方面的特色小镇，重点在于提炼产业特色元素，通过这些元素塑造出产业文化，并能沉淀为一种特色文化。要注重保护历史、传统文化，以及与产业文化的有效融合，提升完善小镇精神，形成小镇的文化认同。

四是便捷完善的设施服务。小镇对外交通路面等级在二级以上，且情况良好，最好能与城市的轨道交通连接。道路设施及绿化配置完善。公用设施建设水平较高，给水管网全覆盖，且符合国家相关标准。镇区污水管网全覆盖，且污水处理设施完善。小镇内要有相关的幼儿园、小学，医疗机构等资源的配套，并要达到国家相关规范要求，商业配套活动与设施，以及居住配套都需有机结合，形成一个自循环的工作、生活生态圈。公共服务设施建设应是市场与政府相结合，相得益彰，共建共享。基础设施建设要完善、要适用、要遵循节约、合理的理念；污水、垃圾处理做到科学合理，保护特色小镇赖以发展的环境。

五是充满活力的体制机制。不论是小镇的建设，或是政府相关管理服务模式，以及相关的配套政策、制度都需要有创新的发展理念，一切以成功打造特色小镇为核心。建设管理方面实现多规协调，设有专门的规划管理机构，实现"四所合一"，制度健全，能实现规划管理数字化，小镇管理智能化。在机构人员、购买服务、财政收支、人才引入、土地摘牌、建设补贴等方面要有突破性创新。

二、创建特色小镇十大要点

1. 区别对待东、中、西不同地区的发展重点。我国东、中、西地区条件各不相同，产业基础、人口密度、产业特性等都存在着比较大的差异，尤其对于一些少数民族为主的区域，其特色小镇的打造就会偏文旅方向。东部地区由于本身的产业基础比较强，具备了不同程度的产业集聚效应，第一批特色小镇中很大一部分的比重就是东部地区的特色小城镇。因此，针对东中西部地区的这种差异，特色小镇建设必须因地制宜地明确不同的培育重点和方向，尤其在选址方面要结合区域经济的发展规划来布局特色小镇。各省、市也要根据不同的情况，科学确定特色小镇的产业规划与发展重点，尽可能地避免产业重复与浪费。尤其对于东部地区而言，重点要放在控制规模上，提升存量，防止大拆大建。如浙江经验是核心区建设控制在1平方千米，规划范围控制在3平方千米；中部地区则重要放在找准产业方向，明确市场定位，找准发展动力上；西部地区其重点则要放在发展特色乡镇，宜农则农、宜商则商、宜游则游，挖掘当地生态、人文为重点的特色小镇建设上。

2. 精心策划、找准定位。根据区域自身的产业基础和规划，抓准特色，精心策划，明确特色小镇的发展定位，尽可能地与区域已有产业形成协同效应。在特色小镇的附加价值层面，要基于小镇的自然、生态、文化、景观、民俗等资源，对这些资源进行充分挖掘，去粗取精，找到特质并进行放大。如古北水镇是在本身有司马台古长城等优势旅游资源基础上，打造成为京郊最具北方特色的度假小镇，特色鲜明。聚焦优势产业、独特文化内涵和环境特色等因素，立足自身优势强化突出特色。

3. 在现状产业基础上提升和发展。特色小镇并不是凭空打造出来的，是需要嫁接在当地的产业基础上发展起来的一种新模式。在区位现有产业资源的基础上再协同发展产业，不主张凭空创造和引进新的产业。借助于特色小镇的打造，通过人口导入增强人气与资源集聚优势，拉动、促进小镇产业发展，完善产业结构，升级产业体系；延长产业链，构建合理的产业集群，打造竞争优势，扩大产业影响力，提升产业竞争力。

4. 严控建设规模。规模一定要小，小才能精，小才能美。特色小镇建设要走精品路线，避免建设规模过大，反对粗放式、快速式、一窝蜂的建设。建设规模根据浙江经验，规划三平方千米，核心区建设控制在一平方千米。建设应紧凑布局和集约节约建设用地的原则，避免摊大饼式或脱离现有产业分布、人为划定建设区，根据自身资源和产业基础及其分布情况，尽可能连片提升和完善现有建设区。在建设上倡导分期建设，反对一次成型，建一个成一个，要有高标准和长远性，可根据产业发展的实际情况放慢建设速度但要保证质量，并要保证小镇最终落成的统一性。

5. 打造地域特色的宜居环境。特色小镇正因为依托于产业载体，必然在小镇范围内聚集一批产业人才，这些人员由于对产业的偏好，必然会对小镇的人文特色有独特的需求。因此，在配套的商住建设层面，一方面需要结合与借力当地的人文景观特色；另外一方面需要提炼产业文化元素，将两者有机结合。要注重整体格局和风貌的打造，格局自然，风貌整体和谐统一，体现特色。景观多用自然，注重小品等景观打造。因地制宜，反对国际式和徽派的泛滥，不提倡没有产业特色文化沉淀的特色小镇。同时反对整体格局、建筑风貌完全复制国外小镇。尊重本地建筑文化，发扬特色，找到文化自信。

6. 传承重塑小镇文化。文化是特色小镇的"内核"，需深入挖掘和精心打造，这也是产业特色小区需要配套AAA级旅游景区的初衷。每个特色小镇需要拥有与建立一个独特的 IP，并形成一个可持续延展的特色品牌。对历史文化丰厚的小镇，注重保护历史、传统文化，做好传承、挖掘文化要充分，形成小镇的文化认同。对于文化资源匮乏或是新建的小镇，注重文化培育和打造，在现有建设的基础上发展，重点围绕产业文化进行挖掘，逐步形成自身文化特色。

7. 聚集人气和活力，防止"鬼镇"现象。特色小镇要注重人气和活力，在产业与资源选择上要充分评估人口导入问题，要聚集一定的人口，给小镇带来持续的发展动力，避免建设"鬼镇"。不论是从小镇的工作、旅游、休闲，还是消费、商业、娱乐等方面的活动，都需要站在集聚人气的层面考虑，即要考虑季节性，也要考虑每天 24 小时的时间生活轴，让特色小镇成为一个活力四射的新载体。

8. 打造宜游宜产的旅游环境。充分挖掘旅游主题与题材，要将小镇的特色产业转换为一种特色的产业科普文化基地与体验基地。尽管旅游并不是特色小镇开发核心目的，但是其附加价值提升与创造的一个关键要素。要尽可能地在规划初期将主题式体验旅游的要素融合进去，通过建筑设计表达出来。盘活小镇的旅游将对整个特色小镇的活力与经济带来强大的支撑作用，旅游所产生的品牌影响将对小镇的可持续发展提供动力。

9. 提升和共享服务水平。特色小镇的公共服务设施、基础设施建设除了满足小镇日常的基础生产、生活需求以外，还应做好四个服务。（1）服务社会事业。设施建设要与区域结合，共建共享，建设完善的服务体系，推动特色小镇可持续发展。（2）服务经济发展。建立完善与经济社会发展相适应的服务体系，提升综合承载能力，成为整合资源、集聚创新、特色产业的"新载体"。（3）服务周边居民。统筹布局、互联互通，完善补足城乡服务设施体系，促进服务设施向周边延伸。（4）服务公共需求。特色小镇一旦形成特色化与规模化，必然会吸引大量的人群，包括各种组织的考察与交流，此时需要相应的公共平台服务来承接，并做好小镇的分享、宣传与推广工作。

10. 构建小镇的智慧城市体系。借助于互联网、物联网等新兴产业技术，在小镇的信息化与管理方面需要与智慧城市兼容。在小镇的产业区、商业区、居住区、休闲体验区，包括内部道路交通等方面，都需要依托物联网与互联网技术，打造一个智慧、节约、绿色、低碳的新业态，不仅是一个具有产业特色的小镇，同时更是一个"智慧"小镇。

三、创新特色小镇规划

特色小镇规划不是简单的产业新城或产业园区规划，特色小镇规划也不能单一的照搬城市规划，而是以特色为导向的各种元素高度关联的综合性规划，是一种多规合一的规划，重点需要关注以下三方面。

1. 特色小镇规划体系和主要内容："一个定位策划+五个要求+两个提升+一个空间优化落地"的规划体系。

"一个定位策划"是特色小镇的核心载体，即找准特色小镇核心的特色产业，明确特色小镇发展思路和重点；

五个要求——"产业、宜居、文旅、设施服务、体制机制"五个方面的专项规划和实施方案，保障特色小镇发展；

两个提升即旅游和智慧体系两个提升规划，在规划初期就要导入，并系统提升建设规划方案；

一个空间优化落地：最终通过一个空间优化落地规划落实所有规划设想，并明确实施步骤。

2. 特色小镇规划重点：特色小镇规划是以特色为导向的各种元素高度关联的综合性规划。不是单一的城乡规划，也不是单一的园区或景区规划，而是多种要素融合的规划，包括产业、商业、生活、人文、旅游、休闲、交通、环境等。因此，在规划初期就必须坚持规划先行、多元融合，突出规划的前瞻性和协调性，统筹考虑人口分布、生产力布局、国土空间利用和生态环境保护。并坚持以特色为导向，结合自身的产业特色，以及区域的产业优势，形成有效互补，有机互动，其中包括城市道路规划等方面问题。因此，特色小镇的规划内容不是简单的多种规划叠加，而是高度融合。

3. 特色小镇规划方法：特色小镇对于我国而言是种新的规划模式，而且是多种规划叠加合一的模式。从内容上看，除了常规的空间规划内容，还包括产业规划、社区规划、旅游规划、商业规划、交通规划等，满足产业规划的同时，还需要突出生态、文旅等功能。除此之外，特色小镇在规划上还需要考虑城乡统筹、海绵城市等城市的主体规划要素。因此，特色小镇规划必须坚持多规融合，突出规划的前瞻性和协调性。推进产业、空间、设施等方面协调有序发展，引导项目与产业落地。特色小镇规划的重点应在详细规划和城市设计上，确保规划的综合性和实用性。

特色小镇是我国经济转型发展过程中的一种新模式，尽管在当前缺乏成熟的经验，但从未来来看，特色小镇在国民经济中将扮演举足轻重的地位，是一个国家产业竞争力与生活形态的重要载体形式。

2.3.3 验收标准与程序

从特色小镇的内涵出发，将其发展水平评估体系分为4个维度，分别为产业维度、功能维度、形态维度和制度维度；将发展理念和内涵进行交叉构建，得到评估框架（见表2-2）。

表2-2 特色小镇发展水平评估框架表

	创新	协调	绿色	开放	共享
产业"特而强"	产业创新驱动	产业链接发展	绿色低碳产业	发展开放经济	生产效率提高
功能"聚而合"	创新产业功能	主体功能协调	生态安全格局	强化结构调整	公共服务均等
形态"精而美"	营造特色景观	城镇风貌协调	建设美丽小镇	优化投资环境	城乡差距减小
制度"活而新"	体制机制创新	促进要素流动	环境治理制度	招商人才体制	收益共享机制

1. 产业维度

特色小镇的产业应具有一定的创新性和特色性,并且能和周边产业或者自身形成一定长度的产业链,发展绿色低碳型产业,产业的经济开放性和生产效率较高。

2. 功能维度

特色小镇的功能应具有一定的集聚度及和谐度,经济、社会和生态等各功能之间协调发展,功能结构合理,公共服务功能均等化程度较高。

3. 形态维度

特色小镇就是要全面体现"特色",除了特色产业以外,在空间上也要体现明显的特色,建筑、开放空间、街道、绿化景观和整体环境都要体现相应的特色,具有较为统一和鲜明的风貌特征,城乡空间形态和环境质量协调发展,投资的空间环境品质较好。

4. 制度维度

特色小镇在一定意义上也是一个特殊政策区,应围绕特色小镇的发展目标,建立起与其发展相适应,设计能激励相应产业、资金和人才进驻的制度,以及保障特色小镇可持续发展的环境治理和收益共享的机制。

一、特色小镇发展水平评估指标的选取与体系建构

特色小镇发展水平评估指标体系是综合运用城乡规划学、城市经济学、产业经济学、环境科学、生态学、公共政策理论和系统科学等基础理论,通过数据统计的分析方法,进而反映特色小镇发展综合水平的一整套指标体系。特色小镇发展水平评估指标体系应准确体现特色小镇的特点,形成一个有机的评估系统,在选取评价指标时应遵循下列原则。

1. 典型代表性原则

从各维度选取的指标应为特色小镇评价目标服务，立足于特色小镇的本质内涵，能够全面科学地反映出特色小镇的综合发展水平。

2. 系统全面性原则

所选取的指标应涵盖经济发展、社会公平和生态环境等各个维度，不应片面强调经济效益和规模，还应注重环境风貌和生态可持续发展等。

3. 相对独立性原则

指标的选取应相对独立且不相关，不能互为解释，从而确保最终评价结果的全面性和科学性。

4. 共性和个性相结合原则

评价体系既包含共性指标，具有可比性，便于指标比较，又包括个性（特色）指标，可以反映"特色"建设进展和成效。

5. 可操作性原则

所选取的指标应数据明确，且有一致的统计口径，可较为简便地获取，同时也可以量化和对比。

6. 动态适应性原则

由于特色小镇因时因地而不同，所选取的指标无论在指标维度、指标权重和具体指标选择等方面都应具有动态性，以期能根据新的发展形势和背景进行适应性调整。

7. 以人为核心原则

整个指标体系最终虽然是定量的综合评分，但在具体指标设计中，应同时考虑主客观相结合的模式，将特色小镇的使用者、经营者、管理者和旅游者等微观主体的主观感受和体验也纳入到指标体系中。指标筛选先经过专家咨询进行推荐，在每个维度选取具有典型性的指标，对特色小镇的产业、功能、形态和制度的相应规模、结构、状态与效率等动态趋势等进行科学评价和综合评估，全面反映特色小镇各子维度和总的综合发展水平。在选择具体指标时，高于50%的专家认为该指标不重要，则淘汰该指标；统一归并相关性强的指标或者选择相对容易获取的指标；根据3轮专家咨询后的综合结果，采纳80%以上的专家认同的指标，形成最后的指标体系。在参考已有学者的相关研究后，将本指标体系分为特色小镇基本信息、发展绩效和特色水平三部分，形成"1+4+N"的指标结构，分别从总体、分项和特色3个视角对特色小镇的发展水平进行评估，其中基本信息部分的指标具有动态性，会随着发展阶段的推进而不断进行适应性调整和更新（见图2-3）：

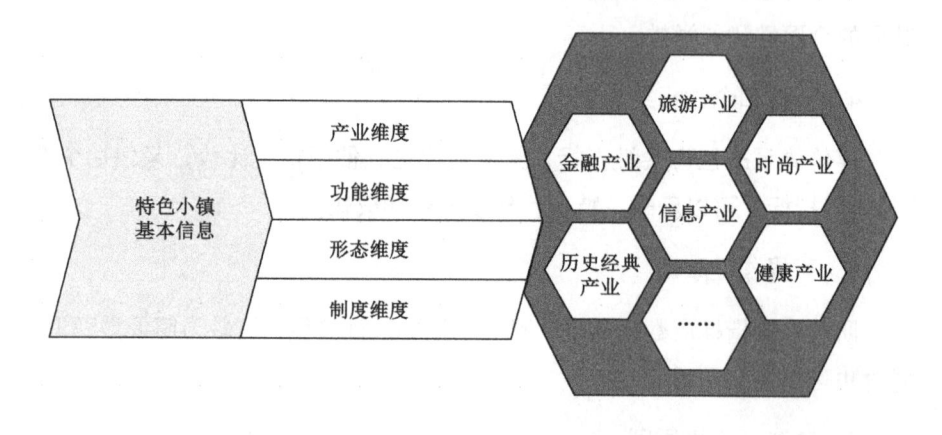

图2-3 特色小镇发展水平评估指标结构图

（1）基本信息指标主要是统计特色小镇的建设、投资和规划进展，该部分指标主要测量特色小镇的总体发展情况，特别要说明的是该部分指标会随着特色小镇建设进程的推进而动态变化：前期更多侧重建设、规划等未全面投入使用阶段的评估；后期则更侧重对总体投资总强度和产出总规模等运营效益方面的评估。此外，特色小镇作为城市或城镇转型升级的特殊平台，后期在区域层面也应该和现状城（镇）区融合发展，因此在其发展后期，总体指标部分还会增加关于区域融合度和关联度等方面的指标（见表2-3）。

表 2-3　特色小镇基本信息统计体系

统计信息	单位	数据获取途径
特色产业定位	—	申报材料与基础资料
特色小镇主管单位	—	申报材料与基础资料
建设运营主体	—	申报材料与基础资料
特色小镇客厅建设情况	—	统计数据
规划面积	平方千米	统计数据
规划建设用地	亩	申报材料与基础资料
固定资产投资计划	亿元	申报材料与基础资料
实现税收计划	亿元	申报材料与基础资料
旅游接待总人数计划	万人次	申报材料与基础资料
下放补助计划总量	万元	申报材料与基础资料
小微企业引进计划总量	个	申报材料与基础资料
税收总额	万元	统计数据
税收占本县（市、区）税收的比例	%	统计数据

（2）发展绩效指标主要是反映特色小镇在产业、功能、形态和制度 4 个子维度上的发展效率与成绩，这四方面紧扣浙江省特色小镇的发展导向和概念内涵，既突出了特色小镇作为高端产业，特别是服务业集聚发展平台的特点，又表现出了其作为景区和产城融合区的新空间模式的特点（见表 2-4）。

表 2-4　特色小镇发展绩效评价指标体系

准则层	指标层	单位	极性	数据获取途径
产业维度	特色产业服务业营业收入占小镇服务业营业收入的比例	%	+	企业报表与统计数据
	特色产业工业总产值占小镇工	%	+	企业报表与统计数据

续表

准则层	指标层	单位	极性	数据获取途径
产业维度	业总产值的比例			
	全部从业人员期末数	万人	+	统计数据
	高新技术企业数占全部企业的比重	%	+	企业报表与统计数据
	R&D 经费占 GDP 比重	%	+	企业报表与统计数据
	高中级技术职称人员	人	+	企业报表与统计数据
	"新四军"创业人员数	人	+	企业报表与统计数据
	专利拥有量	个	+	统计数据
	万元 GDP 能耗	吨标准煤/万元	−	统计数据
	万元 GDP 耗水量	立方米/万元	−	统计数据
功能维度	地均 GDP	万元/公顷	+	统计数据
	产业链竞争水平	分	+	专家打分
	人均 GDP	万元/人	+	统计数据
	特色产业投资占总投资的比例	%	+	统计数据
	人口密度	人/公顷	+	统计数据
	固定资产投资完成额	万元	+	统计数据
	工业废水达标处理率	%	+	统计数据
	城市生活污水处理率	%	+	统计数据
	非国有投资总额占投资总额的比例	%	+	企业报表与统计数据
	固定资产投资占年度固定资产投资计划的比例	%	+	企业报表与统计数据
形态维度	城镇视觉风貌评分	分	+	专家/群众打分
	绿地率	%	+	统计数据
	开放空间评价	分	+	专家/群众打分
	城镇场所人气评价	分	+	实地调查统计
	环境空气达标率	%	+	统计数据
	镇区噪声达标率	%	+	统计数据
	地表水水质达标率	%	+	统计数据
	公共文化设施建筑面积	M^2	+	统计数据

续表

准则层	指标层	单位	极性	数据获取途径
制度维度	企业准入门槛评价	分	+	专家打分
	相关管理部门行政效率评分	分	+	专家/企业/群众打分
	人才引进计划落户人数	人	+	企业报表与统计数据
	年环境信访量	人次	+	统计数据
	数字化管理覆盖面积比	%	+	统计数据
	外商直接投资总额	亿美元	+	统计数据
	民生支出占财政支出比重	%	+	统计数据
	公共 WiFi 覆盖率	%	+	统计数据
	公共资源的合理共享度评分	分	+	专家/企业/群众打分

（3）特色水平指标主要考虑特色小镇主导产业的差异，特色产业从装备制造到历史经典产业，具有完全不同的发展路径，应该根据特色产业的划分分别确定不同产业相应的评价指标。虽然是不同产业，但在评估时也需要对其进行横向比较，在此则侧重比较特色的鲜明性、成长性和结构性等共性特点（见表 2-5）。

表 2-5 特色小镇特色水平评价指标体系

准则层	评价指标	单位	极性	数据获取途径
信息产业	信息经济制造业总产值	万元	+	企业报表与统计数据
	信息经济服务业营业收入	万元	+	企业报表与统计数据
	所用专利中本国专利所占比值	%	+	企业报表
金融产业	金融业产值	万元	+	企业报表与统计数据
	入驻金融投资机构个数	个	+	企业报表与统计数据
	管理资产规模	万元	+	企业报表与统计数据
旅游产业	旅游业总产值	万元	+	
	旅游接待总人次	万人次	+	

续表

准则层	评价指标	单位	极性	数据获取途径
旅游产业	星级宾馆数量	个	+	统计数据
	住宿业床位数	个	+	统计数据
	游客服务满意度得分	分	+	统计数据
	特色小镇景区等级	—	+	专家/游客打分 统计数据
时尚产业	时尚业总产值	万元	+	企业报表与统计数据
	时尚品牌出口占品牌总销售额比例	%	+	企业报表与统计数据
	省级及以上品牌产品（名牌、商标、商号、产品）个数	个	+	企业报表与统计数据
	研发与设计师人数	人	+	企业报表与统计数据
高端装备制造产业	高端装备制造业总产值	万元	+	企业报表与统计数据
	规模以上企业数	个	+	统计数据
	高新技术企业数占入驻企业数比值	%	+	企业报表与统计数据
	新产品研发经费支出	万元	++	企业报表与统计数据
环保产业	环保产业制造业总产值	万元	+	企业报表与统计数据
	环保产业服务业营业收入	万元	+	企业报表与统计数据
	政府环保投入额	万元	+	统计数据
健康产业	健康产业总产值	万元	+	企业报表与统计数据
	健康服务人次	人次	+	企业报表与统计数据
	持证健康服务人员数量	人	+	企业报表与统计数据
历史经典产业	展览馆（博物馆）总面积	个	+	统计数据
	省级以上非物质文化遗产项目数	个	+	统计数据
	国家级、省级大师人数	人	+	企业报表与统计数据
	国家级、省级非遗代表性传承人	个	+	企业报表与统计数据

二、特色小镇发展水平综合分析模式研究

当前多指标综合评价方法主要包括综合加权法、DSS 评判法、理想点法和向量排序法等。在综合多种指标综合评价方法的基础上，本次特色城镇发展水平的指标评价方法采用基于钻石模型的全排列多边形图示指标法，钻石的两极分别为特色小镇建设程度和特色水平，中间的主体是 4 个维度的发展绩效（见图 2-4）。

各指标值标准化采用双曲线标准化函数，将各指标值标准化到 $-1 \sim 1$，使所有维度的指标标准化值都能构成一个正多边形的雷达图。将两极和 4 个维度作为综合指数，综合发展水平指数构成的多边形中心点到顶点的线段为各综合指标标准化值所在区间 $[-1, 1]$，而标注值 0 为临界线，0 以下其值为负，0 以上其值为正（见图 2-5）。这种综合评估分析模式，既有单项评分指标又有综合指标，既有几何直观的表现形式又有具体解析数值，每个指标都有上限、下限和临界值。指标下限可以根据特色小镇群体中的最小值确定，指标上限可以根据最大值确定，临界值采用平均值，如省（市、县）内全部城镇的平均水平。

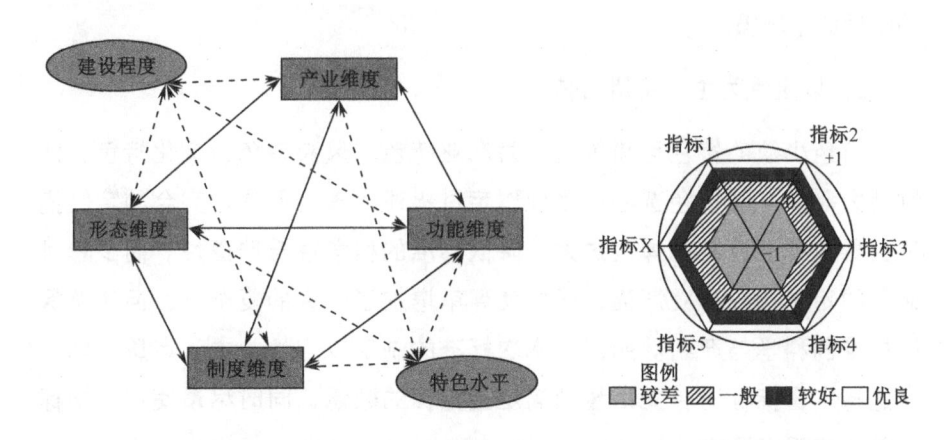

图 2-4　特色小镇钻石模型评价价格体系图　　图 2-5　全排列多边图示指标法示意图

2.3.4 读懂特色小城镇认定标准

一、特色小城镇认定标准特点

1. 以评"特色"为主,评"优秀"为辅

以往的小城镇系列评选以"评优秀"为主,例如全国重点镇,标准制定的基本思路是依据其优秀水平设定不同的评分等级。而特色本身是一个多样化的名词,不同的镇有自身不同的特色,如何用一个标准体系评判不同镇的不同特色是本次标准制定的难点。

本次特色小城镇的标准制定,是在"优秀"的基础之上,挖掘其"特色"因素。因此,本次标准制定将评价指标分为"特色性指标"和"一般性指标"。

特色性指标反映特色小镇的特色,给予较高的权重;一般性指标反映特色小城镇基本水平,给予较低的权重。做到以评"特色"为主,评"优秀"为辅。充分体现了特色小镇杜绝千篇一律的特性,重点培育差异化、独特性的小城镇。

2. 以定性为主,定量为辅

特色小镇的特色可简单概括为产业特色、风貌特色、文化特色、体制活力等,这些特色选项的呈现以定性描述居多。但是,完全的定性描述会导致标准评判的弹性过大,降低标准的科学性与严谨性。而少量且必要的定量指标客观严谨,虽然使评审增加了一定的复杂性,但能够保证标准的科学与严密。所以,本次标准的制定以定性为主,定量为辅。在选择定量指标时首先尽量精简定量指标的数量,同时尽量使定量指标简单化增强可评性。

二、特色小城镇分项指标解读

根据《开展特色小镇培育工作的通知》，此次特色小镇认定对象原则上是建制镇，特色小镇要有特色鲜明的产业形态、和谐宜居的美丽环境、彰显特色的传统文化、便捷完善的设施服务和灵活的体制机制。在此基础上，构建五大核心特色指标。

1. 产业发展

如何衡量小城镇的产业是否有特色？小城镇的产业特色首先表现在产业定位与发展特色上，要做到"人无我有、人有我优"，具体表现为：产业是否符合国家的产业政策导向；现有产业是否是传统产业的优化升级或者新培育的战略新兴产业。产业知名度影响力有多强；产业是否有规模优势。其中产业规模优势为定量指标。特色产业还应该具有产业带动作用以及较好的产业发展创新环境。产业带动作用分农村劳动力带动、农业带动、农民收入带动等三个方面，分别用农村就业人口占本镇就业总人口比例、城乡居民收入比等定量数据表征。

产业发展环境采用产业投资环境与产业吸引高端人才能力两个指标表示，具体指标分别用产业投资额增速和龙头企业大专以上学历就业人数增速两个定量指标来表征。特色鲜明的产业形态是小城镇的核心特色，因此，在百分制的评分体系中，对此给予25分的权重。

2. 美丽宜居

如何衡量小城镇的建设是否宜居？和谐宜居的美丽环境是对小城镇风貌与建设特色的要求。首先是对城镇风貌特色的要求，依据研究，将城镇风貌分为整体格局与空间布局、道路路网、街巷风貌、建筑风貌、住区环境5个指标，全方位评价小城镇风貌特色。其次，标准对镇区环境（公园绿地、环境卫生）以及镇域内美丽乡村建设两大项提出了相关考核要求。和谐宜居的美丽环境是特色小镇的核心载体，对此给予25分的评分权重。

3. 文化传承

如何衡量小城镇的文化是否传承良好？彰显特色的传统文化关乎小镇文化积淀的存续与发扬。因此，标准从文化传承和文化传播两个维度考察小镇的文化传承情况。由于不是所有的小城镇都有很强的历史文化积淀，加强对缺乏历史文化积淀的小镇在文化传播维度的审查。此项指标的权重为 10 分。

4. 服务便捷

如何衡量小城镇的设施服务是否便捷？便捷完善的设施服务是特色小镇的基本要求。小城镇设施服务的标准较为成熟，依据以往经验，标准从道路交通、市政设施、公共服务设施三大方面考核小镇的设施服务便捷性。同时，注重对现代服务设施的评审，包括 WiFi 覆盖，高等级商业设施设置等指标。此大类是特色小镇的硬性要求，给予 20 分的评分权重。

5. 体制机制

如何衡量小城镇的体制机制是否有活力？充满活力的体制机制是特色小镇最后一个重要特征。首先，小镇发展的理念模式是否有创新。发展是否具有产镇融合、镇村融合、文旅融合等先进发展理念；发展是否严格遵循市场主体规律等是考察的重点；其次，规划建设管理是否有创新，规划编制是否实现多规合一；最后，省、市、县对特色小镇的发展是否有决心，支持政策是否有创新。此大类是考核特色小镇创新发展的要求，给予 20 分的评分权重。

总结：特色小镇认定标准经过首批特色小镇认定工作的检验也发现一些需要进一步修改完善的内容主要有以下五方面。

一是需要尽快出台关于真正意义上特色小镇的评选标准，而不是停留在特色小城镇的概念上。

二是避免评选出的镇都是"全能冠军"型的优秀重点镇，而使"单打冠军"特色镇不能脱颖而出。

三是标准进一步强化"定性定量相结合"的思路，在评审程序复杂性的前提下，避免其过于弹性化。

四是标准中定量的指标要进一步深入研究，更加符合特色小镇的实际。

五是特色小镇的定义标准要完善与清晰，并要出台对应可操作的配套政策。

第三章
特色小镇创建模式与运营

Section 01

特色小镇的 PPP 模式

　　PPP 模式，也称 PPP 融资或 PPP，即公私合营模式，"Public-Private-Partnership"的字母缩写。其起源于英国的"公共私营合作"的融资机制，是指政府与私人组织或者企业之间，为了合作建设城市基础设施项目，或是为了提供某种公共物品和服务，以特许权协议为基础，彼此之间形成一种伙伴式的合作关系，并通过签署合同来明确双方的权利和义务，以确保合作的顺利完成，最终使合作各方达到比预期单独行动更为有利的结果。PPP 模式将部分政府责任以特许经营权方式转移给社会主体（企业），政府与社会主体建立起"利益共享、风险共担、全程合作"的共同体关系，政府的财政负担减轻，社会主体的投资风险减小。

　　根据《住房和城乡建设部　国家发展改革委　财政部关于开展特色小镇培育工作的通知》，到 2020 年，培育 1000 个左右各具特色、富有活力的休闲旅游、商贸物流、现代制造、教育科技、传统文化、美丽宜居等特色小镇。目前，地方政府也在积极推出各种各样的特色小镇，但是政府处于两难的境地，一方面特色小镇必须以产业为主体，另一方面地方政府的债务压力大，持续的财政输出显然不太可能。要实现特色小镇建设投资主体的多元化，建立以政府引导、社会资本广泛参与的融资模式，发挥财政资金的"杠杆"作用，才能够以较少的财政资金撬动庞大的社会资金。因此，以政府和社会资本合作为基本特征的 PPP 小镇融资模式，能够有效地综合使用财政资金和社会资本，弥补特色小镇资金缺口，丰富资金来源。因此，在特色小镇建设过程中各级探索引入PPP模式，一方面能解决特色小镇资金不足的问题，另一方面则能有效缓解政府债务。PPP是适应国家治理现代化、市场起决定性作用、加快转变政府职能、建立现代财政制度和推动城镇化健康发展要求的一次重大体制机制变革。

特色小镇在建设中采用的PPP融资模式是由政府单方或联合银行等大型金融机构出资建立引导基金，而后由社会资本来参与子基金的设立并针对特定领域或特定项目进行投资。

一、应用PPP融资模式的必要性

1. 减轻财政压力，开拓融资渠道

根据《住房和城乡建设部 国家发展改革委 财政部关于开展特色小镇培育工作的通知》，以政府和社会资本合作为基本特征的PPP融资模式，能够有效地综合使用财政资金和社会资本，弥补特色小镇资金缺口，丰富资金来源。因此，在特色小镇建设过程中各级探索引入PPP模式，可以解决特色小镇资金不足的问题。

2. 降低和分散风险

在特色小镇建设中采用PPP模式，政府和社会资本通过相应的合同，对投资、建设过程中的相关责任进行明确划分，这有利于降低和分散风险，提高特色小镇建设的效率和效益。一方面，政府通过行政手段以公开招标的方式引进综合实力较强的企业参与特色小镇的建设，参与的企业一般具有较强的风险控制能力和雄厚的资金积累，进而提高特色小镇建设的整体风险控制能力;另一方面，PPP模式的初衷是在项目的开始阶段就引入社会资本，这样社会资本可以以自身先进的技术和管理经验，对项目本身的相关风险进行甄选和识别，进而通过行之有效的手段管控风险。另外，在特色小镇建设的开始阶段，政府可以承担较多的项目风险，而社会资本则参与风险的管控。当特色小镇的项目完工，社会资本参与特色小镇的经营，承担相应风险。这样政府和社会资本可以发挥自身优势在项目的不同阶段管控相应风险，降低和分散风险，提高特色小镇建设的效率。

3. 扩大社会资本的投资领域

在特色小镇建设中引入 PPP 模式，不仅有利于缓解政府财政压力，对民营企业的发展和完善也有利，具体可以从三个方面来体现：第一，PPP 模式可以作为特色小镇建设的一种稳定的投资渠道，获得经济利益。特色小镇建立的初衷就是为了打造一个产业平台，未来像美国的硅谷一样形成一个产业集群，这样社会资本可以获得较高的预期收益。第二，在 PPP 模式下，社会资本通过投资特色小镇，除了可以获得直接的经济利益，还能获得其他衍生利益。例如，参与特色小镇的商业设施和公共服务设施的日常经营和管理，获得较为合理的经营性收入。第三，在 PPP 模式下，社会资本参与特色小镇建设，可以提高特色小镇的建设效率与政府资本的投资效率，拉动区域的经济发展和投资需求，有助于提升整个社会的资本投资回报率，还有吸引更多的人才参与到区域的经济建设中去。

二、应用 PPP 融资模式的可行性

1. 良好的运作基础

PPP 模式的核心在于政府和社会资本的优势合作，实现双方"共赢"的合作目标。PPP 模式在中国经过多年发展，积累了许多宝贵的经验。从 20 世纪 90 年代至今，PPP 模式的在各个领域得到了广泛运用。自发改委和财政部搭建 PPP 项目的推介平台以来，中国的 PPP 项目规模已达 13.77 亿元。在地方政府的持续财政压力驱动下，PPP 项目的融资功能对于缓解地方的债务压力比较明显，深得各级政府的推崇。

2. 有利的政策导向

特色小镇作为一个按照创新、协调、绿色、开放、共享发展理念，融合产业、文化、旅游、社区功能于一体的产业平台，中央和各级政府都不遗余力地给予政策支持。

- 住房和城乡建设部、国家发展改革委、财政部（简称"三部委"）联合发出《关于开展特色小城镇培育工作的通知》[2016]147号，提出即日起在全国范围内开展特色小镇培育工作。

- 浙江省政府出台《关于加快特色小镇规划建设的指导意见》（浙政发〔2015〕8号），明确了特色小镇规划建设的总体要求、创建程序、政策措施、组织领导等内容。

- 天津市政府办公厅近日发布《天津市特色小镇规划建设工作推动方案》。根据该《方案》，到2020年，天津市将创建10个市级实力小镇、20个市级特色小镇。

- 在2015年年底，江苏提出计划通过"十三五"的努力，打造100个左右特色小镇。目前除了南京已率先进行试点建设，扬州、泰州、宿迁等市也在积极探索中。

- 广州目前已编制了《关于加快特色小镇规划建设的实施意见》，计划先期创建30个市级特色小镇，为其提供用地扶持、资金扶持、产业扶持和人才支持。

- 《福建省人民政府关于开展特色小镇规划建设的指导意见》明确了未来3~5年的培育创建，建成一批产业特色鲜明、体制机制灵活、人文气息浓厚、创业创新活力迸发、生态环境优美、多种功能融合的特色小镇。这一系列的政策为特色小镇建设广泛运用PPP融资模式提供了政策支持。

3. 稳定的投资回报

特色小镇的建设能否吸引到民间资本的参与，其中的关键在于特色小镇项目的盈利空间和回报机制的设置，能否匹配社会资本的预期收报率。只有当特色小镇的投资收益大于社会资本的投资成本时，PPP 融资模式才能真正落地。事实上，PPP 融资模式下，社会资本参与特色小镇的建设还是有利可图的。首先，从特色小镇设立的目的方面来看，特色小镇不同于一般意义上的政府公益性项目，它是一个融合产业、文化、旅游、社区功能于一体的产业平台。因此，定位准确、运作科学、机制合理的特色小镇，在未来产生的价值完全可以满足社会资本的投资回报。其次，政府为了吸引社会资本参与特色小镇的建设，会从多方面落实相关政策、提供优惠条件，包括从多方面，解决好社会资本的投资回报问题。例如，政府从土地、税收、银行信贷及财政政策等方面给予支持。

从现阶段来看，PPP 模式是一种非常有效的融资模式。PPP 融资模式首先可以解决特色小镇资金不足、不能持续的问题，可以减轻政府的压力，用政府的财政资金撬动社会资本，弥补特色小镇的资金缺口，拓宽小镇建设的资金来源。采用 PPP 模式建设特色小镇，通过合同对政府和社会资本在投资建设过程中的责任进行明确划分，可降低和分散风险，实现政府和社会利益共享和风险共担，政府通过公开招标引进的企业，一般都具有先进的技术、丰富的管理经验和雄厚的资金，对于小镇建设过程中的风险能够较快地识别和管控。

政府是 PPP 项目中前期的决策者和规则的执行者。顶层策划、规划能力的不足，社会资本的不当选择都会给特色小镇的发展带来困难。为避免上述问题，政府首先要做好制度设计和规划安排，界定更加清晰、合理的治理边界。政府和社会资本各自的责任和角色明晰划分，有利于促进双方合作机制的顺利运作。其次，可以借鉴国外经验，成立推广应用 PPP 模式的第三方专门机构，负责协助政府部门宣传推广PPP模式，并参与具体PPP项目的开发和实施。此类机构可以承担政策咨询、技术支持、能力建设、促进或直接投资等重要职能。此外，可以对PPP融资模式在特色小镇发展中的典型性案例进行推广、总结，在实践的基础上探索建立标准化实施流程。

以PPP模式建立的特色小镇，必须在合同中明确社会资本的相关投资回报。由于PPP项目大多属于基础设施与公共事业，必须要在社会资本收益和公共利益之间寻求平衡，因此参与特色小镇建设的社会资本方一开始就要降低收益预期。其次，必须明确项目收益及补偿来源，如特许经营收益和开发建设成本补偿，政府可以通过支付可行性缺口补助或政府付费的方式给予社会资本合理的回报。最后，要明确项目周期；大多数PPP项目都有长达10~30年的运营过程，回报周期较长，要靠后期运营的收益来弥补前期投资。因此，需要社会资本方具有强大的运营能力，政府在公开招标社会资本方时要从长远考虑，做出正确的选择。

目前，国家层面出台的特色小镇金融支持政策仅有中国农业发展银行这一家政策性银行，远远不能跟上我国特色小镇建设的步伐。需要国家层面加强加紧出台更多的金融支持政策，建立符合特色小镇PPP项目的金融体系。比如，扩大商业银行对特色小镇建设贷款力度，对于进行特色小镇建设的社会资本进行贷款贴息，大力在各个金融机构宣传特色小镇PPP项目，直接发行一些特色小镇PPP项目的项目收益债，资产证券化进行特色小镇PPP项目融资等。中国农业发展银行将小城镇建设作为信贷支持的重点领域，以贫困地区小城镇建设作为优先支持对象，统筹调配信贷规模，保障融资需求。

考虑到地方政府的财政能力，全国特色小镇的创建过程中，未来资金约束仍然是最大瓶颈，而引入PPP模式是解决资金问题的最佳选择。通过PPP模式可以广泛吸收社会资本，既可减轻政府负担，还可以拓宽融资渠道，实现政府和社会资本实现利益共享和风险共担。目前，PPP 模式在特色小镇建设中尚未得到广泛的应用，要大力发展该类模式在特色小镇中的应用，就需要政府从政策、法律、税收和金融等方面提供更多的支持，才能进一步推动特色小镇的建设。

> **案例 PPP 模式实践——浙江巧克力小镇**
>
> 巧克力甜蜜小镇，位于浙江东北部的嘉善，是一座集产业、旅游、文化为一体的巧克力产业特色小镇，是亚洲目前最大的巧克力特色旅游风景区，浙江省 10 个省级示范特色小镇之一。浙江巧克力小镇规划面积 3.87 平方千米，总投资 55 亿元，2014 年 10 月开张运营。巧克力甜蜜小镇在 PPP 模式方面实践经验丰富。
>
> （1）PPP 项目包装推介：在第三届世界浙商大会开幕式上，签约重大项目 60 个，其中有 6 个关于嘉善大云巧克力甜蜜小镇的 PPP 项目，分别为巧克力主题街区项目、甜蜜小镇酒店项目、民宿开发项目、婚庆商业风情街区项目、咖啡豆产业园项目、德国啤酒庄园项目。
>
> （2）多层金融体系保障：2016 年，农发行对巧克力甜蜜小镇已投放项目贷款 10 亿元用于基础设施建设项目。同时，总投资 43 亿元的度假区环境综合整治提升项目，融资 3 亿元。
>
> （3）政府政策支持保障：嘉善县出台用地、资金、项目、改革、公共服务等五个方面的政策措施，对小镇建设中新增建设用地，县里优先办理农用地转用及供地手续，优先确保重点项目、基础设施用地指标。
>
> （4）部门资源优先倾斜：实行凡是符合小镇定位的招商项目优先向小镇集聚，基础设施、公共服务、人文环境等方面的资源优先向小镇倾斜，管理、建设、运营等方面专业人才优先向小镇配备的方针。

考虑到地方政府的财政能力，全国特色小镇创建过程中，未来资金约束仍然是最大瓶颈，而引入 PPP 模式是解决资金问题的最佳选择。通过 PPP 模式可以广泛吸收社会资本，既可减轻政府负担，还可以拓宽融资渠道，实现政府和社会资本实现利益共享和风险共担。目前，PPP 模式在特色小镇建设中尚未得到广泛的应用，要大力发展该类模式在特色小镇中的应用，就需要政府从政策、法律、税收和金融等方面提供更多的支持，才能进一步推动特色小镇的建设。

Section 02
特色小镇的 IP 模式

IP（Intellectual Property rights），传统意义上是指"知识产权/知识财产"，是一种无形的智力成果权。我们所说的 IP 已不仅仅是"知识产权"四个字可以概括得了，其涵义可以理解为"核心吸引力+全产业链"。"核心吸引力"是 IP 的主体内容和品牌形成的基础，全产业链则是后续开发的延展性。IP 必须拥有从概念、到产品、再到卖点及盈利模式的完整体系，具体要求如下。

（1）具有独特的核心吸引力及主题，对市场能够形成一定的激活效用。

（2）知识产权独立，不涉及产权纠纷问题。

（3）有一定的品牌知名度，及客户黏性。

（4）拥有较为成熟的产品支撑。

（5）有清晰的商业模式。

（6）IP 方拥有一定的咨询、运营及投资能力。

（7）具有一定的延展能力及消费迁移能力。

特色小镇 IP 代表着个性和稀缺性，对特色小镇而言，是形象认知的产品，是简单鲜明有特色的元素和符号。特色小镇 IP 可能就是一个故事，可能是具体的某一个景点，也可能是某一种感觉，或者是某一个主题，它赋予特色小镇独特的性格特点，也给予了其生命力。

IP 的类型：纵观目前特色小镇的发展，其 IP 属性种类较多，如影视 IP、动漫 IP、农业 IP、音乐 IP、金融 IP、汽车 IP 等不同的 IP 属性。特色小镇通过挖掘和发现 IP 属性，打造自身发展特色，找到小镇发展特色灵魂产业的支撑，才是发展特色小镇的根本所在。

特色小镇的 IP 可以理解为核心吸引力、细分到极致的特色产业。换言之，IP 就是特色小镇的"特"，IP 就是特色小镇的产业核心。"特"色是小镇的核心元素，产业特色是重中之重，必须与产业规划统筹考虑。IP 的导入对于特色小镇的开发来说，是推动其落地建设的重要抓手，是支撑其健康发展的关键内容，是盘活其现有存量资产的重要手段。

IP 的导入模式主要能带来四方面作用：一是，IP 能带来用户，带动产业的发展，尤其在这个互联网大变革的时代；二是，IP 能给多数老百姓带来利益，因为 IP 的导入盘活了区域经济；三是，IP 不是一个单独的事情，是将商业设想落到脚下的这片土地上，需要的是一种工匠精神，如从外面嫁接是不长久的，大多数民宿就正是依靠匠人精神做出来的；四是，IP 时代意味着无限链接，只有通过跨界、整合、不断的链接，才能对我们内心所需要的 IP 植入更丰富的内容，以一个更开放的心态、清晰的目标达成和实现理想中的 IP。

一、IP 的两个关键点

第一个关键点是独立的知识产权：通过商业化的购买实现 IP 的植入，例如香港 Hello Kitty 主题农庄、瑞安小王子主题农庄等。特色小镇的经营主体也可以去创造属于自己的 IP，把资源用好，转化成内容。

第二个关键点是能具备独立的自我认知能力：一定要是自己的、当地的、有人文沉淀或可挖掘嫁接的点，并进行在地化开发，这是IP产生的非常关键的因素。如田妈妈蘑法森林、田妈妈小花猪农乐园、青蛙小镇等。

有独特的IP意味着产生了持续的付费能力和购买意愿，只有这样才能持续收益，具备无限延展的可能。比如，乌镇的互联网小镇借助于世界互联网大会这一IP，将当地的古镇资源成功转换成内容。因此，如何从资源转化成内容是目前特色小镇非常缺失的环节，因为大部分经营者没有真正意义上去做研发和产品，没有去开发团队，缺少创新的能力，所以很难打造属于自己的IP，这是问题所在。

二、特色小镇IP打造的四个关键点

（1）找途径：找途径就是要找小镇的独特识别物，优质的旅游IP一定有着才华与人品作为IP的发散才能支撑。迪斯尼有效地利用自己的IP资产，将IP引入到商品、游乐设施和其他周边产品，最终实现丰厚的盈利。同样，北京故宫也非常重视自身IP，如皇家文化、传世珍宝和顶级宫殿，使旅游商品朝着"萌、呆、嗨"发展。主动寻找生命力较长，足以摊平投资的最佳IP，这样就能起到事半功倍的效果。还要确保合作双方的目标是一致的，如果你想品牌化一个儿童游乐项目，但是IP所有方希望是一个和哈利波魔法世界差不多等级的，那这就是相悖而行了，所以选择可以成功进行旅游转化的IP，这样粉丝们才会喜欢前来体验。

（2）找爆点：找爆点就是找能够引爆旅游小镇鲜明特色的东西，找准爆点才能各个击破，达到更高效的作用。海南亚龙湾的热带天堂公园引入葛优、舒淇主演的电影《非诚勿扰2》，使所有到热带天堂公园的游客都要走一走片中的那个吊桥、看一看他们所拍摄的那个鸟巢酒店的房间，这样的小景点其实早已演变成了这个景区的符号。小说《盗墓笔记》非常火爆，而小说中提及，2015年8月17日是"张起灵回归的日子"，于是很多粉丝提前在网上邀约，共赴"长白山十年之约"，见证"张起灵回归"，一度引发吉林长白山景区的拥堵。旅游与文化与 IP 相结合将是未来旅游发展的必然趋势，如上海青浦区正在打造的乐高游乐城就是基于强大 IP 的旅游模式。

（3）找粉丝：找粉丝就是提高小镇的人气，人气的高涨必定吸引更多旅游者前来。国产动画电影《大鱼海棠》，画面中多次出现了以福建土楼为原型创作而成的村落，画面规整，具有浓浓的中国风，很快便吸引了更多的游客去福建土楼观瞻。随后，以福建土楼为核心的相关旅游产品在许多旅游网站迅速上线，"福建高北土楼群"、"田螺坑土楼群"等一日游产品预订环比增长了 200%～240%。

（4）做参与：做参与就是在小镇为大家提供极致的体验，大家都能身临其境参与融入进来，实现参与度最大化的颠覆。经久不衰的 IP 有 Hello Kitty，包括马来西亚公主港的 Hello Kitty 小镇、英国德鲁西拉公园的 Hello Kitty 秘密花园，以及印度尼西亚安可梦境公园的 Hello Kitty IP 乐园，这些都能让前来的人产生强烈的参与感，和这些卡通形象有零距离接触。

> **案例：特色小镇 IP 实践——影视 IP 特色小镇**
>
> 影视 IP 主题型特色小镇依托于影视拍摄地、影视人物、影视场景、动漫等 IP 元素，结合旅游文旅产业发展，形成了特定效应的主题特色小镇。影视 IP 对文旅产业的拉动效应已经被世界范围所验证，国内影视拍摄基地横店影视城、华谊兄弟联手冯小刚打造的"1942"主题影视小镇、《冬季恋歌》拍摄地中岛、迪尼斯小镇、日本动漫作家青山刚昌的故乡鸟取县大荣町、水木茂的故乡鸟取县境港市、宫崎骏的故乡三鹰市、手冢治虫的故乡日本宝冢市等成为影视 IP 型特色项目。横店影视城是集影视旅游、度假、休闲、观光为一体的大型综合性旅游区，以其厚重的文化底蕴和独特的历史场景而被评为国家 AAAAA 级旅游区。2016 年 10 月 14 日，浙江省金华市东阳市横店镇被列为第一批中国特色小镇。

影视 IP 主题特色小镇将影视文化、动漫文化融入到区域旅游发展中，以影视 IP 资源为核心撬动，经过深度开发及产业融合形成系列旅游体验产品，进而带动文旅产业快速品牌化、项目化，随着影视娱乐产业及 IP 主题开发的快速推进，影视 IP 主题已成为特色文旅小镇极具代表性的开发类型。比如，柯南小镇位于日本鸟取县的北荣町，是《名侦探柯南》作者青山冈昌老师的家乡。在这里，大街小巷都展现了柯南的元素，大桥、侦探所、博士的车、柯南列车、柯南文具、柯南实物、柯南博物院等，所有的建筑与视觉呈现中的细节都刻上了柯南的元素，就连井盖上都是柯南，是柯南迷必须朝圣的地方。也可以理解为为参与者建立了一个浸润式的体验环境，让所有的体验元素都能成为一种带自媒体属性的传播载体。

Section 03
特色小镇的经营模式

过去一年，特色小镇在全国遍地开花，发展势头迅猛，一时间旅游小镇、科技小镇、金融小镇、文化小镇等不同主题的特色小镇纷纷涌现。目前，特色小镇在国内并无明确的概念定义，但按照住建部、发改委、财政部关于开展特色小镇培育工作的通知，特色小镇应具有特色鲜明、产业发展、绿色生态、美丽宜居的特征。特色小镇是相对独立于市区，具有明确产业定位、文化内涵、绿色宜居、旅游和一定社区功能特征的发展空间平台。各地创建特色小镇尚处于摸索阶段，虽然各方参与建设的热情很高，但经验缺失。有的地区生搬硬套国内外先进地区发展特色小镇的模式，有的地区则是以传统的思维通过发展工业园区、产业集聚区的方式来谋划特色小镇建设，还有些地区寄望于商贸综合体等项目的新建或重新整合包装来创建特色小镇。

其实对于特色小镇而言，产业是特色小镇的魂，小镇发展的核心不在于开发，而在于后期的产业运营，这与一般的房地产开发之间有着本质的差异。特色小镇的概念最早舶来自国外，比如美国的硅谷、格林威治小镇，英国的剑桥镇等。这些小镇之所以能经久不衰，因为具有特定的自然、人文、历史、经济因素，使其具有不可复制性。特色小镇根据其内核的产业定位不同，可分为工业生产型产业小镇、文旅度假型产业小镇、商品交易型产业小镇、研发服务型产业小镇、学院教育小镇等。而跟旅游关系最密切的是文旅特色小镇,从世界范围来看,这类小镇根据周边的风景资源不同,又分为古镇村落、温泉度假小镇、滨海度假小镇、滨湖度假小镇、运动观光小镇等许多门类。

一、特色小镇的运营体系

对于产业型的特色小镇而言,旅游只是其价值放大的一种途径,并不是其价值的全部。特色小镇当前在我国之所以还处于探索阶段,其核心的关键要素就是在小镇投入使用之后的运营商缺乏相应的经验,也就是在小镇经营层面目前还有比较大的短板。我国有关"城市运营"的概念出现于20世纪中后期,是基于积累城市发展所需资金提出的,比国外晚了大约20年。一直以来,由于土地增值带来的巨大效益,我国城市运营的本质体现在土地运营上。最近几年,随着新型城镇化的推进、原有竞争优势的消失及城市发展理念的转变,重在短期利益的土地发展模式难以为继,而产业和项目运营所产生的长期收益,成为了政府关注的重点。因此,对于市场化机制下产生的特色小镇来说,其运营更需要我们站在新的高度,提出新观点、新模式,架构新的运营体系。

而特色小镇提出的时间相对较短,其运营理念与之前的城镇化开发运营模式相比有比较大的差异,或者说是本质上的区别,那就是政府与市场之间的主、客体位置发生了比较大的创新与转变。几十年来,政府一直是城镇建设的推动者与核心运营主体,既是所有者,又是经营者,还是管理者和监督者。但从目前政府的管理职能或是经济的发展模式来看,显然之前的这种政府主体模式面临着各种各样的问题。随着市场取代政府成为资源配置中的决定力量,这也就决定了城市运营必须在理念上发生转变,同时运营主体、运营客体以及收益模式也要随之转变,主要体现在以下三方面。

1. 核心运营主体的转变,从政府主导转变为市场主导

(1)政府仍然为主导力量,由政府全权负责投资建设运营或政府负责

投资、委托运营商建设运营。这一模式适合财政力量雄厚、运营能力或把控能力强大的政府。优势是政府拥有绝对的控制权，推动进展快；劣势是政府财政压力大，同时也面临着后期运营的大量投入。

（2）政府与企业联动发展。即政府负责小镇的定位、规划、基础设施和审批服务，并通过市场化方式，引进社会资本投资建设，许诺投资方在一定时间段内拥有经营权，到期后再归还政府。这一模式适合于财政相对有困难的政府，优势是缓解了政府的财政压力，劣势是所有权与经营权的分离，导致参与企业的短视行为，同时回收后对政府来说仍然是一个较大的包袱。

（3）以企业为主导。由某一企业或多家企业联合完成投资建设运营，通过政府购买或用户付费获取收益，受政府的管理和监督。这一模式适合于资金及运营能力均强大的企业，优势是减轻政府财政压力，激发市场活跃度，劣势是需要有持续的盈利模式。

（4）以非营利的社会组织为主体。比如在国外的一些城市，由市民组建一个管理委员会，进行管理。这也是以后特色小镇运营可借鉴的一个模式，由小镇自主自发并接受政府监督、指导的管委会模式。

以上这四种运营方式如图 3-1 所示。

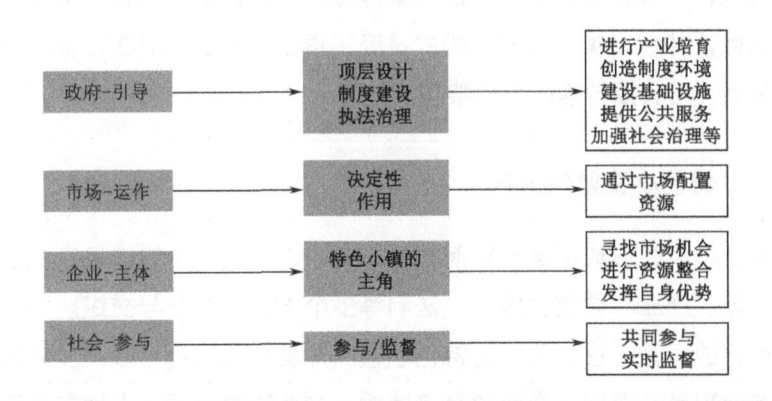

图 3-1 运营主体转变的四种模式

2. 运营客体的转变，从土地依赖转变为产业依赖

长期以来，土地财政一直占据着地方财政的关键位置，土地一直是城市运营中的主要对象，也是政府财政收入的主要来源。但这一模式为城市发展所带来的弊端逐渐凸显。随着国家对地产行业政策的收紧，越来越多的地产商都瞄准了向城市运营商、产业运营商转型。不仅要开发土地，还要开发配套服务设施、旅游项目、产业项目，要进行房产开发，最后进行产业整合和运营整合。因此，新形势下的城市运营客体可以概括为，以产业为主导，以土地为基础，以各种产业项目、旅游项目和房产项目为重点的全方位体系。将单纯的土地财政依赖转变为产业财政依赖，通过产业为核心的特色小镇盘活区域经济，形成一种可循环、可持续的财政收入方式。

3. 收益模式的转变，从土地收益转变为综合收益

以土地为经营客体的模式决定了政府以土地出让为主要来源的收益模式。而新形势下，多条运营线的展开，已经使得特色小镇的收益除了来自土地一级、二级开发之外，还包括产业项目的运营收益、二级房产的运营收益及城市服务的运营收益等。最关键的是特色小镇的区位相对偏远，一旦盘活对于整个区域土地价值具有不可估量的作用；同时，由于其特色产业的导入，不仅在人口导入上能拉动区域活力，还能直接带动就业创造税收。因此，特色小镇这一收益模式已经不再依赖于土地财政，而是一种可自我供血、可长期持续的合理架构。

二、特色小镇如何运营

特色小镇的形成不是一蹴而就的，它的诞生是一个错综复杂的过程，需要土地、产业、城镇、服务、法制等多个方面的配合与交织。为了方便分析小镇的运营过程，我们将特色小镇的开发分为土地一级开发或代开发期、产业项目开发期、产业项目培育期、产业链整合期、土地二级开发期

五个发展阶段。每一个阶段都对应着不同的资源形态，有着不同的运营要点及目标。

1. 土地一级开发或代开发期

特色小镇中的土地一级开发并不仅仅是项目地的征地补偿、拆迁安置、"七通一平"等基础设施和社会公共配套设施的建设，其主要目的也不仅仅是使"生地"成为"熟地"，而是要与产业发展、与项目开发结合在一起，因为产业的价值决定了土地的价值。因此，土地一级开发必须结合产业项目开发、结合土地二级开发，只有这样才可能真正获取一级市场的利润。

这一时期的运营要点在于顶层设计和政策法制层面：顶层设计层面，做好城市规划和产业规划，确定小镇未来的发展方向；政策法制层面，出具土地、奖惩、税收等方面的政策条件及监管机制，保证小镇的顺利推进。

2. 产业项目开发期

"特色产业"的发展方向确定后，就是要围绕这一产业，通过项目及载体的开发建设，形成产业的开发、培育及集聚，最终打造产业集群，实现产业价值。产业项目开发是其中的第一步，即紧抓产业链上的核心环节，在尊重市场及产业发展规律的基础上，集中人才、创业团队及资金等优势条件，集中攻破产业开发的各种难题，形成产业项目发展条件的聚集。

这一时期的运营要点在于对接国内外优势的科研及教育资源，一方面通过科研成果的孵化，促进技术向生产力的转化，另一方面通过专家学者的研究，突破产业发展技术上的一些难题，同时还可以完成人才的培育及输送，形成产业可持续发展的后备力量。

3. 产业项目培育期

当产业初步开发完成，形成一定的特色优势及产业价值后，就进入了产业的培育阶段。这里所说的培育还是围绕特产业的核心部分展开的，主要目的在于培育和扶持有效的产业项目和企业主体，形成规模化的经营效益。

这一时期的运营重点在于相关政策的大力扶持，包括信贷金融支持、税收优惠和财政补贴、科研补贴、进出口关税和非关税壁垒、土地价格优惠等。在这一阶段可以有的放矢，对一些重点品牌或企业进行大力支持，引导他们与产业链条上的其他小型主体，建立互补、合作、共赢的关系，发挥龙头企业的引领带动作用。

4. 产业链整合期

产业链整合，即围绕主导特色产业，利用整合手段，使特色产业、旅游产业及其他相关产业通过某种方式彼此衔接，打破各自为战的状态，构建一个有价值有效率的产业集群，实现产业联动与融合，从而增强产业活力、节约交易成本、形成产业抱团发展，推动区域经济发展。

这一时期的运营重点在于打通产业链上下游及各相关产业之间的壁垒，有效运用资源、技术、产品、市场、经营方式、组织管理、制度、人才等各种手段，实现产业之间的有效聚集，形成带动作用更强、效益更好的产业集群式发展。

5. 土地二级开发期

土地二级开发期即产城融合共建期，这是新形势下，特色小镇发展的必经阶段。产业大发展，吸引大量就业人群集聚，进而产生了对居住、教育、医疗及第三服务业的大量需求。基于"产城人"一体化的发展目标，就需要通过土地的二级开发，实现综合服务配套的升级。包括居住配套、商业配套、教育配套、医疗配套、休闲娱乐配套、社区服务配套等。

这一时期的运营重点在于综合考虑城市发展、旅游发展、产业发展、政策的扶持和制约等因素，实现产城一体化开发，防止以"城镇运营"之名，行"地产开发"之实。

Section 04
特色小镇的一体化建设

特色小镇的建设施工,既要有整体性思考,也要有因地制宜、因时制宜的把握。产品既要符合相关质量标准、法定规范,又需要结合运营、使用需要,做到充分尊重小镇特色。

根据小镇的主题风格、创意设计,针对小镇具体的内容细节进行营造;建设施工过程中要注重小镇调性的统一,彰显小镇特色风格,在力求呈现小镇"高颜值"的基础上,保证小镇基础设施、建筑、公共空间、软性展现等方面的实用性、功能性。

特色小镇建设施工内容主要分为以下四类。

一、基础设施建设

重点建设小镇管网、排水防涝、消防、交通、污水和垃圾处理;供水、供气、供热、电力、通信、公共交通、物流配送、防灾避险等基础设施内容,按照基础设施建设原则进行建设施工,做好小镇硬件设施。

二、小镇建筑建设

小镇建筑作为小镇主要地上附属物,是小镇风格特色的重要体现,因此小镇建筑风格要与小镇整体风格调性相一致,功能不同的建筑在建设施工过程中，细节上也要有所侧重。建筑外立面：屋顶、外墙；建筑外立面装饰：门牌、牌匾、雨棚、灯笼、墙体装饰（砖雕、木艺等）、墙体花卉等细节，处处可以彰显小镇风格。

三、产业空间建设

特色小镇发展依托特色产业支撑，小镇产业空间建设是小镇建设重要的组成部分，产业空间建设施工主要以满足日后小镇产业功能和部分旅游功能为目的，因此在建设施工之前要与规划设计和运营管理单位对接清晰。

四、绿化及景观小品建设

小镇主体建设完成之后，对小镇的完善要从绿化及景观小品等方面进行软性提升。小镇绿化、照明设施、标志导视、公共游憩空间等软性提升建设有助于提升彰显小镇内涵和特色。

特色小镇建设施工过程，应坚持以下原则。

1. 民生优先

坚持先地下、后地上，优先加强供水、供气、供热、电力、通信、公共交通、物流配送、防灾避险等与民生密切相关的基础设施处设，加强老旧基础设施改造。保障小镇基础设施和公共服务设施供给，提高设施水平和服务质量，满足小镇社区居民基本生活需求。

2. 安全为承

提高小镇管网、排水防涝、消防、交通、排水和垃圾处理等基础设施的建设质量、运营标准和管理水平，消除安全隐患，增强小镇防灾减灾能力，保障小镇运行安全。

3. 绿色优质

全面落实集约、智能、绿色、低碳等生态文明理念，提高小镇基础设施建设工业化水平，优化节能建筑、绿色建筑，发展环境，促进节能减排和污染防治，提升小镇生态环境质量。

特色小镇建设施工过程，应注意以下事项。

1. 对接策划规划部门，全面了解小镇规划设计理念

规划设计部门相关人员最好可以现场指导特色小镇建设施工，保证小镇的建设施工能够完美呈现规划设计理念，从而把握小镇发展理念和方向。

2. 对接后期运营管理单位，把控好建设施工细节

特色小镇规划设计、建设施工的最终目的是进入运营管理，实现小镇的健康良好有序运营。因此在建设施工过程中，需要和后续经营管理团队在细节等方面做好沟通，以防对小镇的后续经营管理造成阻碍。

3. 对建设施工规范及安全的把控

遵循基础设施建设的施工原则、施工规范、安全保障，把控小镇建设施工整体顺利进行。

Section 05
特色小镇的五种设计架构

一、以特色产业为引擎的泛产业聚集结构

以特色产业为引擎的聚集结构，主要包括"产业本身+产业应用+产业服务+相关延伸配套产业"四个层面。以机器人产业为例，"产业本身"即机器人的生产制造、科研、设计、系统集成等；"产业应用"包括工业领域的机器人工业4.0、医疗领域的机器人康复医疗陪护、休闲领域的机器人娱乐表演等；"产业服务"则包括机器人交易服务、机器人会议服务、机器人教育培训等；"相关延伸配套产业"可以与旅游、影视、文化等领域结合，打造机器人主题乐园、机器人影视产业园、机器人博物馆、机器人制作体验基地等。

二、以旅游为引擎的泛旅游产业聚集结构

泛旅游产业聚集结构，是在泛旅游产业理念下，依托旅游与其他产业的融合、聚集，超越旅游传统旅游景区要素的范畴，形成以旅游产业带动其他产业发展的多产业、立体网络型产业集群（见图3-2）。

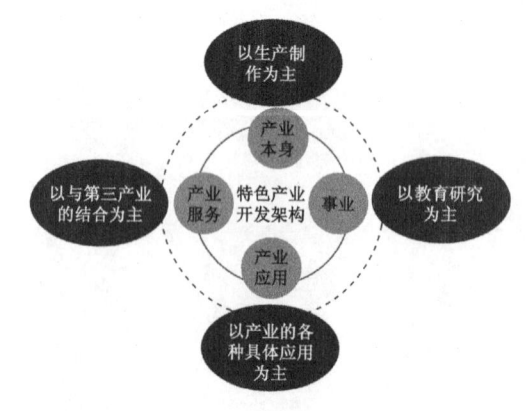

图3-2 以旅游为引擎的网络型产业集群

这一集群涉及面广，几乎涵盖旅游及所有相关产业。

三、以旅游目的地的小镇架构

特色小镇虽不完全是以旅游为主要目的，但又必须包含旅游的功能，每一个特色小镇原则上都是一个以 3A 或 3A 以上景区为主导的旅游目的地，是"旅游吸引核+休闲聚集+商业配套+生活居住"的一体化聚集地（见图3-3）。主要为两大核心功能，一是给小镇范围内以及周边的居民提供一个周末休闲的去处；二是吸引周边城市的居民，通过周末游来放大与提高小镇的商业价值。

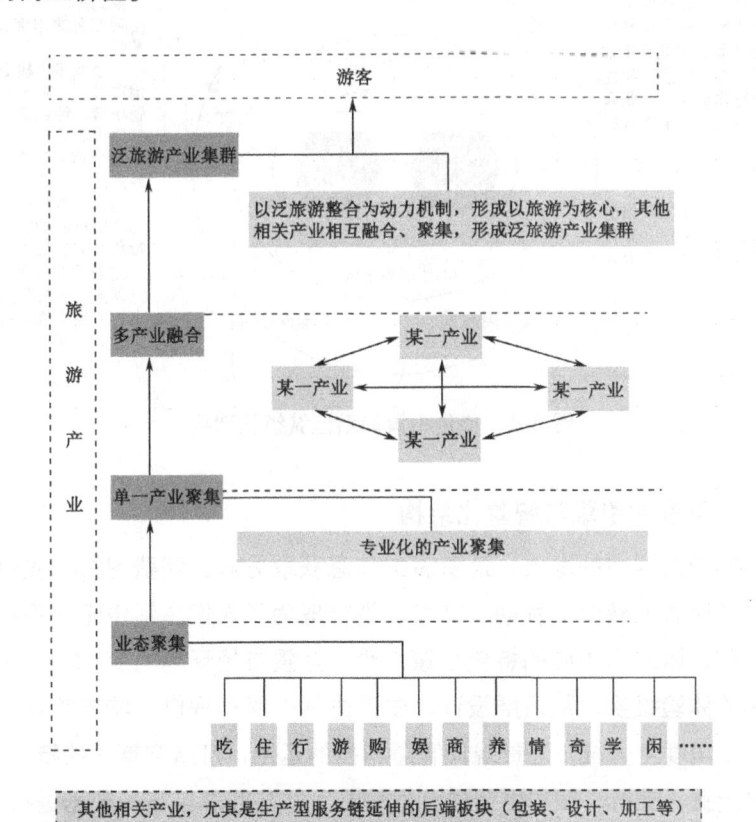

图3-3 旅游小镇的产业架构

四、新型城镇化架构

特色小镇也可以理解为城镇化架构的升级版,包括"核心引擎+产业园区+休闲聚集区+综合居住区+公共服务设施配套"五大架构(见图3-4)。核心引擎是形成人口的关键,产业园区是特色产业核心部分的聚集区,消费产业的聚集形成休闲聚集区,综合居住区是获取土地开发收益的重点,而社区配套网是特色小镇必须具备的支撑功能。

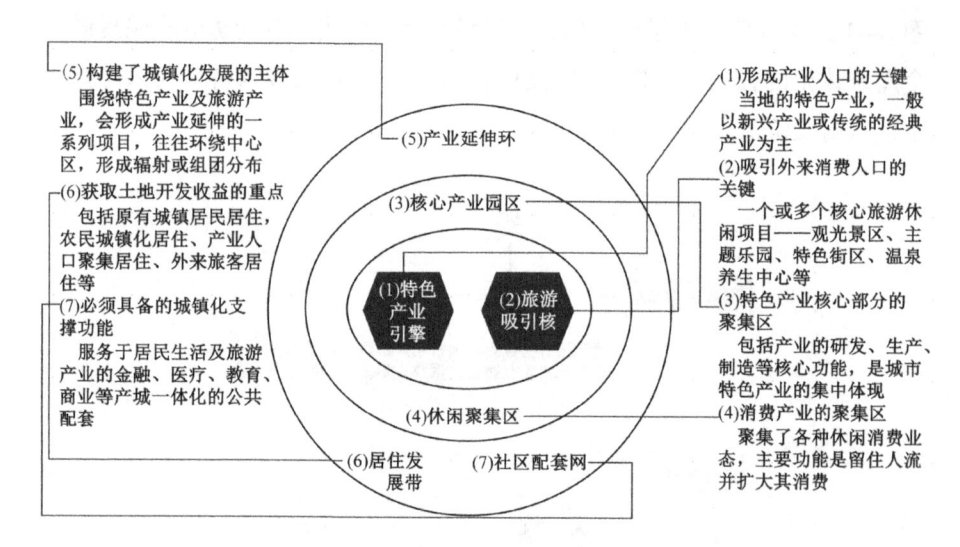

(5)构建了城镇化发展的主体
  围绕特色产业及旅游产业,会形成产业延伸的一系列项目,往往环绕中心区,形成辐射或组团分布
(6)获取土地开发收益的重点
  包括原有城镇居民居住、农民城镇化居住、产业人口聚集居住、外来旅客居住等
(7)必须具备的城镇化支撑功能
  服务于居民生活及旅游产业的金融、医疗、教育、商业等产城一体化的公共配套

(5)产业延伸环
(3)核心产业园区
(1)特色产业引擎
(2)旅游吸引核
(4)休闲聚集区
(6)居住发展带
(7)社区配套网

(1)形成产业人口的关键
  当地的特色产业,一般以新兴产业或传统的经典产业为主
(2)吸引外来消费人口的关键
  一个或多个核心旅游休闲项目——观光景区、主题乐园、特色街区、温泉养生中心等
(3)特色产业核心部分的聚集区
  包括产业的研发、生产、制造等核心功能,是城市特色产业的集中体现
(4)消费产业的聚集区
  聚集了各种休闲消费业态,主要功能是留住人流并扩大其消费

图3-4 特色小镇的新型城镇化架构

五、互联网引擎与智慧化架构

伴随着互联网的发展,消费者的信息获取方式、消费习惯、支付环境都发生了巨大的转变,互动、体验、便捷成为了人们生活中无处不在的追求。因此,以人为中心的特色小镇,也应注重市场环境的变化,立足居民或游客的体验维度,从顶层设计、生产生活、服务提供、城市管理、品牌营销等多角度全方位,注重现代智慧科技的运用,打造智慧化的特色小镇,形成对产业、旅游、宜居生活的全面提升,并与智慧城市的数据进行打通,更好的服务小镇范围活动的人群。

Section 06

如何设计特色小镇

特色小镇这股浪潮目前从中央到地方都在大力推进，各种培训也是热火朝天，但目前可以参考的案例并不多，无非是国外的一些比较成熟的特色小镇，以及国内相对走在前面的杭州、贵州等地的几个特色小镇。当然，还有一部分就是住建部所评选的第一批特色小城镇，是基于建镇为基础升级而成的特色小镇。从国外的特色小镇来看，有一定的借鉴意义，但不具备照搬照抄的模式，因为国情、文化、发展阶段都不相同。从国家层面来看，目前相关部门都在出台、完善相关的配套文件，以支持、培育特色小镇的发展。但对于市场主体的特色小镇运营商而言，由于总投资的资金体量相对较大，在进入时必然要从整个特色小镇的顶层设计出发，不仅是建成一个特色小镇，更重要的是盘活一个特色小镇，并让其有机的发展起来，具体而言，在特色小镇的建设初期需要从以下几个方面进行思考。

一、特色小镇要有完善的交互设计

从目前的情况来看，不论是出自设计院或是规划院的特色小镇，在我们国情下都缺乏不同程度的成功经验，都处于探索的阶段。更多的则是基于产业园区、产业新城的经验基础上按照有关部门对于特色小镇的功能要求进行多种功能版块的叠加。比如文件上要求产业、旅游、商住等功能模块要如何，于是就在这个基础上进行"产业+旅游产业+健康产业+智慧产业+互联网+商业"等，这并不是说这种方式不对，而是很对，在规划上对多种要素的叠加进行思考与规划。

但对于特色小镇而言，这还不够，还不能充分体现"特与色"这两个核心要素。尤其是对于产业特色为主导的小镇，需要从产业特性以及与产业特性有关的从业人员特性角度来考虑与设计，并不是单一的基于城市文化特性来挖掘。因为特色小镇核心关键要解决的是两个问题——工作与生活，这两个问题要在小镇范围内进行有效融合的核心就在于互动，也就是人镇之间的交互。

我们可以将特色小镇的整体当成一款产品，要营销好这款产品就需要充分的考虑与用户、消费者之间的互动体验。如何通过规划与设计，在小镇的空间里实现人与小镇之间的自然交互，并且能通过设计来读懂空间的语意。而这种人与小镇之间的交互并不是单一的停留在人与建筑之间的交互之中，而是从进入小区的那一刻开始，不论是见到的、听到的、想到的、感触到的，一直到离开小镇的整个过程都能感受到特色小镇的那种人与特色之间的交互。让人在小镇的空间中能体验、感受到特色之处，并随着转换为一种商业价值的创造者，这种思考与设计对于塑造特色小镇而言是至关重要的要素，也是构建起特色小镇 IP 化与放大商业价值的有效途径。

二、特色小镇要有直观的美学设计

美学设计是特色小镇的重要组成部分，也是小镇特色最直观的一种呈现形式，大到总体的建筑设计，小到系统的 VI 设计，都是一种美学思想的呈现。尤其对于建筑设计，并不是一味的徽派或古建筑风格就有深度，而是要根据产业特色与区域文化特性，从目前已经存在的一些以文旅为特色的区域来看，大量非当地建筑文化与风格的仿制建筑多有存在，还有一些建筑更是古今中外混搭。

因此，在特色小镇的设计层面，尤其是建筑设计层面，不能简单的采用形式主义，更重要的是先要根据产业特性与功能需求进行模块化设计，然后再结合产业特性进行文化塑造与提炼，结合文旅与区域文化特色优势元素对建筑设计的形式进行优化。最终达到一种效果，就是让特色在整个视觉美学的设计中自然流露与呈现。

三、特色小镇要有系统设计思维

特色小镇从本质上看是一个以人为中心的生态圈，由多个设计系统组合构建成一个大的设计系统，需要系统设计。其中主要包括以下27大设计系统：（1）品牌战略设计；（2）功能业态设计；（3）交互体验设计；（4）开发模式设计；（5）运营模式设计；（6）资本模式设计；（7）自然环境设计；（8）交通组织设计；（9）园林绿化设计；（10）灯光设计；（11）景观设计；（12）形象标志设计；（13）规划设计；（14）建筑设计；（15）室内空间设计；（16）影音设计；（17）平面设计；（18）特色产品设计；（19）产业品牌升级设计；（20）媒体宣传设计；（21）配饰设计；（22）基础设施设计；（23）消费流程设计；（24）艺术品位设计；（25）商业布局设计；（26）旅游动线设计；（27）商业模式设计。这些设计体系即是独立的，但又是一个有机的统一体，组合在一起就构成了小镇的系统设计，也是保障小镇成功运营的基础。

四、特色小镇要有独特的文化塑造

对于一些以文旅为核心特色的小镇而言，充分挖掘地域文化，重点突出所在地的文化与传承是其商业价值的核心，这包括从整体的建筑与视觉美学层面的设计上进行塑造。对于文旅产业载体的特色小镇，其核心商业载体就是文化与旅游，因此，必然导致其所有的建筑与视觉必须围绕着文化来开展。

但对于一些产业载体的特色小镇，尤其是一些新兴战略性的特色产业，比如互联网小镇、教育小镇、航空小镇等主题特色鲜明，但又不具备深层次历史文化特色的小镇而言，除了结合当地的文化特色之外，更重要的是塑造与提炼产业特色文化。不论是从LOGO的设计，还是建筑、指示、道路等层面的设计，都需要将提炼出来的这种产业文化基因融合在里面。而这种产业文化一旦形成，对于贯穿在小镇中的商业活动都会带来很大的价值，其品牌化的商品会为小镇创造出一种独特的价值。

五、特色小镇要有完善的产业配套

东中西部的产业基础各不相同，比如港口城市就具备先天的海运优势，其围绕海运产业打造特色小镇就有天然优势。相反，如果我们到甘肃去打造一个航运小镇，不论是海运或是航运显然并非最优构思，因为缺乏产业链的支持，或是特色小镇配套产业的支撑。因此，在特色小镇的产业选择与小镇选地上，需要充分考虑特色产业的支撑点。需要充分研究当地的产业体系，以及政府对于区域经济的产业规划，寻找特色产业业态，形成产业互补优势的特色小镇。

特色小镇的一个重要使命就是盘活区域经济，如果不能与区域产业形成有效互动，或不能与地方政府对于区域经济的发展规划相衔接的话，不论是对于地方政府或是对于投资特色小镇的主体企业而言，并不能产生放大的价值效应。

六、特色小镇要有清晰的产业定位

对于地方政府或是主体企业，为什么要做特色小镇，做一个什么样的特色小镇，这是做特色小镇的前置必要条件，而不是为了建特色小镇而建特色小镇。特色小镇的重点在于能完善区域经济与盘活区域经济，尤其对于一些城乡边缘地区，如何通过特色产业完善区域产业链，或是借助于特色小镇导入产业人口来拉动区域经济具有非常重要的价值。对于大型城市而言，同样也是如此，在城市功能的升级过程中，如果将一些集聚在城市中心的产业有效的释放到周边，同时又能完善与增强城市竞争力与活力。不论是出于哪方面的考虑，特色小镇的定位都是决定其是否能朝着设想发展的决定性因素。

七、特色小镇要有健全的生态系统

之所以称之为小镇模式，其核心就在于能构建成一个自循环的生态系统，在小镇中的人群可以在这个生态系统中满足与解决工作、生活的方方面面。从大的层面来看，特色小镇的生态系统分为内循环和外循环两大组成部分，两者之间既有分工又是统一的整体。

内循环包括五大体系，分别是文化体系、功能体系、运营体系、形式美学体系、商业体系。其中文化体系是小镇的灵魂；功能体系是小镇的核心载体；运营体系是小镇的生命力所在，包括物业、经营、开发等；形式美学体系，是小镇的表现形式；商业体系，是小镇价值放大的途径。

外循环包括品牌交互、品牌传播、品牌成果三个部分。品牌交互是小镇与人的交互过程，是传递小镇特色的媒介；品牌传播是品牌的宣传推广，是扩大小镇影响力的形式；品牌成果是品牌的产品及品牌载体的输出，比如品牌体验店的输出，品牌形象产品的输出等。

八、特色小镇要有错配的业态形式

特色小镇的业态模型通常可分为四业态形式，即产业业态、商业业态、文旅业态、居住业态。所谓的产业业态是指围绕核心产业所布局的业态，重点是为了支持与满足产业的功能与工作需求；商业业态是指为了满足小镇各种人群的日常生活、消费行为与需求的一种业态布局；文旅业态是指为了满足小镇人群日常生活，以及放大小镇价值吸引外来人群，传播小镇产业特色的一种旅游休闲业态；居住业态是指为配合小镇产业发展，留住产业人才，为产业人才提供一个安居乐业的居住环境的一种业态。在特色小镇的规划、建筑过程中不仅需要考虑这四种业态的布局，同时需要充分考虑这四种业态之间的有效互动与整体统一性。

九、特色小镇要有完善的运营体系

特色小镇是否可以持续，是否能有效地激活与散发活力，除了规划建筑之外，另外一项很重要的工作就是后续的小镇运营工作。这其中涵盖小镇产业的招商管理、人才引进、物业管理、经营管理、文旅管理、社区管理、品宣管理等，再往细处分还包括培训教育、食品安全、活动组织、医疗教育等。因此，在小镇的运营体系构建方面需要考虑以下三方面因素。

1. 运营体系一定要走在小镇实施的前边。不论是采取小镇管委会的形式，还是采取运营公司制的形式，在小镇建设初期就需要搭建相关的运营体系，以保障小镇建设过程中与当地居民之间出现的一些问题，以及根据不同的建设节点启动不同的招商工作等。显然，以市场为主体的特色小镇，其运营主体也必然是市场化的运作主体与运作机制。

2. 运营要充分考虑与当地原住民的融合。人居、产业与自然的有机融合是这一轮特色小镇建设的一个基本要素，也是之所以在特色小镇的规划体量上采取核心区 1 平方千米、总体 3 平方千米规划的关键考虑。因此，在小镇运营前期就需要嘲讽考虑核心区之外，3 平方千米范围内，以及 3 平方千米外延出来的周边居民的融合与相应的管理体系。

3. 运营可采取扁平化的运营管理体制。小镇是一个多重功能叠加的生态体系，因此，在管理上更适合采取扁平化的管理模式，有利于提高工作效率与服务质量。通常需要考虑的管理模块有招商中心、经营中心、品牌宣传中心、物业管理中心、食品安全中心、教育医疗中心、社区管理中心、综合管理中心、财务中心、培训中心、文化旅游中心等平行机构。

十、特色小镇要有品牌输出能力

从国外的发展经验来看，特色小镇基本都会形成一种独特的价值与文化载体，可以说每一个特色小镇都是一个品牌。但在我国，由于特色小镇还处于前期发展阶段，模式、管理、运营都相对还处于比较粗放的阶段，一些特色小镇基本上是依托于住宅反哺产业的模式在发展，产业收入所占比重还未形成集聚效应。同样，对于一些文旅特色小镇，目前更多的也只是停留在小吃、民宿、购物三个层面上获得收益，而其中所提供的购物商品基本上千篇一律，缺乏文化的独特性。

而真正的特色小镇需要建立并形成属于自己的一种独特文化与品牌影响力，比如美国的迪斯尼、好莱坞，德国的奥迪小镇，英国的牛津小镇等，最终形成的是一种代表国家产业竞争力与形象的品牌载体。一方面通过特色小镇的品牌化，将特色小镇的特色文化与品牌输出到国际上，吸引国际游客来参观、体验；另外一方面通过小镇的品牌化塑造，衍生出相应的形象产品与相关的影视文学作品，借助于这些产品的营销将小镇的品牌传播出去，从而增强小镇的盈利能力、创新力与活力。

第四章
基于物联网的智慧特色小镇

Section 01
智慧特色小镇的建设基础

互联网与物联网显然是接下来城市管理改造升级的趋势与方向，而作为特色小镇的建设，其中很重要的一个版块就是智能化、互联网化的融入。同时，智能化特色小镇从架构上而言比智慧社区要复杂、庞大、综合，更像是一个缩小版的智慧城市，是整个智慧城市中非常重要的一个元素。尽管从目前特色小镇的评选规则上来看，没有明确设定智慧小镇管理这一评分项，但可以预见特色小镇的智慧化，以及与智能城市管理的对接与融入将会成为一个附加加分的项目，或许在不久的将来将很快被修订到评选规则中。随着我国数百个智慧城市试点项目的规划和实施，推动了整个智能产业的快速发展，包括智慧城市、智能社区、智能家居三大体系，而随着特色小镇的推荐，将很快会形成智慧小镇这一新的体系，并成为智慧城市的一个核心模块。

智慧小镇是管理的一种新理念，是新形势下社会管理创新的一种新模式。智慧小镇是指充分利用物联网、云计算、移动互联网等新一代信息技术的集成应用，为小镇范围内的从业、居住、生活、旅游等人员提供一个安全、舒适、便利的现代化、智慧化生活环境，从而形成基于信息化、智能化社会管理与服务的一种新的管理形态的小镇。

一、特色小镇的基础管理模式

在智慧特色小镇的构建与发展中，如何有效构建基于互联网、"物联网+"的大数据收集、挖掘、分析、整合、控制、管理、决策、反馈，将支撑着特色小镇的业务体系、管理体系和商业模式的实现路径。随着移动互联网技术的普及，以智能终端为载体的行为方式正在改变着大部分人的生活方式。社会经济发展、云计算、大数据、人工智能、物联网的到来，人们的生活正在悄然地发生着巨大的变化，人们对工作、学习、生活、居住环境的关注，已经不再局限于基础的衣食住行层面，开始关注到体验，关注到心理与精神层面的融合，把更多的兴趣和注意力放在与外界沟通、通信服务、安全防范、信息决策、智能服务等方面。因此，智慧特色小镇的管理模式将成为特色小镇管理体系搭建的核心基础，是决定着智慧城市发展的一个重要单元，从目前的情况来看，智慧特色小镇的应用主要包括以下9个方面。

（1）智慧办公管理：主要包括智能前台管理、移动办公管理、会议管理、企业信息化、智慧健康管理、工作任务管理、教育培训管理、超级秘书服务等智能化的管理系统，构建一个高效率、不受时间空间局限的协同工作环境。

（2）智慧物业管理：针对智慧化特色小镇的特点，将产业、商业、生活三区的物业管理进行有效的统一与区隔，例如：停车场管理、闭路监控管理、门禁系统、智能消费、电梯管理、快递管理、缴费管理、环境管理、安保管理、远程抄表，自动喷淋等相关社区物业的智能化管理，实现产业、商业、生活三区各独立应用子系统的融合，进行集中运营管理。

（3）电子商务服务：特色小镇电子商务服务主要是指在小镇范围内所构建的商业贸易活动中，实现消费者的在线购物、商户之间的网上交易和在线电子支付及各种商务活动、交易活动、金融活动和相关的综合服务活动，社区居民无需出门即可无阻碍的完成绝大部分生活必需品的采购，为小镇居民构建一个在小镇范围内无实体货币的生活形态。

（4）电子政务服务：电子政务在特色小镇中属于比较重要的环节，需要与当地政府有关职能部门进行系统有效对接的一个政府服务系统，包括检务、审事、社区事务等。总的来说就是将政府与小镇范围内产业、商业、居住人群有关的相关部门的网上服务系统进行有效整合，接入小镇统一的电子政务系统，方便与服务小镇相关人员，如审批上传系统、新闻发布系统、服务管理系统、政策法规发布系统、用户服务和管理系统、人事及档案管理系统、福利及住房公积金管理系统、出入境系统等。

（5）智慧旅游管理：智慧旅游，就是利用移动云计算、互联网等新技术，借助便携的终端上网设备，让游客主动感知旅游相关信息，并及时安排和调整旅游计划。主要由三大核心功能组成，即"旅游服务"、"旅游管理"和"旅游营销"。智慧旅游是站在游客角度，通过信息技术提升旅游体验和旅游品质，帮助游客在旅游信息获取、旅游计划决策、旅游产品预订支付、享受旅游和回顾评价旅游的整个过程中都能感受到智慧旅游带来的全新服务体验。主要功能包括：资讯、线路、景区、导航、休闲、餐饮、购物、交通、酒店等功能，集合了最新的旅游信息、景区介绍和活动信息、自驾游线路、商家促销活动、小镇体验活动时间表等信息。

（6）智慧家居管理：主要是指针对特色小镇所配套的居住板块，是以住宅为平台，兼备建筑、网络通信、信息家电、设备自动化，集系统、结构、服务、管理为一体的高效、舒适、安全、便利、环保的智能化居住环境。通过物联网技术将家中的各种设备（如音视频设备、照明系统、窗帘控制、空调控制、安防系统、数字影院系统、影音服务器、影柜系统、网络家电等）连接到一起，提供家电控制、照明控制、电话远程控制、室内外遥控、防盗报警、环境监测、暖通控制、红外转发及可编程定时控制等多种功能和手段，并与小镇的整体智慧系统进行融合管理。

（7）信息交流管理：主要是针对小镇范围内从事于产业、商业、居住、旅游等各种业态的人群的日常信息交流平台，信息交流服务的目的在于创造更加丰富有意义的小镇生活，提高居民对于小镇生活的参与度，提升居民的归属感，营造温馨和谐的小镇环境。通过该服务，居民不仅可以在线上讨论、分享心得、提出建议，还能在线下组织文娱活动，参与小镇共建和邻里互动、参与志愿活动等。

（8）医疗卫生管理：小镇医疗卫生包括小镇范围内所配置的医疗卫生站，提供必要的医疗保健，对小镇居民的健康档案进行管理，提醒居民定期体检，对于有需要的居民提供家庭护理和上门救助。同时系统还将与周边的医院对接，提供网上预约就诊等服务。

（9）家政服务管理：小镇家政服务包括保姆、小时工、月嫂等，以及送洗服务、水果、餐饮、农贸市场配送和维修等服务，为小镇的工作与居住人员的孩子提供教育辅导、开设兴趣班等。

二、智慧特色小镇的七大基础技术

智慧特色小镇总体来说，就是充分借助互联网、物联网，涉及数字可视对讲、商业服务、办公服务、居住服务、物业服务、医疗服务、教育服务、商业服务、文化服务、警务管理等社区多领域，我们将这些领域资源整合，构建一个小镇3公里生活圈服务体系，是对接新一轮科技创新革命和信息产业浪潮的主要表现形式。智慧小镇包括基础环境、基础数据库群、云交换平台、应用及其服务体系、智能家居系统、运营服务系统六个方面。

（1）基础环境：基础层主要包括全部硬件环境，如小镇范围内安装的传感器，通信的网络硬件，如宽带、光纤，还有用于视频监控的摄像头，定位的定位器。

（2）基础数据库群：基础数据库包括业务数据库、传感信息数据库、日志数据库和交换数据库四大数据库。

（3）云交换平台：云交换平台主要实现各种异构网络的数据交换和计算。提供软件接口平台或计算服务，或者作为服务器为数据处理提供支持。

（4）应用及其服务体系：应用服务体系包括个人信息管理系统、日志管理系统、应急呼叫系统、视频监控系统、广播系统、智能感应系统、门禁系统、远程服务系统等，由这些系统为小镇的各类人群提供直接服务。

（5）智能环境系统：智能环境是利用先进的计算机技术、网络通信技术、综合布线技术、依照人体工程学原理，融合个性需求，将与小镇工作、生活有关的各个子系统如安防、灯光控制、窗帘控制、煤气阀控制、信息家电、场景联动、地板采暖、供水供电等有机地结合在一起，通过网络化综合智能控制和管理。

（6）运营服务系统：主要是为小镇范围内的商业活动提供支持，将小镇范围内的各种从事于商业活动的个体与用户连接起来，为用户提供简单、便捷、高效的服务。

（7）安全保障体系：保障体系包括安全保障体系、标准规范体系和管理保障体系三个方面，从技术安全，运行安全和管理安全三方面构建安全防范体系，确实保护基础平台及各个应用系统的可用性、机密性、完整性、抗抵赖性、可审计性和可控性，确保小镇信息数据在安全的情况下有效使用。

三、特色小镇智慧化建设的主要内容

（1）加强综合管理平台建设。在智慧城市及智慧小镇的创建中，不论是政府所搭建的智慧城市，还是主体所搭建的智慧小镇都应将工作重点放在平台架构的搭建上，尤其对于特色小镇的智慧化而言，除了平台的架构搭建以外，还需要根据产业特色与产业人群特色来规划相应的智慧化功能。App应用模式的创新应强调社会化，通过开放的平台来促进应用开发，增强平台的兼容性、开放性，并将小镇内的各个智慧化系统模块整合到小镇统一的平台上进行集中管理。

（2）以使用性功能需求为主导。特色小镇的智慧化管理的核心在于使用性，服务于小镇范围内的人、事、物管理，并通过智慧化管理来降低小镇的运营管理成本。因此，小镇智慧化的建立应该满足七个方面：一是服

务提供的惠民化；二是服务的傻瓜化，使用功能要用简单的方式来提供服务；三是功能的社交化，小镇系统应考虑到招商引资和产业孵化等问题；四是生态链的分布化，即不同的企业、商业模式形成的生态可以分布式地进行，从而降低边际成本；五是数据的开放化，即在一个局部封闭的区域里实现数据价值；六是金融的普惠化，通过社区金融的普惠，增加小镇居民的可享受服务；七是政府的政策支持，因为特色小镇的智慧化建设是一个新的事物，是一项新的技术，是一项长期的建设工作，需要在日常的使用中不断优化、完善，因此投入的资金相对比较大，需要政府在政策层面给予支持。

（3）加强数据安全建设。目前的数据安全威胁常见的是黑客入侵，具体来说，包括黑入物联网设备进行远程控制、获取数据、窃听谈话等。所以路由器是首要防线，不管是家庭还是社区，黑客主要是通过破解路由器的密码进入社区和家庭的内部，从而获取数据；所以提升路由器的安全等级非常重要，增加居民的安全意识同样非常重要；增强安全性的基本操作包括修改用户名和密码，限制 SSID 广播或是绑定登陆设备 IP，无线信号需要加密，尽量使用 WPA2 标准。我们已经可以看到，一些杀毒软件厂商也开始推出新的服务来改善这个现象。比如一款可接入路由器、实时监测发送和接收数据的安全设备，能够阻挡绝大部分的网络攻击。另外还有一些主打安全性的无线路由产品，通过更强的加密形式或是云技术，识别和阻挡黑客的入侵。对于特色小镇而言，由于其集聚的产业基本围绕着国家新兴战略，其数据安全将成为智慧化建设的重中之重。

互联网与物联网时代改变的不仅仅是技术，而是我们的生活方式。智慧特色小镇的建设不仅需要互联网与物联网技术的支持，还需要云平台、大数据的支持，在未来更离不开人工智能的支持，它将给人们带来前所未有的生活便利体验。虽然目前智慧特色小镇对于大部分人而言还是一个相对陌生的模式，在建设中还存在很多问题，但它是一种不可阻挡的趋势。

Section 02
特色小镇智慧化平台解决方案

目前,"互联网+大数据"得到了党中央和国务院的高度重视,迎来了历史性的发展机遇。医疗、健康、交通、旅游、购物等多方面的大数据系统集成,正在改变着人们的生活方式和习惯。基于这一趋势,建设特色小镇系统平台,以智慧小镇的管理与服务模式将成为特色小镇发展的总体走向。特色小(城)镇与互联网的融合发展,应以互联网技术与产业融合,打造集产业链、投资链、创新链、服务链于一体的创业创新生态系统为中心,引领互联网经济快速发展,提升互联网创新能力,推动互联网产业形成集聚规模;以特色产业为依托,推进互联网与特色产业深度融合,培育互联网新模式、新应用、新业态,促进特色产业提质增效和转型升级,加快互联网在经济社会中的广泛应用。特色小镇"互联网+"平台的功能包含管理后台、小镇智能办公系统、小镇旅游服务系统、平台电子商务系统、积分系统、旅游社交平台、个人中心六个方面,如表4-1所示。

表4-1 特色小镇智慧系统功能列表

管理后台	root 管理	App 通知推送
		banner 设置
		片区管理切换
		支付配置
		后台配置

续表

管理后台	root 管理	App 配置
		个性菜单
		启动画面设置
		小镇系统管理员设置
		登录密码修改
		小镇添加修改
	小镇管理	小镇管理
		通知推送管理
		注册用户明细查询
		角色管理
		管理员列表
		操作日志
小镇智能办公系统	办公管理	通知公告
		日程安排
	办公管理	传阅信息
		共享文件
		即时消息
		通讯录
	OA 系统	人资管理
		公文管理
		财务管理
		合同管理
		档案管理
		办公用品
		资产管理
		供应商管理
		业务管理
	商务管理	会议室预约
		餐厅预约
		公车预约
		文印服务
小镇旅游服务系统	旅游介绍	小镇旅游概况
		景点介绍
		美食介绍

续表

小镇旅游服务系统	旅游介绍	特产介绍
		活动介绍
		科普介绍
		后台自定义介绍内容
	旅游揽胜	小镇概况介绍
		小镇介绍内容管理
	出行服务	旅游线路推荐
		自驾游导航
		旅游公交/机场巴士时刻表
		酒店信息查询
		医疗服务店查询
	服务热线	小镇服务热线一键拨打
		小镇门票服务热线一键拨打
		医疗急救热线一键拨打
		小镇安全热线一键拨打
		小镇热线后台自定义修改
	游客须知	小镇注意事项
		文明旅游
	游客须知	安全须知
		友情提醒
	咨询举报	旅游咨询
		游客举报
		建议意见
	旅游咨询	小镇通知通告查询
小镇旅游服务系统	旅游咨询	小镇通知通告发布
平台电子商务系统	商家 App 客户端	餐饮预订
		酒店住宿预订

108

续表

平台电子商务系统	商家 App 客户端	娱乐预订
		商家定位及导航
		商家电话一键拨号
		小镇特产超市
		积分商城
		热卖商品
		新店推介
		商家活动查询
		猜你喜欢
		banner 广告展示
		固定位广告
	小镇商家管理	商家分类
		广告管理
		订单管理
		自营特产超市商品管理
		提现申请审核
		新商家申请审核
	商家 PC 后台	店铺基本设置
		营业时间设置
		店铺描述设置
		商家订单管理
		商品分类管理
		商品详情管理
		用户意见反馈
		订单查询、管理
平台电子商务系统	商家 App	单日订单统计
		今日收益查询
		订单验证
		商品上下架管理

109

续表

平台电子商务系统	商家 App	商品分类管理
		店铺资料管理
	商品快递	特产纪念品线上选购
		快递选择
		物流订单查询
	红包活动	红包管理
		全场或店铺红包发放
		红包使用
用户积分系统	积分设置	积分设置
		计分兑换比例设置
		积分上限设置（不包括购物积分）
	积分日志	积分日志分类查询
	积分商城	积分商城商品详情
		兑换积分设置
		积分商品库存管理
		积分商品兑换
	积分订单	积分订单管理
		积分订单兑换
用户社交平台	用户社交	信息发布
用户社交平台	用户社交	小镇活动
		小镇贴吧
		小镇动态
		好友添加
		群组创建
		社交信息后台管理
个人中心	兑换码验证	消费验证码查看
		已消费验证码查看
	我的收藏查询	店铺收藏
	红包查询	查看已领红包
		查看过期红包
		查看已用红包
	发布查询	活动发布查询
		信息发布查询
	积分订单查询	未消费积分
		已完成订单
	关于我们	智慧旅游平台介绍
	小镇选择	小镇自动/手动切换

续表

个人中心	用户设置	头像上传
		个人信息资料编排
		登录密码修改
		快递地址添加
		个人二维码
		个性签名设置

Section 03
智慧特色小镇的重要业务流程

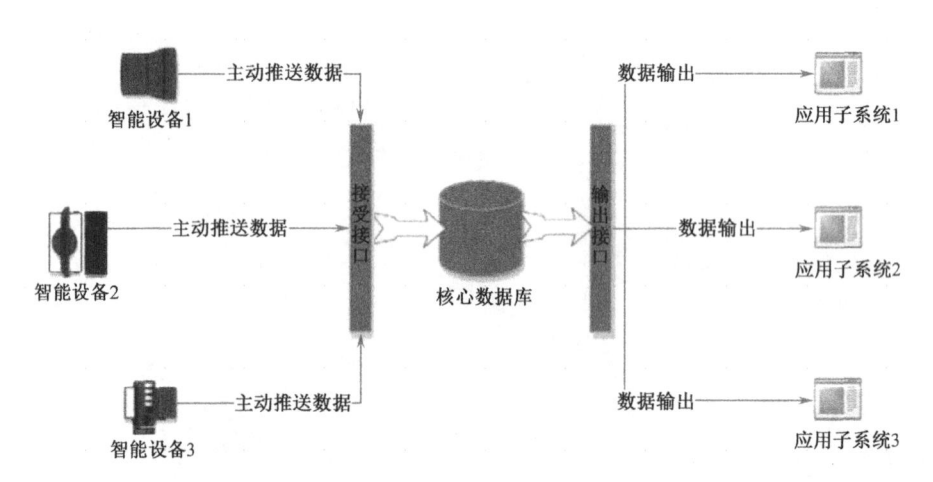

一、核心数据采集输出流程

核心数据采集输出流程如图 4-1 所示。

图 4-1 核心数据采集输出流程

二、应用数据采集输出流程

应用数据采集输出流程如图 4-2 所示。

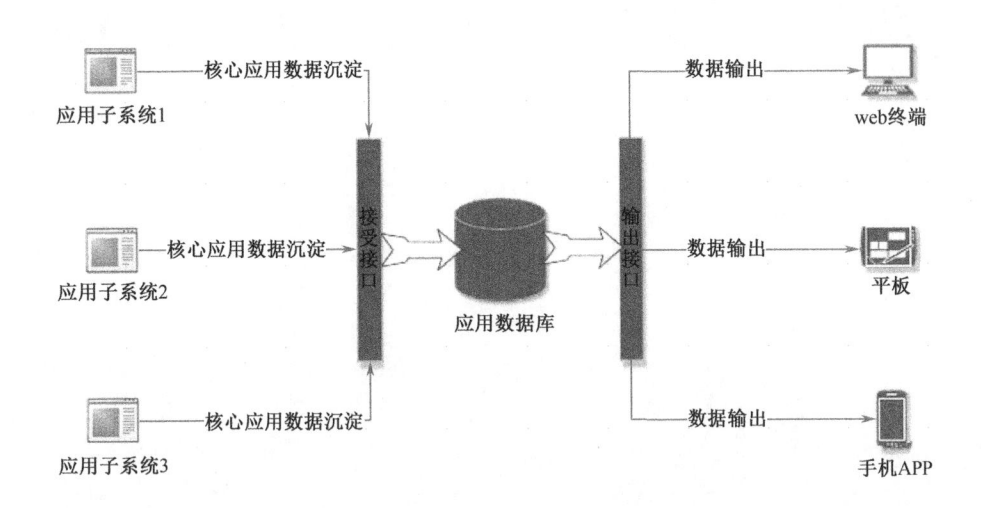

图 4-2　应用数据采集输出流程

第五章
特色小镇的融资模式

Section 01
概述

特色小镇的投资建设，呈现投入高、周期长的特点，纯市场化运作难度相对比较大。因此需要打通三方金融渠道，保障政府的政策资金支持，引入社会资本和金融机构资金，三方发挥各自优势，进行利益捆绑，在特色小镇平台上共同运行，最终实现特色小镇的整体推进和运营。目前从国家层面，各部委都出台了相关的文件来支持特色小镇的建设，尤其是一些国家政策性的金融机构，当然还需要地方政府更多的配合与支持。

一、特色小镇投融资的政策环境

1. 鼓励多渠道的对特色小镇的金融支持

国务院《关于深入推进新型城镇化建设的若干意见》中，提出强化金融支持。

专项建设基金要扩大支持新型城镇化建设的覆盖面，安排专门资金定向支持城市基础设施和公共服务设施建设、特色小城镇功能提升等。

鼓励政策性银行创新信贷模式和产品，针对新型城镇化项目设计差别化融资模式与偿债机制。

鼓励商业银行开发面向新型城镇化的金融服务和产品。

鼓励公共基金、保险资金等参与具有稳定收益的城市基础设施项目建设和运营。

鼓励地方利用财政资金和社会资金设立城镇化发展基金，鼓励地方整合政府投资平台设立城镇化投资平台。支持城市政府推行基础设施和租赁房资产证券化，提高城市基础设施项目直接融资比重。

2. 鼓励多渠道的投融资创新

国家发改委《关于加快美丽特色小（城）镇建设的指导意见》中提出创新特色小（城）镇建设投融资机制。

鼓励政府利用财政资金撬动社会资金，共同发起设立特色小镇建设基金。

鼓励开发银行、农业发展银行、农业银行和其他金融机构加大金融支持力度。

鼓励有条件的小城镇通过发行债券等多种方式拓宽融资渠道。

3. 政策性信贷资金支持范围

住房和城乡建设部、中国农业发展银行《关于推进政策性金融支持小城镇建设的通知》中对政策性信贷资金支持的范围做了明确规定。

在促进小城镇公共服务完善和特色产业发展的背景下，政策性信贷资金主要支持小镇基础设施配套、小镇公共服务设施、产业支撑配套设施三方面的建设。

二、特色小镇融资渠道

特色小镇的建设是社会多方资源对接、配合的综合表现。融资主要来自政府资金、政策性资金、社会资本、开发性金融、商业金融五种渠道。多个投资平台的参与，在缓解与降低政府财政压力的同时，将为特色小镇的发展提供强有力的资金支持，从而盘活小镇特色产业的发展。

1. 开发性金融发挥"特殊作用"

在特色小镇建设中，开发性金融主要承担长期融资的任务，针对瓶颈领域，提供大额长期资金，主要包括基础设施、基础产业、特色产业等领域的建设资金问题。

例如，为了深入贯彻党中央、国务院关于推进特色小镇建设的精神，发挥开发性金融对新型城镇化建设的独特作用，积极引导和扶持特色小城镇培育工作，中国开发性金融促进会等单位共同发起成立"中国特色小镇投资基金"。投资基金将采取母子基金的结构，母基金总规模为500亿元人民币，未来带动的总投资规模预计将超过5000亿元达到万亿级别，主要投资于养生养老、休闲旅游、文化体育、创客空间、特色农业等各类特色小镇。

中国特色小镇投资基金将聚集并整合地方政府、建设单位、财务投资人、产业投资者、金融机构等多方资源，推广运用并探讨创新政府和社会资本合作（PPP）模式，从特色小镇的发展规划入手，培育和建设市场信用，引导各类资金和资源投入小镇建设。

2. 政府资金发挥"杠杆作用"

政府资金在特色小镇的融资渠道中起着引导和牵头作用。例如，国家发改委等有关部门对符合条件的特色小镇建设项目给予专项建设基金支持，中央财政对工作开展较好的特色小镇给予适当奖励，各个地方政府也相继出台了各种特色小镇财政支持政策。

3. 政策性资金发挥"推力作用"

政策性资金是指国家为促进特色小镇发展而提供的财政专项资金。例如，中国农业发展银行要将小城镇建设作为信贷支持的重点领域，以贫困地区小城镇建设作为优先支持对象，统筹调配信贷规模，保障融资需求。开辟办贷绿色通道，对相关项目优先受理、优先审批，在符合贷款条件的情况下，优先给予贷款支持，提供中长期、低成本的信贷资金。

4. 社会资本发挥"主体作用"

在特色小镇建设中，引入社会资本，不仅有利于缓解政府财政压力，提高特色小镇的建设效率，对民营企业来说可以获得直接或衍生利益。例如，浙江特色小镇建设推介会促进社会资本参与。其中2015年第三届世界浙商大会当天就有24个涉及特色小镇和PPP项目现场签约。2015年年底杭州西湖区投资合作推介大会上，签约的30个项目中很大一部分是依托于特色小镇的项目。

5. 商业金融发挥"促进作用"

在特色小镇的建设中，往往通过PPP融资途径实现商业金融，作为投资主体的商业银行既要成为PPP项目服务商，又要成为规范者和促进者。例如，浙江金华成泰农商银行支持特色小镇：2016年金华成泰农商银行与曹宅镇开展全面合作，并将其列为年度重点工作。金华成泰农商银行曹宅支行成为该特色小镇唯一合作银行，主要配合当地政府做好引进新企业、发展特色产业、整村征迁等相关工作，并根据特色小镇实际需求和项目建设进度，推出特色信贷融资产品和特色服务，打造配套特色小镇的特色支行。目前，该行对辖内规划或建设中的11个特色小镇，提供信贷服务支持基础设施建设，并对相关产业经营户、种养户、农业龙头企业等，以纯信用、家庭担保、商标质押等多种方式予以资金支持，累计支持1034户，授信金额5770万元。

三、特色小镇投融资模式

项目融资属于资产负债表外融资，出于风险隔离及可操作性考虑，特色小镇投融资应以项目为主体，以未来收益和项目资产作为偿还贷款的资金来源和安全保障，融资安排和融资成本直接由项目未来现金流和资产价值决定。该融资方式具有有限追索或无追索、融资风险分散、融资比例大及资产负债表外融资的特点，但担保较为复杂，融资成本相对较高。

通过设立SPV（特殊目的公司），根据双方达成的权利义务关系确定风险分配，进行可行性研究、技术设计等前期工作，以及项目在整个生命周期内的建设及运营，相互协调，对项目的整个周期负责。由 SPV 根据特色小镇项目的预期收益、资产及相应担保扶持来安排融资。融资规模、成本及融资结构的设计都与特色小镇项目的未来收益和资产价值直接相关。根据融资主体、项目母公司或实际控制人、项目现状、增信措施、风控措施、财务状况、资产情况、拥有资质等情况，综合判断特色小镇开发的资金融入通道，测算融资成本。可用的融资方式包括政策性（商业性）银行（银团）贷款、债券计划、信托计划、融资租赁、证券资管、基金（专项、产业基金等）管理、PPP 融资等。

特色小镇的投资建设呈现出投入高、周期长的特点，纯市场化运作难度较大。因此需要打通三方金融渠道：保障政府的政策资金支持，引入社会资本和金融机构资金。三方发挥各自优势，进行利益捆绑，在特色小镇平台上共同运行，最终实现特色小镇的整体推进和运营。如何从系统工程的角度出发解决特色小镇投融资问题，选择适当的特色小镇投融资模式，为特色小镇培育提供有力的资金支持呢？

项目融资属于资产负债表外融资，出于风险隔离及可操作性考虑，特色小镇投融资应以项目为主体，以未来收益和项目资产作为偿还贷款的资金来源和安全保障，融资安排和融资成本直接由项目未来现金流和资产价值决定。通过设立 SPV（特殊目的公司），根据双方达成的权利义务关系确定风险分配，进行可行性研究、技术设计等前期工作以及项目在整个生命周期内的建设及运营，相互协调，对项目的整个周期负责。由 SPV 根据特色小镇项目的预期收益、资产以及相应担保扶持来安排融资。融资规模、成本及融资结构的设计都与特色小镇项目的未来收益和资产价值直接相关。可用的融资方式包括政策性（商业性）银行（银团）贷款、债券计划、信托计划、融资租赁、证券资管、基金（专项、产业基金等）管理、PPP 融资等。

Section 02
发债模式

根据现行债券规则，满足发行条件的项目公司可以在银行间交易市场发行永（可）续票据、中期票据、短期融资债券等债券融资，可以在交易商协会注册后发行项目收益票据，也可以经国家发改委核准发行企业债和项目收益债，还可以在证券交易所公开或非公开发行公司债（见图5-1）。

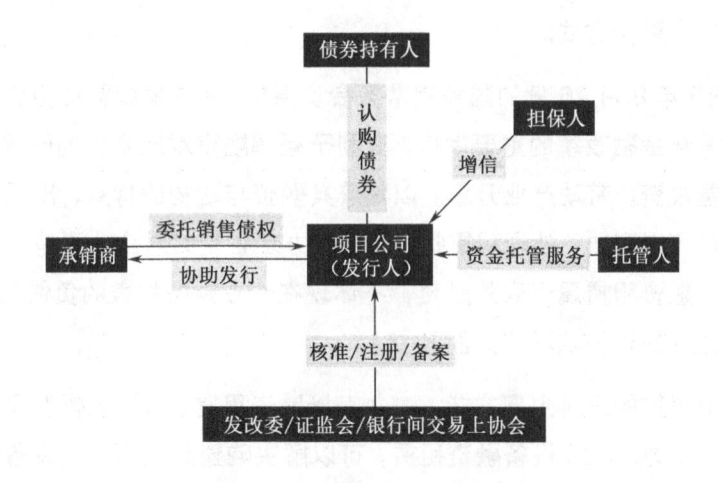

图 5-1　债券产品结构设计

Section 03
融资租赁模式

融资租赁（Financial Leasing）又称设备租赁、现代租赁，是指实质上转移与资产所有权有关的全部或绝大部风险和报酬的租赁。融资租赁集金融、贸易、服务于一体，具有独特的金融功能，是国际上仅次于银行信贷的第二大融资方式。

2015年8月26日的国务院常务会议指出，加快发展融资租赁和金融租赁是深化金融改革的重要举措，有利于缓解融资难融资贵的问题，拉动企业设备投资，带动产业升级。以其兼具融资与融物的特点，出现问题时租赁公司可以回收、处理租赁物，因而在办理融资时对企业资信和担保要求不高。融资租赁属于表外融资，不体现在企业财务报表的负债项目中，不影响企业的资信状况（见图5-2）。

融资租赁的三种主要方式：（1）直接融资租赁，可以大幅度缓解建设期的资金压力。（2）设备融资租赁，可以解决购置高成本大型设备的融资难题。（3）售后回租，即购买"有可预见的稳定收益的设施资产"并回租，这样可以盘活存量资产，改善企业财务状况。

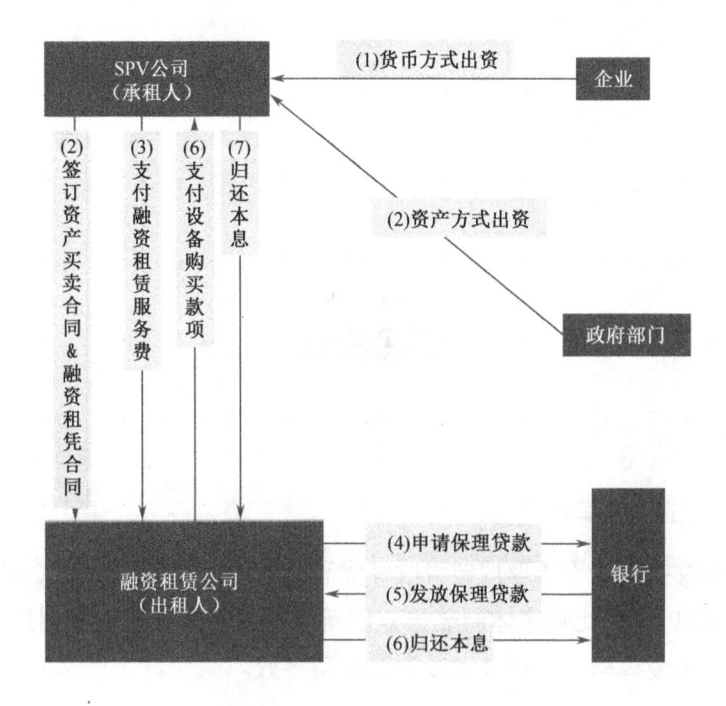

图 5-2　融资租赁结构设计

Section 04
基金模式

1. 产业投资基金

国务院在《关于清理规范税收等优惠政策的通知》[国发（2014）62号]中指出："深化财税体制改革，创新财政支持方式，更多利用股权投资、产业基金等形式，提高财政资金使用绩效。"

产业投资基金相比于私募股权投资基金，具有以下特点。

特点：（1）产业投资基金具有产业政策导向性。（2）产业投资基金更多的是政府财政、金融资本和实业资本参与。（3）存在资金规模差异。

2. 政府引导基金

政府引导基金是指由政府财政部门出资并吸引金融资本、产业资本等社会资本联合出资设立，按照市场化方式运作，带有扶持特定阶段、行业、区域目标的引导性投资基金。政府引导基金具有以下特点：（1）非营利性。政策性基金，在"在承担有限损失的前提下"让利于民。（2）引导性。充分发挥引导基金放大和导向作用，引导实体投资。（3）市场化运作。有偿运营，非补贴、贴息等无偿方式，充分发挥管理团队独立决策作用。（4）一般不直接投资项目企业，作为母基金主要投资于子基金。

3. 城市发展基金

城市发展基金是指地方政府牵头发起设立的，募集资金主要用于城市建设的基金（见图 5-3）。其特点如下：（1）牵头方为地方政府，通常由财政部门负责，并由当地最大的地方政府融资平台公司负责具体执行和提供增信。（2）投资方向为地方基础设施建设项目，通常为公益性项目。例如，市政建设、公共道路、公共卫生、保障性安居工程等；还款来源主要为财政性资金。（3）投资方式主要为固定收益，通常由地方政府融资平台提供回购，同时可能考虑增加其他增信。

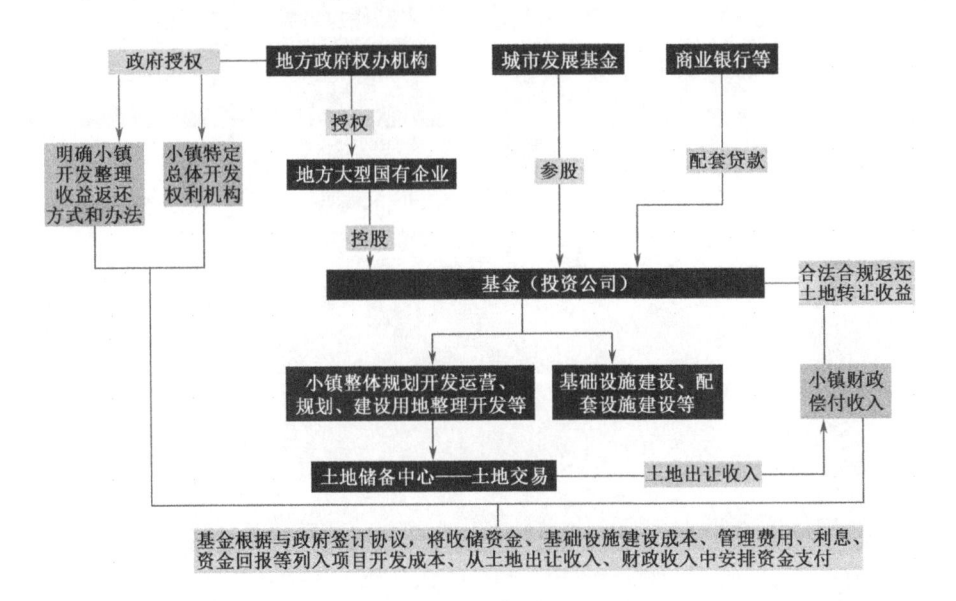

图 5-3　城市发展基金运营结构图

4. PPP 基金

PPP 基金是指基于稳定现金流的结构化投融资模式。PPP 基金可分为 PPP 引导基金和 PPP 项目基金；其中 PPP 项目基金又分为单一项目基金和产业基金等。

中国政府和社会资本合作（PPP）融资支持基金是国家层面的PPP融资支持基金。2016年3月10日，按照经国务院批准的中国政府和社会资本融资支持基金筹建方案，财政部联合建行、邮储、农行、中行、光大、交通、工行、中信、社保、人寿等10家机构，共同发起设立政企合作投资基金并召开中国政企合作投资基金股份有限公司创立大会暨第一次股东大会。

PPP基金在股权、债权、夹层融资领域均有广泛应用：为政府方配资；为其他社会资本配资；单独作为社会资本方；为项目公司提供债权融资等。

Section 05
资产证券化模式

资产证券化是指以特定基础资产或资产组合所产生的现金流为偿付支持,通过结构化方式进行信用增级,在此基础上发行资产支持证券(ABS)的业务活动(见图5-4)。

ABS起源于美国,距此已经有40多年的历史,中国的资产证券化还只是刚刚起步,虽然最早出现于2002年,但真正受到政府支持是2005年,而后来随着美国次贷危机的爆发而停滞。当前中国正处于金融改革的创新时期,未来资产证券化发展将加速。

但基于我国现行法律框架,资产证券化存在资产权属问题,原因是特色小镇建设涉及大量的基础设施、公用事业建设等,"基础资产"权属不清晰,在资产证券化过程中存在法律障碍。

(1)《物权法》第52条第2款规定:铁路、公路、电力设施、电信设施和油气管道等基础设施,依照法律规定为国家所有的,属于国家所有。

(2)特许经营权具有行政权力属性,《行政许可法》规定行政许可不得转让原则。司法实践中,特许经营权的收益权可以质押,并可作为应收账款进行出质登记。

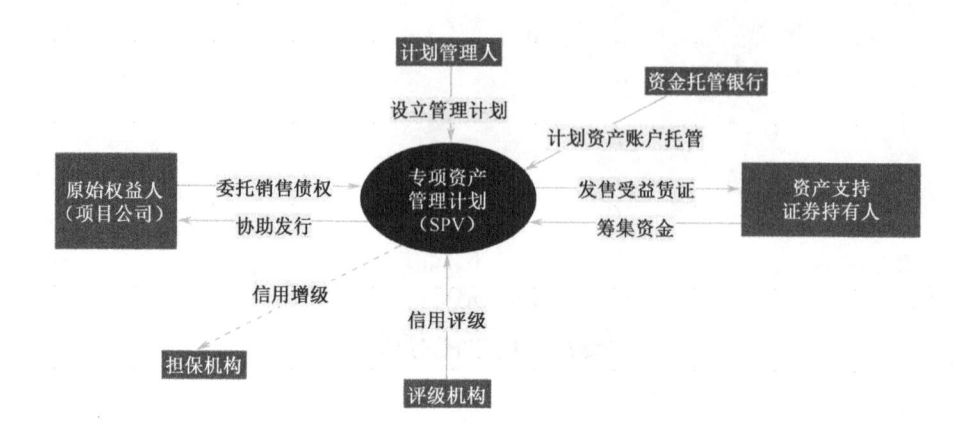

图 5-4　资产证券化结构设计

（3）《资产证券化业务管理规定》第 9 条规定，原始权益人应当依照法律法规或公司章程的规定移交基础资产。但缺乏"真实出售"标准，司法也无判例参考。

（4）发起人、专项计划管理人之间无法构成信托关系，不受《信托法》保护。

Section 06
收益信托模式

    收益信托类似于股票的融资模式，由信托公司接受委托人的委托，向社会发行信托计划，募集信托资金，统一投资于特定的项目，以项目的运营收益、政府补贴、收费等形成委托人收益（见图5-5）。

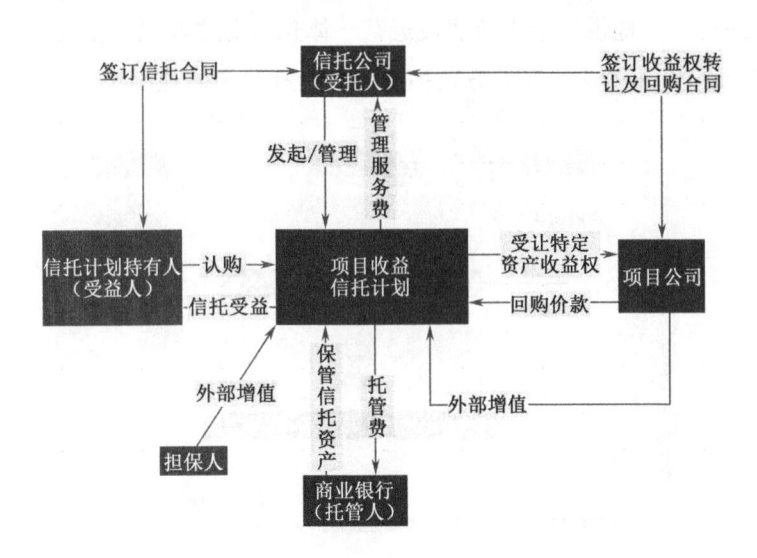

图 5-5 收益信托结构设计

Section 07
PPP 融资模式

PPP 模式从缓解地方政府债务角度出发，具有强融资属性。在特色小镇的开发过程中，政府与选定的社会资本签署《PPP 合作协议》，按出资比例组建 SPV，并制定《公司章程》，政府指定实施机构授予 SPV 特许经营权，SPV 负责提供特色小镇建设运营一体化服务方案，特色小镇建成后，通过政府购买一体化服务的方式移交政府，社会资本退出（见图 5-6）。

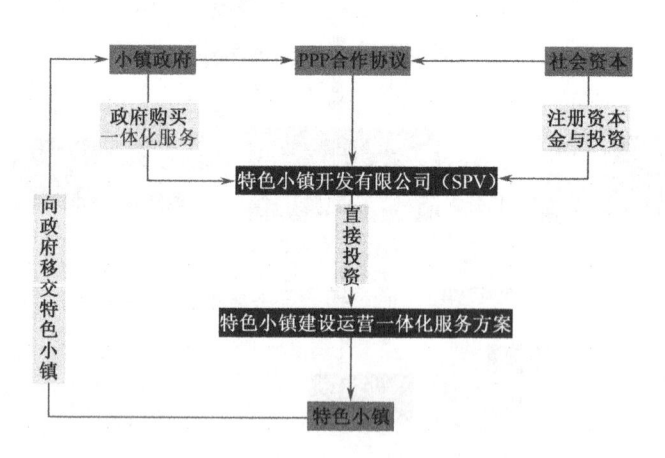

图 5-6　特色小镇开发的 PPP 模式

第六章
特色小镇案例详解

Section 01
"国家样板"特色小镇

6.1.1 杭州云栖小镇

云栖小镇是浙江省首批创建的 37 个特色小镇之一。小镇位于美丽幸福的鱼米之乡杭州市西湖区，规划面积 3.5 平方千米。按照浙江省委省政府关于特色小镇的要求，集产业、文化、旅游、社区功能"四位一体"，生产、生活、生态融合发展，秉持"绿水青山就是金山银山"的发展理念，着力建设以云计算为核心，云计算大数据和智能硬件为产业特点的特色小镇。云栖小镇建设仅仅一年，发展非常迅速。2015 年实现了涉云产值近 30 个亿，完成财政总收入 2.1 个亿，累计引进企业 328 家，其中涉云企业达到 255 家，产业已经覆盖云计算、大数据、互联网金融、移动互联网等各个领域。

云栖小镇的五大主要特点如下。

一是有一个小镇的灵魂人物。云栖小镇的名誉镇长王坚博士，是阿里巴巴的首席技术官、阿里云的创始人、中国云计算领域的领军人物，也是云栖小镇主要创建者，正致力于把云栖小镇打造成中国未来创新的第一镇。

二是有一个高端的新兴产业。云栖小镇坚持发展以云计算为代表的信息经济产业，着力打造云生态，大力发展智能硬件产业。目前已经集聚了一大批云计算、大数据、App开发、游戏和智能硬件领域的企业和团队。

三是有一个创新的运作模式。云栖小镇采用了"政府主导、民企引领、创业者为主体"的运作方式。政府主导就是通过腾笼换鸟、筑巢引凤打造产业空间，集聚产业要素、做优服务体系。民企引领就是充分发挥民企龙头的引领作用，输出核心能力，打造中小微企业创新创业的基础设施，加快创新目标的实现。创业者为主体就是政府和民企共同搭建平台，以创业者的需求和发展为主体，构建产业生态圈。这是云栖小镇最有创新活力的部分。

四是有一个全新的产业生态。云栖小镇构建了"创新牧场—产业黑土—科技蓝天"的创新生态圈。"创新牧场"是凭借阿里巴巴的云服务能力、淘宝天猫的互联网营销资源和富士康的工业4.0制造能力，以及像Intel、中航工业、洛可可等大企业的核心能力，打造全国独一无二的创新服务基础设施。"产业黑土"是指运用大数据，以"互联网+"助推传统企业的互联网转型。"科技蓝天"是指创建一所国际一流民办研究型大学，就是西湖大学。

五是有一个世界级的云栖大会。云栖小镇创建了真正服务于草根创新创业的云栖大会，是目前全球规模最大的云计算以及DT时代技术分享盛会。"2015年杭州云栖大会"吸引了来自全球2万多名开发者以及20多个国家、3000多家企业参与。

6.1.2 贵州旧州古镇

旧州，地处黔中腹地，始建于1351年，距省会贵阳80公里，距安顺市区 37 公里，全镇总面积 116 平方千米，总人口 4.4 万人，少数民族人口占 38.1%，平均海拔 1356 米，全年空气质量优良率为 100%。旧州镇生态良好、环境优美、文化丰富，是中国屯堡文化的发源地和聚集区之一，是全国第一批建制镇示范试点镇，中国历史文化名镇、全国文明村镇、全国美丽宜居小镇和国家 4A 级生态文化旅游小镇，被誉为"梦里小江南，西南第一州"。

旧州古镇的四大主要路径如下。

一是发挥生态和文化优势，建设绿色旅游小镇。坚持生态保护优先，先后完成了"土司衙门、古民居、古街道、古驿道"的修复修缮工作，培育了一个国家级湿地公园，一个 4A 级国家生态文化旅游景区，两个特色观光农业示范区。

二是探索就地就近城镇化路径，建设美丽幸福小镇。旧州按照国家"3 个 1 亿人"城镇化行动方案和省"5 个 100 工程"的建设目标要求，率先探索实践城镇基础设施"8+X"项目建设模式，完善了交通运输、污水处理、垃圾清运等基础设施，优化了教育医疗、文化、体育、便民服务等公共服务设施。

三是按照国家新型城镇化试点要求，积极探索创新城镇化发展体制机制，围绕城乡发展一体化，投融资机制、公共服务、供给机制等试点要求，深化改革探索创新投融资模式，成立了镇级投融资平台，积极争取各方面投资资金。

四是加快省级示范小城镇建设，打造贵州小城镇省版的排头兵。在各级各部门的支持下，旧州抢抓发展机遇，在成功申报为全国历史文化名镇后，着力打造文化生态旅游古镇。

Section 02
我国智造产业项目小镇

一、临安云制造小镇概况

云制造小镇位于杭州青山湖科技城,随着云制造小镇"花落"青山湖畔,临安将按照"产城融合、产学研联盟、生活创业互动"思路,以智能装备研发、设计和产业化为特色,着力打造云制造技术研发平台、创新服务平台、企业孵化平台,云数据存储服务平台和云技术应用示范平台等重要载体和装备制造业提升改造的重大平台。云制造小镇总体规划 3.17 平方千米,其中核心区(众创空间)面积 1364 亩,包括创客工厂、众创服务中心、创智天地、科技创意园等创业创新平台,重点建设智能光影检测设备产业园、工业自动化控制设备产业基地、华通云数据青山湖云计算基地、腾讯创意创业产业园、生物医药食品检测设备生产基地等项目。

二、临安云制造小镇的空间布局

小镇总体布局为"一轴一脉两区","一轴"即大园路创新发展轴,"一脉"即苕溪绿色水脉景观走廊,"两区"即云制造小镇建设核心区—众创空间和智能装备提升区。

1. 众创空间面积 1364 亩,包括创客工厂、众创服务中心、创智天地、科技创意园等创业创新平台，重点建设智能光影检测设备产业园、工业自动化控制设备产业基地、华通云数据青山湖云计算基地、腾讯创意创业产业园、生物医药食品检测设备生产基地等项目。

2. 智能装备提升区重点建设智能物流装备产业园、高端成套设备产业园、信息基础设施产业园等重点装备制造产业智能化提升改造项目。重点项目包括年产 5 万台电动叉车、电梯部件产业化、煤化工用特大型空分装置国产化、高性能铅炭启停电池研发及产业化、新增年产 450 千米温水交联电缆生产线自动化技术改造等，总投资 21.4 亿元。

规划形成"两轴一城一谷一村"的空间结构，两轴分别是科技创新发展轴和文化体验轴；一城即创城，提供创意交流、展示、办公、创客 SOHU、商业配套等服务；一谷即智谷，以科研院所、狮山公园、大师工坊等为主体打造创新平台；一村即云村，毗邻杭州电子科技大学信息工程学院，建设院所创新基地、创意街、大师工坊、创客新车间、江南民俗文化村，配套建设狮山众创开放交流区，精心打造云制造小镇独具人文特色、依山傍水，彰显科技与智慧的文化旅游景点。

三、临安云制造小镇的特色

1. 产业定位

云制造小镇集聚云制造技术研发、工程技术服务、应用示范类科研院所、企业、中介组织等机构，以云制造研发服务业和智能装备制造业发展为产业定位，是企业制造数字化、智能化协同创新、协同制造的空间集合。

2. 发展目标

未来三年，云制造小镇将发展为融云制造服务、科技研发、创业创新、文化展示、旅游休闲、生活居住、社区服务等功能为一体的特色小镇。它有 50 万平方米孵化器、标准厂房，500 家科技型企业，50 个创新团队，

5000位创新创业者，超过200亿元的智能装备产业产出。将小镇从云制造的试验区转变为智能制造的先行区，打造为中国云制造技术的创新源、浙江智能制造产业的新引擎。

3. 区域功能

突出"生态、科技、文化、休闲"主题，秉持"产城并进、融合发展"理念，打造绿色众创空间，以"技术导师+商业导师（企业家）+资本支撑"的模式，集聚大众创业、万众创新，使智能装备产业集聚集群发展，成为青山绿水间的创客创业创新乐园。

4. 创客工厂

占地753.5亩，总投资51.7亿元。将建科技孵化基地、锦江科技广场，和智能光影检测、工业自动化控制、云计算、智能数字信号传输数据软件研发等一批产业园区。

5. 众创服务中心

占地460亩，总投资50亿元，建设玛丽蒂姆商业中心、创意创业产业园等项目。

6. 创智天地

占地74.7亩，总投资14.9亿元。将建设生物医药食品检测、节能环保、轨道交通信号控制、智慧医疗、智慧交通等设备产业园。

7. 科技创意园

占地76亩，总投资5亿元，将建设企业总部基地。

8. 装备制造业提升

将沿苕溪两侧着重发展装备制造产业智能化提升改造项目，建设智能物流装备、高端成套设备、信息基础设施等产业园区。

9. 发展规划

小镇规划由"创城"、"智谷"、"云村"三部分组成，其中"创城"就是专为创业者打造的，里面有众创空间、专业孵化器、城市综合体、商业中心等，是小镇的门户区。

拥有国内首个以创客创业创新"三创融合"为主题的论坛。云制造小镇将大力培育和弘扬智造创意文化，核心区内建设创业一条街，开设茶吧、咖啡吧、创客沙龙等形式的创客交流空间，促进创客创意与创业资本不断碰撞火花。同时，云制造小镇将深入挖掘传统民风民俗文化，融合新科技和工业设计体验文化，着力打造江南特色文化小镇。

规划建设中的狮山公园，将成为云制造小镇又一独具特色的自然、人文景点。规划展览馆兼具科技体验和规划展示功能，年接待参观人员已有数万人次。小镇拓展区还将规划建设休闲运动基地、足球学校等，打造高端人士旅游休闲的理想之地。

临安市云制造小镇建成后，将成为中国首个以智能装备产业为特色的创客天堂、文化小镇，成为长三角智造创意基地、浙江智能装备产业高地、杭州创客汇集的嘉年华和创新创业的文化小镇。经济和社会效益明显，预计2017年将实现总产值239.5亿元，实现总税收12.8亿元，吸引旅游人次达到40万人次以上。

Section 03
我国旅游产业特色小镇

景区依托型文旅小镇，以"景区+小镇"为发展模式，成熟的景区为小镇带来充足的游客流量，小镇补充了观光景区的不足，为游客提供了吃、住、娱乐、购物等功能。依托独特的区位优势、景区稳定的市场客源和自然生态环境，借力景区的泛旅游延伸，可以打造以服务接待为主的文旅小镇。

发展要点：依托旅游景区，适度延伸发展，完善旅游格局。加强基础设施建设，以旅游服务为核心功能，发展与旅游业相关的休闲、娱乐、餐饮、购物等行业。

6.3.1 北京十渡

十渡（风景区）位于北京市房山区十渡镇，是中国北方唯一一处大规模喀斯特岩溶地貌，是国家 AAAA 景区和国家地质公园的核心区之一，同时也是北京市最大的自然风景区。十渡镇西南和河北省接壤，地处太行山北段余脉东北侧、华北平原西北山区，距市区 80 公里，不仅地理位置极佳，而且交通快捷便利。十渡不仅自然风景秀丽迷人，文化底蕴也十分丰富，历史文物古迹众多。十渡镇因地制宜，将十渡国家地质公园的风景区资源作为依托优势，大力发展乡村旅游业，积极建设景区依托型文旅小镇，被北京市政府批准为市级旅游专业镇、市级风景名胜区，被国家计委批准为小城镇经济综合开发区。

1. 北京十渡的定位

延续景区山水休闲意境，以民俗村旅游为主，建设多业态组合开发的景区配套服务功能区，打造依托景区，提供特色民俗游的集吃、住、行、游、购、娱六方面业态于一体的多功能旅游小镇。建设智慧十渡景区，打造北京乡村旅游建设示范区。除了民宿行业发展态势良好，现在十渡的餐饮业发展得比较迅速，已经有农家餐馆300余家，按照自然村的分布，分别坐落在十渡风景区内，非常受游客欢迎。

2. 北京十渡的发展战略与模式

十渡镇大力实施"旅游强镇"战略，提升了智慧旅游行业发展水平。整体发展战略为政府进行平台搭建，景区细节规范，个人自主经营，以此来塑造景区整体品牌，对现有资源进行整合，大力推动十渡山水旅游、生态农业、文化创意产业交融发展的模式。

由于十渡是依托自然生态景区的小镇，所以在发展的同时强化环境保护，对旅游资源合理的开发利用，对一些特殊旅游资源进行重点保护。除此而外，还对旅游产业进行调整，清退疏解低端旅游产业。联合城管、工商所、食药所等部门对景区内无照经营旅游场所、民俗接待等开展专项检查，并及时进行疏解清退；强化监管力度，对镇域内沿河地区的非法砂石料厂、小加工作坊、占路经营大排档等进行关停整改，专项整治非法导游，确保旅游市场有序稳定；加大环境整治力度，通过"清洁家园。美丽十渡"系列活动，腾退镇域内低、小、重、弱项目，加强平峪小流域综合治理项目的建设，进一步推进"整治、管控、退出、提升"工程，促进景区生态环境建设。

6.3.2 湖北省秭归县九畹溪镇

《离骚》中"余既滋兰之九畹兮,又树蕙之百亩"这句诗中提及的九畹溪这个地方,就是伟大爱国诗人屈原入郢前开坛讲学、植兰修性之地,也是国家级景区——九畹溪景区所在地。九畹溪镇原名周坪乡,2009年1月经湖北省政府批准撤"周坪乡"设"九畹溪镇"。地处川鄂咽喉长江三峡西陵峡南畔,属于三峡库区移民乡镇,归湖北省秭归县管辖,在秭归县的东南部,距县城约38公里,距宜昌市80公里。2006年九畹溪旅游区通过了国家旅游局4A级风景区的评定,也被列入湖北省重旅游风景区和自然水域漂流训练基地。九畹溪旅游区是三峡大坝库首第一旅游风景区,集探险、休闲、观光为一体,景区的奇山、秀水、绝壁、怪石、名花远近闻名。

九畹溪镇风景秀丽,位于鄂西生态文化旅游圈中,在这里山水文化、屈原文化、巴楚文化、道教文化、移民文化交相辉映;在这里,有奇山也有秀水,有绝壁也有怪石,本身就有着十分优美的自然风光、极其丰富的自然资源,具有开发观光旅游产品的资本。因此,九畹溪镇大力实施"旅游兴镇"战略。完善旅游发展规划,开发特色旅游产品,全力打造功能完善、设施齐全、环境优美、宜居宜商的中心集镇。与此同时加快旅游景点景区的开发以及景区周边环境建设,发展完善旅游配套设施及服务。

除了不断优化旅游服务功能,充实旅游休闲功能,九畹溪镇近几年来积极拓展旅游就业功能,实施"景区旅游+"的战略,着力围绕茶业和旅游业进行融合发展,力图延伸旅游产业链条,丰富旅游文化内涵。九畹溪镇坚持以每年不少于2000亩的速度发展茶叶基地,茶叶种植面积达18000余亩,并结合旅游发展特色茶业,打造观光茶园,培育茶旅游产品。通过加强茶叶基地的管理,招商引资新建4家集茶叶种植、加工、销售及配套休闲农业观光旅游等多功能的观光茶厂。九畹溪原有的旅游资源优势为茶厂的观光及销售等提供了一个良好的客流量,而茶厂的建成在彻底解决全镇茶叶销售问题的同时,也以茶业的快速发展反哺和带动旅游业,补足单纯观光旅游的不足,为九畹溪镇的观光旅游发展奠定了坚实的基础。

九畹溪镇将茶叶与旅游两个元素进行重点开发,提炼二者优势,进行有机统一，使二者资源信息共用，彼此依存，共同发展，互惠共生，目前已经逐步形成了"两业并进、效益双赢"的良好局面。

6.3.3 黄山脚下小镇——东黄山光明知青小镇

东黄山光明知青小镇位于在黄山脚下一个被称为"一万名知青，十万亩大山"的地方，这就是上海黄山茶林场。上海市黄山茶林场位于黄山自然遗产旅游区的东大门，在黄山市黄山区谭家桥乡境内，东近旌德县，西近黟县，北近青阳县。更是临近旅游胜地黄山风景区，处于徽文化核心区域，还处于上海、杭州、黄山三地"名城名湖名山"黄金旅游线路上，距黄山景区南大门入口处 22 公里，处于 205 国道与 103 省道的交汇点，距合铜黄高速公路谭家桥上下匝道口约 4 公里。环境优美、生态绝佳、河流人文荟萃，地理位置十分优越，交通也十分便利。

这里曾经安置过 8000 余名上海知青，这里的 7 成人口是知青的后代，知青文化至今仍十分浓厚。东黄山光明知青小镇占地面积 5057 亩，是由上海光明食品集团心族实业总公司负责开发建设。东黄山光明知青小镇是黄山区打造全域旅游特色小镇重点项目中的一个，按照"因地制宜，突出特色，重点发展"原则，科学规划建设旅游特色小镇。

东黄山光明知青小镇依托国家 4A 级箭区东黄山度假区，回绕"生态即生命"、"建筑即景观"、"文化即价值"的总体开发思路，深化知青文化内涵，坚持产业、文化、旅游"三位一体"和生产、生活、生态融合发展，积极挖掘生态禀赋和人文底蕴，尝试打造以运动休闲、康体疗养度假、商务会议、知青为主题的泛长三角地区最具特色的国家级旅游度假胜地。昔日的农场已经成功地转型为集旅游、度假、休闲、观光、农林开发为一体的具有鲜明特色的新型度假胜地。

东黄山光明知青小镇充分发挥了黄山东大门的地理环境优势，依托黄山这个成熟的景区带来充足的游客流量，同时将徽州文化、茶文化、知青文化和旅游文化充分结合，并整合红色文化精髓和绿色生态等优势资源，建设黄山东街、黄山文化谷、知青文化保护纪念地、农耕文化体验等项目来补充观光景区的不足，为游客提供了吃、住、娱乐、购物等功能，推动旅游产业向文化体验、精神传承、生态观光转变。将历史文化与旅游观光相结合，倾力于打造黄山脚下的知青文化小镇。

6.3.4 仙居神仙氧吧小镇

有"仙人居住"之美誉的浙江仙居县，历史悠久，人杰地灵，文物古迹颇多，有 7000 多年历史的下汤文化遗址以及国内八大奇文之一——蝌蚪文。仙居县地处浙江省东南部，隶属于台州市，靠近东海，地形以丘陵山地为主，号称"八山一水一分田"。仙居县是中国"国家公园"试点县，境内有 5A 级景区"神仙居"。仙居的生态植被非常优越，森林覆盖率达 77.9%。

仙居神仙氧吧小镇，位于仙居中部旅游板块白塔镇境内，处于神仙居旅游度假区的核心，也是通往神仙居、景星岩、淡竹休闲谷、皤滩古镇、高迁古民居等景区的必经之地，是仙居旅游的门户和高地。小镇规划面积 3.8 平方千米，计划总投资 80 亿元，预计 3～5 年初步建成（见图 6-1）。

作为浙江首批特色小镇创建镇，仙居县神仙居氧吧特色小镇依托自身资源优势，以绿色生态为主题，打造绿色生态品牌，把氧吧小镇建成以山水田园、滩林溪流、古村古镇为基底，包含旅游度假、健康养生、文化创意、宜居宜游等功能的国内知名小镇，并最终打造成国际旅游养生目的地、充满活力的生态产业高地以及全国知名的美丽乡村样板。之所以能成为旅游特色小镇，其核心特色就在于"绿色"。这里山、水、林、田星罗棋布，植被覆盖率高，水域面积广阔，负氧离子浓度高。据测算，平均每立方米负氧离子含量为2万~3万个，含量最高一处测得8.8万多个，超出仪器峰值。

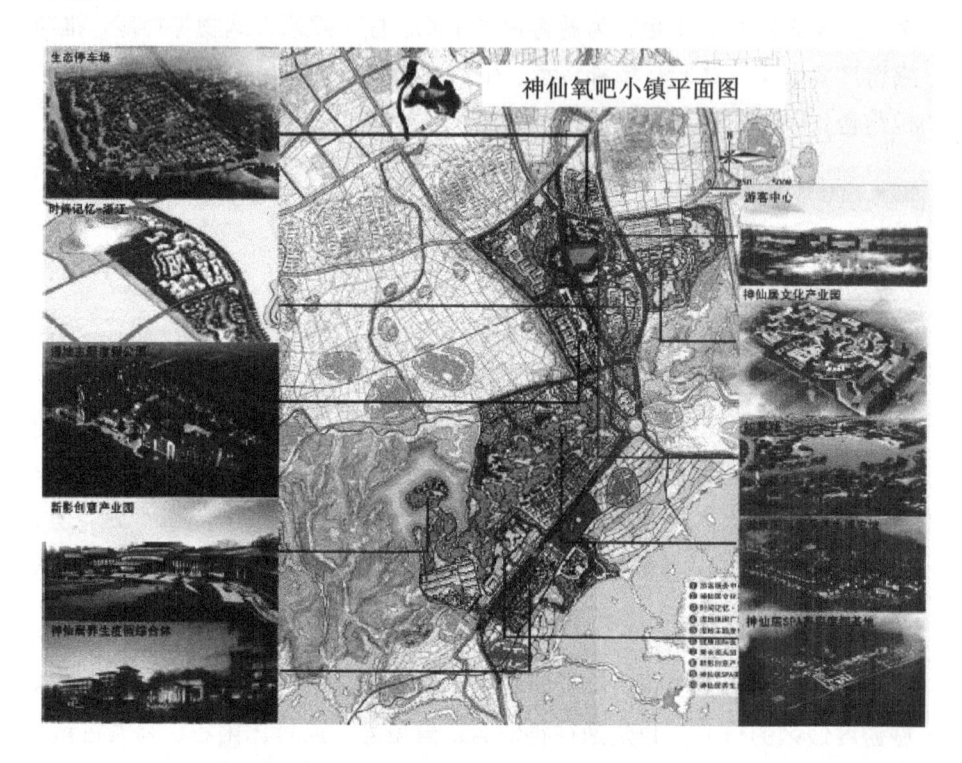

图6-1 仙居神仙氧吧小镇平面规划图

除了良好的生态环境，神仙居氧吧小镇的优势还在于：处于台金、诸永高速交汇处，2~3小时交通圈覆盖全省，台金铁路即将启动建设，杭温城际高铁正在规划中；距神仙居主景区、景星岩、皤滩古街、桐江书院仅10分钟车程，距县内永安溪漂流、响石山景区仅20分钟车程，永安溪绿道就经过度假区；环景公路等一大批与小镇配套的基础设施基本完成，一批涉及旅游、休闲、度假、养生、文化等项目相继落户并开工建设。

Section 04
金融产业特色小镇

6.4.1 美国格林威治镇——"对冲基金小镇"

格林威治是美国康涅狄格州的一个小镇，面积 174 平方千米，离纽约州很近，坐火车仅需 35~40 分钟。小镇集中了 500 多家对冲基金企业，单单 Bridge Water 一家公司就有 1500 亿美元的规模。每天早上都能看到很多衣着讲究、富有活力的年轻人从纽约州赶到康州上班，形成一道亮丽的风景线。

这里的第一家对冲基金是由华尔街传奇投资家巴顿·比格斯创立的，比格斯于 2012 年 7 月份过世。除了离纽约比较近的地理优势，它的税收特别优惠，这一点吸引了很多对冲基金落户。

对于非专业人士而言，"对冲基金"是个陌生的金融术语。百度词条解释说，在金融市场既买又卖的投机基金称为对冲基金。对冲基金的最大特点是进行贷款投机交易，亦即买空卖空。显然，这是一种存在超高风险的基金投资品种。

格林威治现有人口约 7.2 万余人，年收入超过 1000 万美元的大佬比比皆是。从人口结构来看，来自不同文化背景的异国居民高达四分之一，其中包括来自中国及新加坡等的精英。格林威治小镇之所以能在并不算太长的时间里就确立了自己"对冲基金中心"的地位，原因是多样的。

首先，其茂密的森林、旖旎的湖光山色及种种保护良好的自然生态所构成的"明信片风景"，本身就对高度追求宜居环境的对冲基金大鳄们具有磁石般的吸引力。

其次，小镇的地理位置具有无可比拟的优越性。它比邻纽约市，方便经纪人等金融专业人士在两地之间穿梭。更重要的是它距纽约的超大金融中心近，兑换方便。加上小镇周边都是经济发达地区，投资对冲基金的客户很多。

此外，格林威治离海底光缆仅仅一箭之遥，这就为拥有超高的网速提供了保证。众所周知，对冲基金对网速的要求特别高，都是拼毫秒级的，网速差个几秒那就是很大的劣势。

另外，小镇还具备良好、完善的基础设施。由于交易员的工作压力非常大，对冲基金基地必须为他们提供良好、完善的生活配套设施，其中包括安静、宽敞的寓所，五花八门的娱乐和健身设施，各种风味的餐馆、各种风格的酒店、干净整洁的停车场和充足的游艇泊位以及私人机场，甚至心理诊所等。

至于对那些早已积累了天文数字财富的对冲基金大鳄们，小镇则提供散布于海岸边或森林里的隐秘度超高的豪华别墅和超级庄园，舒适的起居生活和有规律的娱乐健身活动有效地松弛了大富豪们紧绷的神经。

格林威治镇能成为"对冲基金之都"，还有一个更深层的原因：小镇的个人所得税率极低，相比不远的纽约州，这里低了差不多 3/4，为基金大鳄们平添了大量财富。

值得一提的是，小镇还有严格的安保系统，个中缘由不言自明。有人形容说，小镇活像个军事重镇：巡警随处可见，建筑物的入口处总有警犬蹲守。此外，遍布的摄像头和安检设备总能让图谋不轨者早早就原形毕露。

6.4.2 玉皇山基金小镇

浙江已经开始尝试类似于美国格林威治小镇模式的金融小镇，构建金融功能属性强的特色小镇。2015年5月17日，杭州玉皇山南基金小镇正式揭牌，以美国格林尼治基金小镇为标杆，运用国际先进理念和运作模式，结合浙江省和杭州市的发展条件和区域特质所打造的集基金、文创和旅游三大功能为一体的特色小镇。基金小镇凭借金融业列入首批浙江省特色小镇创建名单。

1. 玉皇山基金小镇概况

玉皇山南基金小镇集基金、文创和旅游三大功能为一体。小镇位于杭州市上城区玉皇山南，地处西湖世界文化遗产保护带的南端，车水马龙之地，玉皇山脚下；背倚八卦田，南宋建筑群。这片南宋皇城根下的产业园，三面环山，一面临江，是千年皇城脚下的城中村，西湖边上的原住地。玉皇山南基金小镇核心区规划总占地面积2.5平方千米，总建筑面积约30万平方米。

2. 玉皇山基金小镇定位

基金小镇始终明确的功能定位是：要为整个实体经济的转型升级、创新创业服务。金融归根结底要回归实业，没有实业支持，资本市场无法实现健康、良性的发展。基金小镇用"微城市"的理念打造园区，加快建设生活配套服务平台，在玉皇山南集聚区内，公共食堂、商务宾馆、停车场、配套超市等正在加快建设，有的已投入使用。此外，基金小镇还将提供一系列特色配套服务。

比如，引进由省金融业发展促进会组建和管理的"浙江省金融家俱乐部"，将创办成立"浙江金融博物馆"，成立对冲基金研究院，为小镇入驻私募机构提供专业化服务。入驻企业中，既有新引进的阿里巴巴旗下杭州湖畔山南资本管理有限公司、宁波远大物产等，也有"老牌"的敦和资产管理有限公司。

3. 玉皇山基金小镇空间布局

整个基金小镇，共分四期建设，整体布局如北斗七星之形，天枢、天璇、天玑、天权构成的北斗之"魁"，恰好是小镇的二期和四期位置，玉横、开阳、摇光构成北斗七星的"杓"，串联起了小镇的一期、三期建设布局。

4. 玉皇山基金小镇发展模式

基金小镇注重相应产业链和生态链的培育，重点完善"一主两翼"金融生态体系。

"一主"，就是突出龙头机构作用。私募（对冲）基金往往有扎堆习惯，在小镇建设初期，要十分注重招引有知名度的私募金融机构，以此带动私募金融产业的快速集聚。目前基本确定入驻意向的企业有高盛集团等世界500强企业和一批优质的基金管理公司，管理资本共计约200亿元。此外，省市产业母基金约100亿元也将落户基金小镇。

"一翼"，就是完善金融商务环境。引进法律服务、会计审计、研究咨询等机构。通过基金研究院，组织全球私募（对冲）基金论坛，举办高端金融人才交流活动等，从而提升基金小镇的竞争力和影响力。

"另一翼"，即提高小镇管理水平。抓好综合服务水平提升，实行"一站式"服务，协助企业做好项目申报、资金扶持对接，银企对接。完善生活性配套，打造适合行业从业人员的慢生活社区环境，组织建立各类小镇社团，筹划丰富的文艺体育休闲活动，保持小镇青春活力。

基金小镇还充分挖掘玉皇山南文化历史资源，通过南宋皇城遗址建设、金融博物馆等形式，为基金小镇增添历史气息、文化基因和发展吸引力。围绕行业内有影响力的文化名人、文化名企，打造莫言文化村等地标性文化载体。

Section 05
汽车工业特色小镇

沃尔沃汽车小镇作为浙江首批特色小镇创建镇，台州市路桥区申报的沃尔沃特色小镇是一个集汽车产业、汽车文化创意及汽车旅游为一体的汽车小镇。

沃尔沃汽车小镇位于台州市路桥区，西有175省道，东侧有台州沿海高速。镇区离台州主城区12公里，离台州机场12公里，离台州火车站37公里，交通十分便利：从产业上来说，小镇拥有吉利、吉奥、永源、彪马4家整车生产企业及再生金属产业基地，汽车零部件生产企业6000多家，汽车产业优势十分明显。

为了促进汽车产业的进一步集聚和提升，小镇以吉利汽车项目为核心，以汽车产业、汽车文化、汽车旅游为三大特色，发展汽车整车、汽车零部件、汽车产品创意研发与设计、汽车主题旅游、电子商务产业的特色小镇。

沃尔沃汽车小镇是路桥区5年里的重点发展项目，是路桥"两极、一带、两组团"新格局的重要组成部分，小镇总规划面积约为6平方千米，开发遵循"一次规划、分步实施、滚动发展"的原则，坚持工业化、城镇化五动，目标是建设成为全国先进的沃尔沃汽车生产和研发基地和中国东部重要的汽车零部件生产基地、贸易中心，同时建设以汽车为主题的滨海旅游休闲基地和宜居的城市新区。

沃尔沃汽车小镇主要分为五大功能区，具体如下。

一是沃尔沃汽车整车生产项目。生产世界知名的沃尔沃品牌轿车，规划产能20万辆整车，整车生产基地规划用地1101亩，总建设面积39.39万平方米，计划总投资100亿元。采用具有全球竞争力的标准设计和建造理念，在工艺制造、节能减排、环境保护和整个产业链优化方面都采用最先进的技术配置，项目在2014年已开始建设，2015年基本完成土建，2017年6月正式量产。

二是汽车零部件生产基地。总用地2000多亩，项目推动台州汽车零部件行业向部件、总成方向发展，完善汽车产业链，提高产业集聚度，引入一批国内外知名的汽车零部件企业，带动台州汽配行业的整体提升。

三是汽车创意产业园。沃尔沃汽车小镇设立汽车研究院及技术和产品研发中心，吸引国内外的汽车研发人才，对重点产品和关键技术实施攻关，形成技术优势，为企业的产品和技术研发提供技术支持。项目用地约100亩，投资3.8亿元。计划在2017年开工建设。

四是汽车主题公园。通过汽车产业与旅游、文化等产业的有机结合，打造一个占地约800亩、投资8.2亿元的集汽车教育、休闲、娱乐、运动、商务等功能为一体的汽车主题文化公园，提升小镇形象。汽车主题公园功能包含开展汽车文化交流，举办汽车知识公益教育，传播汽车文化和加强青少年汽车知识普及等，定期举办具有一定影响力和知名度的汽车文化活动，建设赛道，组建汽车俱乐部，举办汽车拉力赛、场地赛等比赛，大力推动汽车运动的发展。汽车主题公园项目2016年开工建设，2017年建成一期工程，2018年全面建成。

五是北欧风情街。项目占地约200亩，投资4.1亿元，建设体现北欧风情的建筑群，力求原汁原味地还原瑞典小镇风格。计划2016年开工建设，2017年建成一期工程。

沃尔沃汽车小镇建设不仅是路桥工业、文化、旅游产业发展的一个标志，更是转型升级的重要里程碑。

Section 06
航空特色小镇

6.6.1 斯普鲁斯溪航空小镇

如果别墅前的道路上停的不是汽车而是飞机，车库就成了飞机库。美国家庭早已普及了汽车，一个家庭拥有两辆车是平常的事。但在一个社区，几乎家家都有飞机的情形并不多见，而美国就有这样一个小镇，飞机取代了汽车，成为家庭的必备品。

小镇原是第二次世界大战时期的空军村，后来经过改造，现在成了闻名的飞机村。镇上有居民 5000 人，1500 座住宅，飞机库就有 700 个，有的家庭拥有的飞机还不止一架。这就是世界闻名的美国佛罗里达州斯普鲁斯溪航空小镇，当地风景也很优美、安静隐秘的别墅住宅区内，坐落着风格各异的房屋。屋门前的大道整齐宽阔，并直通毗邻小区的一条修葺完整的飞机跑道。当地居民把飞机停在房屋门前或是车库内。小镇上公路使飞机能够直接从机场开到居民的住宅处，而公路上的标志牌提醒民众和汽车驾驶人，飞机在公路上拥有优先的路权，也就是汽车要为飞机让路（见图 6-2）。

斯普鲁斯溪航空小镇是世界上最大的航空社区，汤姆·克鲁斯和妮可·基曼于 1990 年代在佛罗里达拍电影时，晚上他们就会开着飞机到斯普鲁斯溪航空小镇过夜。在当地社区，如果一户住宅的飞机库大门是打开的，那表明住宅的主人欢迎与任何人交谈和交流开飞机的心得。

图 6-2 斯普鲁斯溪航空小镇

住在这个小镇的居民每天都可以从自家门前驶出飞机，在社区公路上前往机场，然后驾着飞机去执行公务。开着飞机回家是很多当地居民的日常生活场景。斯普鲁斯溪这样的航空小镇被称之为住宅型航空小镇，它为富有的居民提供了用飞机取代汽车作为交通工具的便利条件。而美国研制出可以飞的汽车投入量产后，将有可能会加速在美国形成更多的住宅型航空小镇。

斯普鲁斯溪航空小镇首先是一个生活家园。就像普通的住宅区一样，这里的房屋大都是业主们平日居住生活的家，而非做商业之用途。但不同于传统的住宅区，航空小镇除了要提供日常生活所需的设施外，还必须建有飞行所需的必不可少的设施设备，如机场、跑道、滑行道、停机库、停机坪，甚至飞行俱乐部、餐厅等。让飞行成为这里人们生活不可或缺的一部分，正是住宅型航空小镇的核心价值。因此航空小镇也被称为"飞行社区"（Fly-in community）。

毫无疑问，已在航空小镇置业或想在这里生活的绝大部分人都是非常热爱飞行的，也正因为如此，航空小镇也被称为"飞行员之家"。这里具有非常浓厚的飞行氛围及飞行文化。住在这里的人，由于有飞行这个共同的爱好和专长，邻里关系往往都非常友好和密切。他们可以在周末一起驾驶着爱机前往某个旅游胜地，也可以在下午茶时间或社区活动中分享各自的飞行经验与故事，并在飞行技巧、飞机维修、飞行安全等方面互相给予意见和帮助。

飞行社区里人们的生活平静但不平淡，社区内户主们除了飞行活动外，通常还会参加社区组织的各种兴趣俱乐部，并有很多机会进行其他的户外活动，如高尔夫、打猎、网球、骑马、钓鱼等，这些活动需视社区所在位置的周边环境以及社区设施情况而定。机场设施和飞行设备是航空小镇的重中之重。一些飞行社区连接的机场是当地的公共机场，但很多航空小镇则拥有自己的机场，只允许社区内的居民使用，并不对外开放。机场的跑道通常都是修葺完整的，符合FAA对适航机场的规章和要求。与跑道相连的滑行道可通往航空小镇的家家户户。停机库是一般飞行社区内房屋的标准配置，社区同时还提供公共停机坪和地锁。

航空小镇提供的这种独特的生活方式吸引着越来越多的飞行爱好者，而在这里居住也在某种程度上成了富人的象征。但其实住在这里的人并非都是极为富有的人，很多都是中产阶级，包括飞行员、空管人员、商人、律师或退休人员等各行各业的飞行爱好者，许多社会名流们也都非常享受飞行社区的生活方式和私密性。

6.6.2 低空飞行小镇

博卡拉是位于尼泊尔喜马拉雅山南坡山麓博卡拉河谷上的城市，与广东气候近似，海拔约900米，它以雪山和湖泊等自然景观成为尼泊尔著名的旅游胜地。适宜的温度与洁净的空气，是个适合疗养的好地方，被称为东方的瑞士。博卡拉位于加德满都西北约200公里处，是尼泊尔的第二大城市，人口约20万，也相当于是尼泊尔西部地区的中心。博卡拉是尼泊尔西部发展区、甘达基专区和卡斯基县的治所，它在历史上曾是西藏和印度之间重要的贸易中转站。除了壮观绝美的雪山风光和舒适宜人的湖滨环境，这里还有着丰富多样的活动体验，其中有着"低空飞行"的滑翔伞体验活动更是吸引了来自全世界的旅行者，博卡拉也是世界三大滑翔伞圣地之一。

依托喜马拉雅山脉南麓的地理优势，博卡拉开发了适合不同年龄、不同时间长度及难度系数的登山线路。因此，小镇博卡拉也被誉为"徒步者的天堂"，与之配套的休闲娱乐业也蓬勃发展起来。

除了徒步登山，在博卡拉最为著名也最为吸引人的另一项旅游活动，就是滑翔伞。在这里进行滑翔运动可以将远方的雪山、湖泊尽览无余，是众多滑翔爱好者心中的圣地。

博卡拉的滑翔伞运动会有一名专业教练陪同一名旅行者，从山坡上起飞，游客可以在空中观赏费瓦湖和雪山风光。飞行过程的操控由教练完成，旅行者只需尽情享受微风拂面的飞翔体验。穿越云雾，从费瓦湖上空飞过，可以无比接近世界级的高山雪峰，将费瓦湖畔博卡拉城的无限风光也尽收眼底。博卡拉目前有近 20 家滑翔伞俱乐部，各家俱乐部起飞的地点大都集中在海拔 1592 米的萨朗科山上，着陆地点在湖滨区措湖北边的区域。除了有鱼尾峰、费瓦湖这样优美的自然环境上的优势，博卡拉滑翔伞还有着价格优势，它的价格是全世界最便宜的。有越来越多的人慕名前来，为了更好的发展当地旅游业，博卡拉开了众多风格口味的餐馆、舒适廉价的旅馆，还有手工艺品店、特色服装店、户外用品店、按摩店等。

博卡拉本身就有着十分优美的自然风光、极其丰富的自然资源，具有开发观光旅游产品的资本，而且博卡拉的地理量观又十分适合开发户外运动活动。借助了原有的旅游资源优势，大力发展休闲活动。现在，徒步运动、滑翔伞运动已经成为博卡拉旅游发展系统中的一个重要元素，使休闲运动成为博卡拉旅游的焦点，利用刺激的滑翔伞活动带动当地的旅游发展。

Section 07
教育特色小镇

一、剑桥镇概览

12世纪,圣芳济修士、黑袍修士和卡莫修士,来到这片平坦、潮湿的沼泽区定居,剑桥镇由此诞生(见图6-3)。1284年,艾利修道院的休·德·巴尔夏姆主教创办了剑桥的第一所学院——彼得豪斯学院。剑桥大学创办过程中不断争取国王和教会的支持,不断说服人们为剑桥大学捐助教授席位和大学建设。直到爱德华二世创建的国王学院,才在14世纪初期形成了指导性方案:以学院作为学生的学习和生活集体。

图6-3 剑桥镇

剑桥规划借鉴了伦敦规划的绿化带政策，为了防止瘟疫传播，1580年英国国王伊丽莎白公告伦敦周边设立 4.8 千米宽的农田和森林隔离区，此后提出作为绿化带。1826 年，William Petty 提出伦敦在城乡接合部保护农田和森林。1955 年，绿化带政策正式实施。至今，绿化带发展迅速，已经覆盖了英格兰 13%的土地。绿化带在控制城市增长、保护乡村景观和塑造城乡土地格局方面起着极其重要的作用。剑桥小镇公园和绿化带占据整体的 20%以上的比例，注重体育设施与公共空间规划，依托剑桥大学配置优秀的高中、初中、小学和幼儿园。剑桥市严格保护绿地和公园，每年稳步供应土地，注重可持续发展，注重子孙后代的福祉。目前，剑桥小镇人口达到 12 万人左右规模，每年人口增加 11%左右，相当于国内县城规模，镇区居民人均收入在英国位于前列。

二、剑桥小镇人口预测

2011—2016 年剑桥人口将达 137 300 人，增长 11%;2026 年人口将达 148 600 人，增长 18%；到 2031 年人口将达 151 000 人，增长 20%。由人口增长带动的房地产价格也一直在稳步上升，很多科研人员都愿意住在剑桥，子女可以受到良好的教育。1999—2016 年剑桥房屋增加 12.5 万套左右，其中 65 000 套在市区，6 000 套在城市郊区。

三、剑桥小镇的产业规划特点

教育是剑桥第一大基础产业，高科技产业是剑桥主导产业，旅游目前是辅助产业。教育收入，国际研究生 7 000 名，国际研究生每年占 42%。10 000 名本科生，国际学生预计为 3 500 名，国际学生带给剑桥大学和小镇大约 2 亿英镑以上收入。剑桥大学年收入 13 亿英镑，除去国际学生等交纳的学费以外，还有各项研究收入。而这些固定的在校生的日常生活、消费就带动了整个小镇的相关配套经济与工作。

此外，剑桥大学发展科技产业历史悠久，20世纪60年代，剑桥大学附近的科技企业有30多家，剑桥大学科技园区在1984年就有322家科技企业。在过去的30年中，园区每年增加5 000个就业机会。剑桥科技园区成为世界重要的科研中心，剑桥区域的GDP每年增加6.3%，占到英国GDP的15.8%。研究与开发占据剑桥区域GDP的3.4%，剑桥科技园区累计为英国创造税收550亿英镑，出口总值达到280亿英镑。

旅游也成了小镇的一项不菲收入，据统计，每年来到剑桥小镇和剑桥大学旅游的人数高达400万人，每年收入为4.7亿英镑。剑桥形成的主要旅游景点有：剑桥大学三一学院、国王学院、女王学院等历史建筑和剑河风光、剑河划船旅游。而这些旅游人群的导入，必然带动了购物、消费、住宿等相关产业的活跃度。当然，除了剑桥小镇之外，还有一些以教育为主要产业所形成的教育特色小镇，比如牛津、哈佛等。

Section 08
艺术主题特色小镇

艺术主题型文旅小镇，是将文化艺术中的文学、绘画、雕塑、音乐、陶器、唐卡等艺术表现形式与小镇旅游融合发展，增加游览价值、观光价值、艺术价值、产业价值。例如，周窝音乐小镇、丽江彩色小镇、雪山艺术小镇、芬兰菲斯卡斯手工小镇等，这些地区借助绘画、雕塑、音乐、艺术名人等艺术形式带动了当地旅游的深层次开发与提升。

发展要点：充分展示艺术表现形式，利用艺术手法打造文化艺术场景，艺术场景旅游化、艺术展现大众化发展，提供艺术欣赏、观光、休闲、度假等功能。

6.8.1 芬兰菲斯卡斯（Fiskars）手工艺术小镇

芬兰的菲斯卡斯（Fiskars）小镇建于17世纪（芬兰历史最悠久的企业就叫菲斯卡斯），于1649年成立，之后便开始生产其标志性的橘色塑料手柄剪刀。当时，瑞典统治时期的芬兰菲斯卡斯还只是有一群铁匠锁聚集的没落小镇。百年后，引进新技术后的菲斯卡斯开始发展铜矿冶炼，专注制造铜器及铜矿开采。近几年的菲斯卡斯小镇朝气蓬勃，由工匠、艺术家、设计师等组成的工作生活社区在这里慢慢地建立起来，复古风的酒店、雅致悠闲的咖啡馆、温馨舒适的旅馆随处可见，艺术、古董、设计的手工工作室更是比比皆是，现在这里更成为了夏季的旅游胜地。"古董咖啡馆"就开设在菲斯卡斯村的钟楼下，里面还有一家书店，同时也出售旧家具与厨房用品。值得一提的是，这里的手工工作室与销售融为一体，游客除了可以购买心仪的商品，更可以观赏制作过程。有些工匠师傅也非常热情好客，看到游人多了就开始表演起拿手绝活，这样加工生产变成很生动的展示，非常鲜活地把当地传统手工艺术品传播并保存下来。

在菲斯卡斯，有许多"旧"变"新"的建筑。在菲斯卡斯的正中心，过去的洗衣房如今被改建成了住宅、陶瓷工坊、设计工作室和一所民宿旅馆。

三大核心板块如下。

（1）工作坊变身艺术展厅。在1902年时，为存储粮食，菲斯卡斯建造了一个三层高的大型谷物仓。如今时隔多年，这个庞大的谷物仓并没有被拆除，而是被改造成了一个具有新文艺复兴特色的大展厅，每年的5月到9月底，都会举办夏日艺术展览。

1996年，菲斯卡斯的工匠、艺术家和设计师们共同组成了一家合作社，发展到现在已有120多位成员。而"黑大厅"就是当时的铜匠们的工作场地，现如今也被改建为夏季艺术展览场地。

（2）复古味道的新建筑。菲斯卡斯现在有许多复古风格十分漂亮的公寓和工作室，这些在格局与装饰上都费尽心思的建筑，大都是由旧铸铁厂的楼房改造而来的，为小镇添上了一笔明媚的色彩。

"德西科"以前是只是一个仓房，而现在却被改建成了手工蜡烛店。几千种五彩缤纷和不同香味的蜡烛，着实令人大开眼界。

（3）手工艺术下的美丽。对于热爱生活、追逐文艺、钟情设计与收藏的人来说，菲斯卡斯可以说是天堂。独特造型的古董、手工钟表、与众不同的珠宝首饰，独一无二的当代银饰等，除了购买，甚至可以观看到手工艺者们进行制作的场景。

6.8.2 周窝音乐小镇

2012年4月，依托金音集团乐器生产优势和北方民居特色，璐德音乐文化产业发展有限公司、中国吉他协会和武强县政府共同打造了中国最具文艺气质的周窝音乐小镇。音乐小镇位于河北衡水市武强县周窝镇周窝村，处于华北平原腹地，占地面积为面积1.5平方千米，共有256户人家，居住用房近300套，人口近千人。

音乐小镇可以说是中国青年创意文化的发源地，原创音乐的孵化器，中国特色教育的体验基地。麦田音乐节、中国吉他文化节等多项活动在此地举办。2014年，周窝音乐小镇更是被评为"全国生态文化村"、"2014全国最美村镇"、国家级"青少年音乐体验基地"。

1. 周窝音乐小镇的定位与发展模式

音乐小镇以金音集团乐器产业为硬件基础，以璐德国际艺术学校为软件支持，通过包装改造现有民居、创建原创公社网络互动平台、建设乐器体验馆、举办特色节庆活动等举措，实现与信息化、工业化、城镇化和农业现代化相结合，着力打造全国第一个"四化同步"示范镇，打造成为集吃、住、行、游、娱等功能于一体，在国内具有较高知名度和影响力的特色魅力小镇。

小镇确定了"五纵、六横、六区"的发展规划。五纵、六横就是十一条街道。六区就是西洋乐器生产厂区、新民居住宅小区、传统民居餐饮休闲区、中外乐器展示销售商业区、各类音乐节活动区和音乐广场。

2. 周窝音乐小镇的建设

小镇按照"政府引导、社会参与、政企携手"的模式建设，并先后聘请中央美院建筑学院、北京798艺术中心制定完成了小镇改造规划、旅游接待方案，还聘请天津大学建筑学院编制了《周窝音乐小镇整体区域规划》。通过对周窝村进行包装改造，将小镇内沿街店铺承租、统一包装，小镇目前已累计完成投资 1.13 亿元，改造建设咖啡屋、提琴乐器体验馆、专家别墅、音乐制作室等特色院落 81 套、门店 15 间。小院既保留着北方农村建筑特色，又极具现代音乐韵味，中西结合，相得益彰，极大地吸引了国内外音乐家长驻周窝。同时，通过每年固定时间组织开展国内、国际音乐交流活动，来带动音乐人才输出、音乐创作、乐器销售、餐饮酒店等相关产业发展。与此同时，还启动了周窝数字音乐原创基地项目、音乐水世界、军歌博物馆、河北音乐中学等项目。

3. 周窝音乐小镇的旅游特色

（1）周窝服务中心占地 400 平方米，音乐小镇服务中心不只是一个游客接待中心，还是一个室内多功能演出厅，小镇规划沙盘、林林总总的小镇纪念品、还有许多游客没见过的乐器。

（2）吉他坊 DIY，纯手工木质吉他坊。依托金音乐器集团，村子里半数以上的人都曾在乐器厂里工作，这间吉他坊的主人以前就在金音集团做技师，凭借着自己的技术，趁着小镇的兴起成立了这间工作室。在这里，游客可以了解吉他的全部制作过程，并 DIY 彩绘个性吉他，体验吉他，普及乐器文化知识。

（3）年画坊，武强县是被文化部命名的"木板年画艺术之乡"，作为中国四大年画之一的武强年画，是中国非物质文化保护遗产，是农耕文化的百科全书。在小镇年画坊，不只可以看到精美的年画艺术品，还可以自己动手制作年画。

（4）小周工作室，著名的音乐小镇萨克斯手——周卫仓是这间工作室的主人。这间工作室是集制作、销售、维修、现场教课和网上教学于一体的音乐场所。

6.8.3 丽江九色玫瑰彩色小镇

九色玫瑰彩色小镇位于丽江市古城区七河镇金龙村，距城区约 28 公里，自驾需 40～50 分钟，离丽江机场很近。这里居住着白、纳西、傈僳、汉等 8 个民族，因此小镇房屋的建筑风格融入了纳西、白、彝族民居的元素，但大部分小屋的屋顶仍然保留中式传统的飞檐翘角，全然一股时尚的中国风味道。小镇的 442 栋传统庭院房屋，被刷成了橙、蓝、黄、粉、绿、紫等 9 种颜色，其中，公房为橙色。村民们为自家的房子挑选颜色，为了呈现出一个良好的视觉效果，要求相邻的两座房屋不能使用同一个颜色。因此相邻的院子配色大胆，红的配绿的，粉的配紫的，十分具有后现代的艺术风格。五彩斑斓的小镇整齐地排列在绿色田野和树林的环抱中，远远望去，美感十足。

2014 年，丽江玫瑰小镇旅游开发有限公司与金龙村签订紧密型合作协议，共同建设九色玫瑰彩色小镇。项目建设内容包括：在金龙村 442 户农户的房前屋后种植观赏玫瑰，打造"丽江玫瑰第一村"。种植 1000 亩食用玫瑰，并通过深加工开发玫瑰产品；建设玫瑰景观，打造特色旅游小镇。玫瑰小镇的定位为智慧旅游景区，做旅游升级版，这里是中国第一个彩色村庄、第一个玫瑰爱情主题小镇，在这里好玩和互动都可以同时实现。

除了五颜六色的房子，小镇的墙壁也是一大亮点。融入多元素的 3D 壁画，可以说是民族文化与现代艺术结合的产物。这些 3D 画许多取材于生活，把大山、电站大坝、人背马驮的移民景象画在了墙上；也有极具艺术效果的飞机、奔马、花海、卡通作品；还有极具云南特色的民俗风情和极具民族韵味的纳西老人、藏族少女、彝族火把节；更有年轻人喜爱的文艺范儿爱情箴言墙。目前，小镇的 3D 彩绘已完成 50 多幅。而位于村委会门前的金龙村南北向主干道上，正在绘制 500 米长的地面 3D 彩绘，待全面完工时，3500 平方米的地面 3D 彩绘将申报吉尼斯世界纪录。

除了彩色房子和 3D 画，小镇里家家户户都参与玫瑰种植。丽江玫瑰小镇旅游开发有限公司则通过建立苗圃基地，为村民提供 9 色玫瑰苗；收购玫瑰花，开发科技玫瑰产品。目前，金龙村正形成以"九色玫瑰庄园"为示范引领，以玫瑰花为主的旅游观光和中药材、蔬菜种植齐头并进的特色产业群。

丽江玫瑰小镇村整体搬迁而来，一开始就做了科学的规划，道路、房屋、间距都建设合理，这为玫瑰小镇的旅游开发奠定了基础。丽江玫瑰小镇在首先保证老百姓的收入的同时，力争在 3~5 年间让村里的百姓收入增长 1~3 倍。一期工程，将为村民提供至少 100 个工作岗位；小镇的商店、超市、农家乐、小吃店等全由村民自行经营；门票收入将与村里分成，房屋庭院在今后可出租，老百姓还可参与到景区的打跳队等表演节目中来，为民族文化的传承发挥作用。

Section 09
互联网创业特色小镇

一、杭州梦想小镇,互联网创业天堂

"梦想小镇"坐落在余杭区仓前街道,占地面积约3平方千米,于2014年9月正式启动建设。"梦想小镇"涵盖了互联网创业小镇和天使小镇两大内容,其中,互联网创业小镇重点鼓励和支持"泛大学生"群体创办电子商务、软件设计、信息服务、集成电路、大数据、云计算、网络安全、动漫设计等互联网相关领域产品研发、生产、经营和技术(工程)服务的企业;天使小镇重点培育和发展科技金融、互联网金融,集聚天使投资基金、股权投资机构、财富管理机构,着力构建覆盖企业发展初创期、成长期、成熟期等各个不同发展阶段的金融服务体系。

作为浙江省首批37个省级特色小镇之一,梦想小镇于2015年春季正式开门迎客。为了吸纳泛大学生群体(毕业10年内的大学生)来创业,梦想小镇还准备了拎包入住、免房租、多补贴等多项丰厚条件"款待"创业者。余杭仓前就是梦想小镇所在地。远眺梦想小镇内的各式建筑,像极了被"种"在田野中的种子。其中最引人注目的要数12个大粮仓。这些由旧时粮仓改造而成的"种子仓",已成为"泛大学生"创业的办公场地。每天,都有络绎不绝的人群前来梦想小镇参观交流,而"种子仓"则成为人们必去的"景点"之一。仓前是一个拥有880多年历史的古街,街上保留了章太炎故居、四无粮仓等文保单位以及一大批古建筑,但多年来陷于保护和开发的"两难"境地。

根据《浙江省人民政府关于加快特色小镇规划建设的指导意见》,所有的特色小镇要建设成为3A级以上景区。而特色小镇和众创空间的提出,为古街提供了纯旅游开发和城市化推进之外的第三条路径。"保护和开发并重,将历史文化传承好",梦想小镇将"在出世和入世之间自由徜徉"作为最高指导思想,确立了"先生态、再生活、后生产"的发展理念。

在保护与开发的取舍方面,小镇着实下了一番功夫。小镇将保留现有的水泥厂、老街、水田等历史遗存和自然生态,对存量空间按照互联网创业的要求进行改造提升;而对章太炎故居、四无粮仓等文化内涵进行充分挖掘,使其成为最具特色的小镇基底。人与自然的和谐并存,正是生态之美的体现。

梦想小镇不仅有原汁原味的生态之美,更是创业者实现梦想的跳板。小镇以互联网创业和天使投资融合发展为特色,互联网村和天使村两个功能区已建成并投入使用。据了解,为推动实现更好对接,政府率先设立1亿元天使引导基金,按照"阶段参股、保本退出"的形式投资符合条件的天使基金,引导社会资本加大对初创企业的投资力度。同时还引导天使基金、股权机构在梦想小镇搭建孵化平台,公开招募专业运营机构,大力培育众创空间,为企业提供专业化、市场化、多样化的新型孵化服务。

二、核心规划：一环两区三星

"一环"指的是一条希望田野环。展开荷兰 NITA 设计集团梦想小镇规划设计图，就会发现，整个小镇被一个基本呈环形的稻田地带围绕，和既有的湿地味道的天然池塘、水面一起成为一条真正的田园生态带。远眺梦想小镇的建筑，呈现的是"种"在金黄稻黍中的视觉效应。

"两区"是指绿色办公区和绿色生活区。这两个区域的主要特点是将绿化嵌入建筑物中，如在绿色办公区中，办公楼采用塔楼结构，将建筑物底部架空，进行绿化，为工作人员提供更健康的休息空间，并且减少热岛效应等城市环境问题。

"三星"是指三颗创业追梦星，分别为寻梦水乡、思梦花园和筑梦工厂。依照概念化设计方案，在寻梦水乡的部分，将新建一条东西走向的水系，以此来联系现状较为分散的水系，形成完整的水系统。在思梦花园里建立起湿地景观，净化水体和 4D 水秀剧场，筑梦工厂则是在保留原有的水泥厂遗址上进行改造，将原有的生产水泥的装置变成空气净化器和有机土壤生产器，不仅可以为小镇里的田野提供有机健康的土壤和洁净的空气，还能建立一个农场游乐园，为孩子提供一个更健康的娱乐场所。

Section 10

创意农业特色小镇

创意农业依托型文旅小镇是以创意农业为发展的依托资源，以小镇为核心聚点，借助"传统农业资源+新型创意产业化"、"大地景观+艺术驱动"、"文旅商业+产业驱动"等方式，进而延伸农业发展价值链条，最终实现推动文化旅游产业与种植业、林业、畜牧业、渔业、副业等农业有机结合，互动发展。依托创意农业为资源基础，拉伸创意产业链条，开发增值产品，以文化旅游、休闲度假为小镇发展的主导产业。

6.10.1 薰衣草小镇——花卉产业+特色小镇

普罗旺斯位于法国南部，拥有适宜薰衣草成长的充足灿烂的阳光，加上当地居民对薰衣草香气及疗效的钟爱，因此，在普罗旺斯到处可以看到遍地薰衣草紫色花海翻腾的迷人画面。普罗旺斯因大规模种植的薰衣草而闻名，现在已经成为薰衣草的故乡，它最令人旷神怡的是空气中总是充满了薰衣草、百里香、松树等的香气。

依托大规模的紫色花海薰衣草，普罗旺斯每年吸引大批游客参观，成为浪漫旅游目的地，薰衣草旅游带动了普罗旺斯区域小镇的发展，薰衣草产业链得到延伸，游客除了可以欣赏到紫色花翻腾的迷人风光，还可以购买到薰衣草旅游商品，包括各式各样的薰衣草香包、香袋，薰衣草精油、香水、香皂、蜡烛等，以及分袋包装好的薰衣草茶等。

因薰衣草营造的浪漫氛围，普罗旺斯借此发展婚庆、摄影等产业，吸引了大批婚恋游客。普罗旺斯区域借助薰衣草产业品牌已成为全球知名旅游目的地——薰衣草故乡。

6.10.2　法国香水小镇——花卉产业特色小镇

法国香水的制造起源于格拉斯，至今仍是巴黎各大香水厂的原料供应地。格拉斯以花卉产业为基础，结合特色小镇模式，打造香水特色小镇。格拉斯镇是位于法国南部的度假小镇，一座宁静的溪谷若隐若现，蜿蜒的乡间小路从中间划开，一片平坦的玫瑰与茉莉花田就是世界著名的香水圣地。这座名为 Le Petit Campadieu 的花田，法语的意思为"上帝的小营地"，是世界上最著名的香水的原料供应地。格拉斯特殊的气候非常适合花卉种植。这里较为温暖，而且距离海边有 20 公里路程。这里水分充足，是因为位于山区的地理位置，以及在 1860 年代修建了用于灌溉目的的 Siagne canal。

格拉斯是法国香水业的中心，被誉为世界香水之都。自从 18 世纪末以来，格拉斯的香水制造业一直相当繁荣。该镇号称"世界香水之都"，生产法国三分之二的天然 Aromas，用于制造香水和食品调味料。每年香水业为格拉斯创造超过 6 亿欧元的财富。

由于运费关系，这里的香水比巴黎便宜许多，吸引了络绎不绝的游客。除了购物业态，小镇里有丰富而独特的体验项目。各种博物馆和美术馆使香水爱好者了解香水的历史、内涵、制作工序等；各大香水工厂可以预约参加香水制作的实习课程，使游客可以制作属于自己的香水，带走专属的气味和记忆；种类繁多的香水使游客不仅挑花了眼，连鼻子也因试太多而失灵。

国际香水博物馆位于米拉波街街旁，旁边挨着弗拉戈纳尔香水工厂（花宫娜香水厂）。馆内介绍香水的传统制作过程以及所使用的器具，香水瓶展厅里则有各式各样的古董香水瓶。

　　弗拉戈纳尔美术馆主要展出法国画家、洛可可艺术大师弗拉戈纳尔的作品及其家族成员的创作，墙面上可以看到弗拉戈纳尔11岁时开始绘制的壁画。弗拉戈纳尔是一位土生土长的格拉斯人，著名香水品牌弗拉戈纳尔（花宫娜）实际上就是以他的姓氏来命名的。

　　普罗旺斯艺术历史博物馆展出了许多格拉斯当地人捐赠的古董家具、传统服饰、考古遗迹和许多珍贵的香水瓶。格拉斯每年8月初举行"茉莉花节"，第一次节庆举行于1946年8月3日—8月4日。装饰华丽的花车穿过市镇，花车上的年轻女子向人群抛洒鲜花，称为"flower battle"，每个人都被花卉的天然香水淋湿。此外还有焰火、免费派对、民间音乐团体和街头表演者。这里每年还举办国际玫瑰博览会（Expo Rose）。

6.10.3　草莓小镇——草莓产业+特色小镇

　　热河草莓公社小镇位于承德市隆化县茅荆坝国家森林公园、七家森林温泉休闲旅游区；距离承德、赤峰均是1小时车程，距离北京2~3小时车程，位于北京坝上草原出游黄金游线上。隆化县政府在打造茅荆坝七家森林温泉旅游区的基础上，以草莓元素为主题，以西道村草莓产业为依托，全力打造集"生态农业、温泉养生、草莓采摘、特色餐饮、田园风光、民俗展演、民宿体验"为一体的旅游目的地，打造"热河草莓公社"民宿品牌。草莓公社成为隆化县以休闲农业、创意农业引领"一三产业"融合发展、实现"生态美与百姓富"的新型发展模式示范点。

　　草莓公社小镇依托于周边千亩四季草莓大棚、草莓产业基础，通过风雨廊桥、稻田栈道、百亩花海、草莓风车、水上乐园、草莓广场等项目、景观小品的建设营造整体的自然、生态环境。为了草莓公社整体环境的营造，隆化县政府改善水、电、路、灯基础设施，实现了美化、绿化、亮化，提高了公共服务水平，提升了群众生活品质；投资 700 万元，按照特色民宿接待的规格和标准进行规划设计，将 12 家别墅型农户客房改造成草莓主题、欧陆风情的特色民宿；铺设完成 4000 平方米的村内道路；修建 1000 平方米停车场 1 处；修建拦河坝 3 道、游客接待中心 1 处、景观廊桥 1 座、风车景观 4 架、观景台 3 处；栽植金丝小柳树木 500 余棵；建玫瑰园 1 处、村民广场 1 处、儿童戏水池 1 处、露天舞台 1 座、烧烤乐园 1 处；供水排污设施可解决 1500 人的生活用水，日处理污水 70 吨。草莓公社基础设施、景观绿化、景观小品、服务设施、田园景观等整体休闲旅游环境基本打造成形。

草莓公社小镇的建筑风格是以草莓元素为主题，以欧陆建筑风格为特色进行农户住房改造，包括农户住房外立面改造、庭院营造、室内装修设计，提供草莓主题、欧陆风情特色住宿体验。建筑及景观小品营造过程中，草莓公社坚持融入特色文化主题元素，在草莓公社里，草莓元素无处不在，从廊桥、路灯、舞台到卡通雕塑、产品标志、餐饮用品，无不融入了鲜明的草莓文化元素。

小镇依托千亩四季草莓种植产业，通过民宿打造，植入草莓采摘、花海田园观光、特色餐饮、农事体验、滨水娱乐、民俗表演、森林温泉、旅游商品等业态内容，整合草莓产业链，打造草莓文化旅游创意品牌，形成以草莓种植和深加工为主体，拉动特色餐饮和民宿体验产业发展，成为深度开发农业资源、调整农业结构、增加农民收入的成功尝试，实现休闲农业与乡村旅游融合互促。村民转变了经营模式，由过去单纯卖草莓挣点小钱的"小农意识"，和"一间房、一个院、一顿饭"的传统农家乐经营模式，实现了传统农村朴素生活与新农村现代化生活品位的有机融合，四季草莓种植基地、草莓创意工坊、草莓庄园、草莓音乐广场、玫瑰园、演艺广场等现代旅游业态在这里汇集。

乡村特色餐饮，以草莓公社菜园为原材料供应；游客在草莓公社可以体验草莓采摘、草莓产品 DIY、草莓庄园、草莓音乐广场、玫瑰园、百亩花海、欢乐稻田、露营地等娱乐体验项目。

草莓公社大力引进草莓运输、包装、深加工项目，延长下游产业链条，提高附加值；打造伴手礼店，售卖草莓蛋糕、草莓甜品、草莓饮品、草莓酒、草莓宴等草莓主题高附加值旅游商品。

Section 11

休闲运动特色小镇

休闲运动依托型文旅小镇，是"休闲运动+旅游小镇"的发展模式，依托滑雪运动、户外骑行、自驾露营、低空飞行等户外休闲运动发展起来的小镇产品；如环阿尔卑斯山旅游小镇集群、环长白山文旅小镇集群、河北崇礼、北京延庆借助冬奥会发展起来的小镇集群。休闲运动依托型文旅小镇依托区域休闲度假资源、休闲运动项目作为旅游发展的吸引物；重点提供住宿、餐饮、娱乐，运动培训等一系列满足旅游、休闲度假、赛事举办服务项目。

6.11.1 滑雪小镇——因为滑雪，爱上冬季

美国拥有许多滑雪胜地，一到冬季，原本安静的山麓小镇变得热闹。其实在成为滑雪胜地前，落基山脉下的许多小镇是以采矿业为主，至今保留了狂野的西部风情。这里有两大独特的风景可供欣赏：纯朴的特柳赖德市区与欧式的山庄小镇（见图6-4）。

关于这个狂野小镇的历史，从保存完好的建筑和特柳赖德历史博物馆（Telluride Historical Museum）中得到了完美的体现。历史博物馆展出的

1500多张照片无声地讲述着这个老城镇的故事。

图 6-4　特柳赖德滑雪小镇

胡安山脉是一条环绕特柳赖德的市区的山脉，在其顶端便是我们要介绍的山庄。这里提供多种舒适豪华的住宿选择，也有酒吧和餐厅，你可以在此彻底地享受到冬季的乐趣。这里交通也十分方便，往返于山村和特柳赖德市区之间的主要交通方式是缆车。游客乘坐缆车上山，途中可以欣赏山间的美丽景色。记住，风景和缆车都是免费的。

在山庄内，有一所特柳赖德滑雪学校，它无疑是全国最好的户外学校之一，提供私人和团体的课程以及儿童培训课程，还有非常耐心的教练。特柳赖德滑雪场连续3年被《Cond6 –Nast–Traveier》读者选为北美最受欢迎的滑雪场，不仅适合初学者，也适合滑雪高手。其他热门冬季活动还包括乘雪橇、冰钓、徒步旅行或直升机滑雪等，游客们可以乘雪橇前往很多地方。

坐落在美丽的阿贾克斯峰下的是特柳赖德的主街，这里有许多主推健康饮食的餐厅及时尚精品购物店，由此构成了以滑雪为主题的特色小镇。

6.11.2 新西兰——皇后镇

皇后镇位于新西兰南岛奥塔哥地区的西南部，瓦卡蒂普湖的北岸（见图 6-5）。根据地理学家的研究，在距今 15 000 年前的冰河世纪，皇后镇是被冰河所覆盖的。整个皇后镇的城市面积为 8 704.97 平方千米，对比土地面积，人口数量十分稀少，只有大约 2 万人，80%都是欧美人。亚洲人约占总人口的 10%。皇后镇之名源于维多利亚女王，毗邻曾经的淘金地——箭镇。皇后镇本是奥塔哥中部地区的最大城市，但出于管理方面的原因，皇后镇通常被看做是新西兰南岛的南部地区的一部分。皇后镇是南岛的旅游度假地，景色变化万千、宛如仙境，美酒佳肴、湖上巡游、温泉浴、休闲高尔夫在这里统统都有；而皇后镇的湖泊和高山景观适合几乎所有的探险活动：雪上运动、蹦极、喷射快艇、骑马和水上漂流、跳伞等，皇后镇更是高空弹跳的诞生地。

图 6-5 皇后镇

皇后镇可以说是旅游度假与体育共生式发展的典范，将两个元素进行重点开发，提炼二者优势，进行有机统一，使二者资源信息共用，彼此依存，共同发展，互惠共生。

皇后镇本身就有着十分优美的自然风光，极其丰富的自然资源，具有开发观光旅游产品的资本，而且皇后镇多变的地理景观又十分适合于开发户外运动活动。因此，皇后镇利用四季分明的环境，深挖自然资源及悠久的历史文化，开发观光旅游度假的同时，将资源优势转化，开发探险、户外运动等体育活动。同时，高端奢华旅游的入驻、旅游设施的完备，为皇后镇树立了一个高端的旅游形象。

现在，户外运动已经成为皇后镇旅游发展系统中的一个重要元素，除了悠闲的运动，精彩刺激、妙趣横生的极限运动无不吸引着大批游客慕名前来，在这里，全年都有刺激活动可以参与，如划船、激流泛舟和跳伞。到了冬天，世界各地的滑雪与雪板爱好者齐聚此地参加一年一度的冬之祭。冬季嘉年华，吸引世界各地的游客及行业来到皇后镇，节庆活动的成功依托了体育活动的开发，体育活动的开发借助了原有的旅游资源优势，但反过来，体育运动的兴盛同时也促进了当地旅游的发展。

6.11.3 比亚里茨——滨海休闲冲浪小镇

比亚里茨（Biarritz）坐落在大西洋与巴斯克地区的村庄及比利牛斯山脉之间。比亚里茨比亚里茨海滩有着长达 4 公里的海岸线，是法国大西洋沿岸最豪华、最庞大的度假胜地（见图 6-6）。这是一片受到保护且独具特色的内陆地区，同时也是法国唯一一个具有西班牙风情的地区。从巴黎乘飞机需要 1 小时 10 分钟到达，整个小镇只有三万人左右。得天独厚的气候条件、宽阔的海滩、壮美的景致，这些使得比亚里茨成为荧屏的常客，比如 2015 年法国喜剧电影《LOLO》就是在这里取景拍摄的。

从查里曼大帝到发现"新世界"，从路易十四的婚礼到巧克力引入欧洲，小镇拥有着无比尊显的历史。不过在 17 世纪中期，比亚里茨只是一个拥有 3000 名居民小渔村，以捕鲸业为主。但是到了 18 世纪末，由于得天独厚的自然条件与环境优势，比亚里茨的海滩吸引了众多观光客的青睐，更是吸引过英国维多利亚女皇、爱德华七世、西班牙国王阿方索十三世等欧洲王室成员来此享受海水浴和清新的空气。后来，比亚里茨更是一度成为了欧洲皇室的御用度假疗养胜地。

图 6-6 比亚里茨冲浪小镇

除了众多的历史遗迹、人文景观值得一看，比亚里茨的冲浪更是赫赫有名。冬季的比亚里茨是个安静的小镇，不过到了夏季，大批的游客就会让这里变得人声鼎沸，大部分人都是冲着这里的冲浪而来。对于冲浪者来说，这里无疑是欧洲的迈阿密，人们可以在这里欣赏到世界级的冲浪比赛。

比亚里茨海滩向北与以惊涛骇浪闻名的"爱之星"海滩接壤，而比亚里茨长长的海滩和恰到好处的海浪，就造就了欧洲大陆的第一批冲浪者。现在，每年都有成百上千的冲浪爱好者聚集在这里，欧洲许多重要的冲浪比赛也在这里举行。不仅如此，比亚里茨制作的滑板是全世界职业运动员梦寐以求的。比亚里茨更是建了八所冲浪学校为想学冲浪的人常年提供教学，除此而外，比亚里茨人还开设了游泳池、桑拿室、美容厅等，让游客在享受刺激与美景的同时也能放松身心。

比亚里茨本身就有着十分优美的自然风光、极其丰富的自然资源，具有开发观光旅游产品的资本，而且比亚里茨的海滩又十分适合于开发冲浪运动。因此，比亚里茨利用原本的自然优势，深挖自然资源及悠久的历史开发观光旅游度假的同时，将资源优势转化，开发冲浪运动，树立了一个高端的旅游形象。

6.11.4　土耳其——卡帕多西亚热气球小镇

卡帕多西亚（Cappadocia）位于土耳其中部。土耳其是一个横跨欧亚两洲的国家，北临黑海，南临地中海，西临爱琴海，与叙利亚、格鲁吉亚、亚美尼亚、伊拉克、希腊、保加利亚、阿塞拜疆和伊朗接壤。如果说土耳其是连接欧亚的十字路口，那么土耳其境内的安纳托利亚高原就是连接欧洲与亚洲大陆的一座桥梁，而卡帕多西亚就位于安纳托利亚高原的中央部分（土耳其腹地）。

卡帕多西亚（Cappadocia），古波斯语意为"美丽的马乡"，是因为古卡帕多西亚人用马匹作为祭品。这里起初是基督教徒躲避罗马迫害的避难处，公元 4 世纪，一群僧侣建立了卡帕多西亚的主要部分。现在，卡帕多西亚是土耳其闻名全球的风景区，以雄浑壮美的火山熔岩景观著称，也是全球最出名的热气球乘坐地，每年吸引成千上万的游客（见图 6-7）。而乘坐热气球从高空俯瞰雄伟壮丽的卡帕多西亚的景色一直以来都是当地一项非常受欢迎的活动，现今乘热气球飞行更是已成为人们喜爱的体育运动之一。卡帕多西亚在 CNN 评选的"全球七大气球冒险旅程"中，以及美国"Touropia"网站评选的"世界十大热气球旅行地"中都是榜上有名的，卡帕多西亚更是被美国《国家地理》杂志社评选为十大地球美景之一、全世界三大最美热气球风景之一，也是地球上最适合乘热气球的两个地方之一。

卡帕多西亚的热气球之旅能够获得众多旅行者的青睐，完全得益于它独一无二的神奇地貌。卡帕多西亚由一片巨大的奇特岩石地带构成，300万年前，Erciyes、Hasandag 和 Golludag 三座火山喷发，喷出的大胎浆冷却、钙化，凝固成的风化岩层极易腐蚀，具有良好的可塑性，周围的高原被这种柔软的石灰泥覆盖，很脆的岩层在风雨侵蚀下，形成赤、金、绿、灰等各种颜色的圆锥形和蘑菇形岩石，雨水长年累月把风化岩石侵蚀出一条条沟壑，锻造出这绵延几千公里的独特地貌。卡帕多西亚独一无二的地质特征曾是《星球大战》的取景地，也因此也被称为——"地球上最像月亮的地方"。

图 6-7 卡帕多西亚热气球小镇

卡帕多西亚以独特的自然资源为依托，以低空飞行热气球运动为品牌，以自然观光为引导，以国际游客四季旅游为目的，以体育娱乐服务业、旅游地产业为核心，打造世界级水平的休闲运动旅游小镇。

6.11.5 长白山万达滑雪小镇

长白山万达国际滑雪小镇，位于吉林省东部白山市抚松县松江河镇（松江河镇距驰名中外的长白山天池仅41公里），距长白山机场10公里。

长白山万达国际滑雪小镇的占地面积为1 934平方千米，建筑面积为481 600平方米，投资高这230亿元（见图6-8）。其中，滑雪场总面积为634平方千米，雪道面积为94万平方米，造雪面积达104万平方米。小镇将滑雪场作为项目核心，配合观光、休闲、度假、娱乐、商务、会展、居住、购物等不同功能的产品项目进行配合，建立相互依存、互为支撑的补益，形成链条和集聚。

作为一个滑雪小镇，长白山万达国际滑雪小镇的地理条件可以说得上是得天独厚——临近长白山自然景区，而长白山脉的森林资源，赋予了滑雪运动的神秘感。小镇处于世界滑雪黄金纬度420~460°，年降雪厚度为1.5~2米，雪期为每年的11月中旬至次年4月中旬，长达150天。万达国际滑雪场是由世界排名第一、设计过五届冬奥会比赛场地的加拿大伊克斯（Ecosign）公司担纲设计的，拥有初、中、高级雪道42条，雪道总长30公里，是亚洲规模最大的滑雪场，可同时容纳8000位滑雪者。小镇还通过了国家体委的认证，并成为"中国滑雪协会自由式滑雪雪上技巧和单板滑雪U型场地训练基地"。

图6-8 长白山万达滑雪小镇

小镇的滑雪相关设施配套完善，拥有东、西、果松雪季大厅、三处设备设施齐全的滑雪服务中心，建筑面积超过1万平方米。还提供雪具租赁、滑雪教学、滑雪视频、摄影、餐饮等各方面服务，在雪场最高点建有4000

平方米的山顶餐厅，让人们可以边欣赏雪景边就餐。

除了滑雪，小镇电影院、KTV、大剧院、酒吧、咖啡馆、众多品牌购物街也样样俱全，配套的服务设施也十分完善，小镇的业态十分丰富。地中海俱乐部主席兼首席执行官亨利德斯坦先生断言："万达长白山国际度假区是世界上最好的新滑雪度假胜地！"

长白山万达国际滑雪小镇是以复合型稀缺资源为依托，以冰雪运动为品牌，以自然观光为引导，以国际游客四季旅游为目的，以体育娱乐服务业、生态休闲度假产业、商务度假服务业、旅游地产业为核心，借助长白山得天独厚的自然资源，发展具有持续创新力的综合性高的现代度假区，打造世界级水平的生态、文化、时尚、创新高度融合的旅游目的地。

Section 12
名人 IP 特色小镇

一、名人 IP——宋卫平绿城"桃李春风"小镇

一条微信，4 天转发 48 万次，将一个楼盘售罄，卖了 10 亿元，火遍全国的"桃李春风"创造了房地产神话。可以说桃李春风小镇是集绿城 20 年别墅营造经验之大成，继云栖玫瑰园等杭州顶级别墅设计师又一匠心力作，开创中国极小别墅之先河。通透的空间布局辅以丰富而私密的庭院布局，形成林中有墅、墅中有园的居住形制，让四季景致成为别墅设计的点睛之处。地暖的全精装交付标准，同步引入智能化家居设施，以现代科技升华田园墅居。

二、桃李春风小镇概述

桃李春风项目承载了宋卫平的个人理想，采用"绿城小镇"开发模式。距离市中心 30~50 公里，占地 3 平方千米，其中农业及相关产业占 2 平方千米，建筑规划占 1 平方千米。在建筑规划中，90% 的是住宅，售价约每平方米 1 万元，10% 的是配套设施，包括医疗、教育、餐饮、娱乐和文化等。

如果从几个层面来看，桃李春风定位涉及三代人，覆盖居住、健康、教育、农业、商业、服务等多个维度，为了确保每个环节的绿城品质，最好的方式就是全面引入绿城最新的生活服务内容。换句话说，即便是绿城，

也是在成功开拓了健康、颐养、教育、农业等多个领域后，才真正为开发桃李春风做好了准备。

三、桃李春风小镇定位

用可久居一生的小镇开启全家庭的颐乐生活模式，桃李春风定位为"中国家庭颐乐生活新里程"，与绿城集团向"理想生活综合服务商"的转型尤为契合，紧紧围绕自然山水和文化表现，营造"山水、田园、文化、颐养、闲居"的理想空间，打造诗画般的江南山水小镇，建设完善的养老和居住的功能与服务体系。

作为远郊度假类项目的痛点，绿城集团用品牌和宋卫平个人信用背书，承诺配建完善的养老、教育、医疗、社区商业、公园等配套，商业自持招商，别墅精装交房，解决远郊项目客户的两大后顾之忧。

Section 13
历史文化特色小镇

历史文化型文旅小镇，依托民族文化、民俗文化、历史遗产等类型资源，挖掘文化内涵，融入新型文化旅游业态，打造旅游目的地，如以民族文化为主题的彝人古镇，以民俗文化为主题的韩城芝川水镇；依托历史遗产的乌镇，加入旅游创意、商业业态，成为古镇旅游的标杆。

6.13.1 民族文化+文旅小镇

一、西江苗寨——苗族文化

西江苗寨位于贵州凯里市的东南，从雷山路口折向东北，距县城 37 公里，距州府凯里 39 公里，背靠雷公坪、面临白水河，山环水绕、怡静清幽。西江苗寨被誉为苗族的大本营，由平寨、东引、也通、羊排、副提、南贵、也薅、乌嘎、乌仰、两岔河、皆王、掌卡等 12 个村寨组成，苗族占到全寨中人口的 99%以上，在这里居住的是苗族的西氏支系（江苗族是黔东南苗族的重要组成部分之一）。现在西江已成为苗族聚集的核心区，中国苗族文化的中心（见图 6-15）。

在历经风雨沧桑后，西江苗寨俨然已经在生活的积淀中形成了自己独特的文化体系，依然留存着的魏晋歌舞、唐宋服饰、明清建筑的远古遗风，无不展现着西江的风情与韵味。建筑风格往往是一个民族区别于另一个民族最为直观的标志，"自古苗人住高山"，千户苗寨四面环山，重峦叠嶂，千户苗寨的房屋便都是傍山依地势而建，大多是吊脚楼。层层叠叠，连绵成片，一般都是坐西朝东、坐南朝北，屋顶全部用小青瓦覆盖，房前屋后都有翠竹做点缀。吊脚楼，顾名思义就是房屋撑柱悬空不落地，多为三层，基座以青石、卵石垒砌，一层圈养牲畜，二层住人，三层为粮仓。高处凌空高耸，云雾缠绕；低处平坦舒展，绿涛碧波。居住层有长廊，围有木栏，设有长凳。屋前或屋后竖晾禾架或建谷仓。户与户之间有小青石铺砌的小道连接，整洁卫生。苗寨可以说是山区坡地房屋建筑的典范，被建筑界赞为"民族建筑之瑰宝"。苗寨的建筑独特风格，更是小镇吸引游客的一大亮点。

除了建筑，西江还有远近闻名的银匠村，银饰品工艺精巧，造型独特，把生产生活、人的灵气、图腾崇拜融为一体，被称为穿在身上的"史书"，是中华民族文化艺术中最浓墨重彩的一笔。西江苗寨将此融入产业发展，加上苗族蜡染刺绣、传统工艺品等，形成了一条具有民族特色的苗族商品旅游产业链。"大节三六九，小节天天有"。苗寨盛大节日，有农历六月中旬的"吃新节"，农历十一月上旬的"苗年节"和13年一次的鼓藏节等（鼓藏节也就是祭祀祖宗的大典）。节日期间，芦笙吹、铜鼓响，三亲六戚纷至沓来，老少皆乐，男女同舞。西江苗族儿女是最能歌善舞的民族之一，当地更有民歌："西江是个好地方，绿树荫荫绕寨旁，农闲时节更衣装，芦笙场上歌舞忙"。苗族丰富多彩的节日期间也会吸引大批游客至此，以此开发出的参观、游览等旅游项目让游客在了解苗族节日、参与节日庆典活动、感悟传统文化的同时，增强了参与度与体验感。

二、羌族水磨镇——羌族文化

水磨古镇位于四川省汶川县南部的岷江支流寿溪河畔，距都江堰市25公里，成都76公里。全镇面积89平方千米，水磨古镇景区面积3.6

平方千米。聚居着羌、藏、回、汉等各族人口1.5万人。羌族，是中国西部的一个古老民族，又称"云朵上的民族"。从"逐水草而居"至"依山居之，垒石为室"，羌民族经历了漫长的岁月，创造了灿烂的文化，羌族的建筑技术和工艺几千年来独树一帜。

作为进入水磨古镇的标志，西羌广场最重要的建筑是位于道路两侧那极富羌族风格的"寨门"，虽为"大门"却并没有"门"，它始终敞开着，迎接远道而来的四方游客，古朴、安详。处于羌城入口的羌碉广场，是整个羌城的标志，它蕴含了羌族的千年历史与建筑文化，凝结了羌族人民的智慧和汗水，是羌族特有的一种建筑形式。羌碉最早是作为军事防御体系，是整个羌寨最坚固的堡垒。但经过时代推移，它早已演变成储存食物的粮仓。如今，它成为水磨古镇的一个符号。

再往里走就是禅寿老街，曾经只有一公里多的溪寿老街，现在改名为禅寿老街，增长到了1300多米，呈U字形分列布局。沿着街道两旁依次分别建有春风阁、大夫第、万年台、白塔、字库等。禅寿老街可以说是典型的羌、藏相结合的明清风格建筑，具有轮廓清晰、布局探蕴、多轴线明确等特点，体现了古人"天人合一"的建筑思想和设计理念。打造了"以家带店"的宜居宜商模式，为发展旅游业，增加群众收入创造了有利条件。

"羌笛何须怨杨柳，春风不度玉门关"。古镇里的春风阁是深入挖掘水磨古镇历史文化，结合藏羌汉民族建特色精华而修建的景观建筑。建筑秉承了中国传统建筑营造法式，细装饰具有浓郁的宗教和藏羌文化色彩。除了建筑独特，羌族的挑花刺绣工艺精湛，在我国工艺美术史上具重要地位。羌族在传统科技和工艺美术上也有其独到之处。羌绣以五丝线或有色棉线为料，随心应手地挑绣出花卉瓜果、飞禽走兽、松梅菊、花团锦簇、鱼水和谐等各式花样与图案。针对羌族刺绣开发的特色购物业态，是游客能带走的羌乡风情。

三、彝人古镇——彝族文化

楚雄地处滇中，素有"省垣门户，迤西咽喉"的美誉，是昆明通滇西、滇西北的大理、丽江、香格里拉和腾冲黄金旅游线的重要连接，也是云南入川的北大门。近年来，大理、丽江、香格里拉已经成为享誉海内外的旅游区，楚雄这个神秘而又古老的地方也日益受到国内外游客的广泛关注，除了禄丰恐龙、腊玛古猿、元谋猿人、彝族十月太阳历、万家坝铜鼓早为世界熟知之外，近几年崛起的楚雄彝人古镇也被越来越多的人所熟知、所向往（见图6-9）。

图 6-9 彝人古镇

彝族，是中国少数民族中有文字、历法和独特传统文化的古民族之一。彝族历史人文资源十分丰富、博大精深，在语言和文字方面的种类就有十种之多。用彝族文字写下的文献浩如烟海，内容涉及政治、经济、宗教、天文、历法、历史、地理、医学、艺术等。十月太阳历、虎宇宙观、万物雌雄观、尊左尚黑、火崇拜、毕摩画、毕摩经、史诗《梅葛》等对人类的科学史、思维史产生过重大影响。彝族支系多达50多个，每个支系的建筑文化、宗教文化、服饰文化、歌舞文化、民俗文化、节日文化的内容十分丰富，让人目不暇接，心生感叹。

如果想要感受彝族历史文化的厚重和丰富，那是非楚雄彝人古镇莫属，这是一个以古建筑为平台、彝文化为"灵魂"的小镇，是一个时刻可以感受到民族文化的传延、民俗风情的活化的小镇。古而不老，形似江南小镇，却并非是那般安静的水乡，它充满着彝族人民的热情，就像那火把节时，热烈奔放的火焰一般。楚雄彝人古镇，位于楚雄市经济技术开发区永安大道以北、太阳历公园以西、龙川江以东、楚大高速公路以南。作为国家 4A 级旅游景区，彝人古镇以其建筑风格的传统美、悠久文化的历史美吸引着大批游客来此。彝族民居建筑区风格独特，古色古香，仿佛可以感受绵长的历史文化在眼前流淌。

尽管商铺林立，但是却不会有一丝嘈杂的感觉，因为这里没有横七竖八的电杆、电线，没有叫卖声。在古戏台，喝上一碗彝家热情的拦门酒，充分感受到彝人的热情好客，也可以去欣赏老虎笙、毕摩踩火红的铁犁头绝技，或者去火塘会广场看看彝族经典的歌舞。

随着彝人古镇旅游景区的建成，彝族与白族、纳西族、藏族共同形成了一道云南少数民族文化旅游的风景线。彝人古镇旅游区所具有的深厚文化内涵和品质，吸引了省内外各大旅行社的目光，已有 100 多家旅行社签约彝人古镇旅游公司，把彝人古镇列入滇西旅游的楚雄游站点。

6.13.2 民俗文化小镇

一、古北水镇

古北水镇由 IDG 战略资本、中青旅控股股份有限公司、乌镇旅游股份有限公司和北京能源投资（集团）有限公司共同投资建设。其位于北京市密云县古北口镇，背靠司马台长城，坐拥鸳鸯湖水库，是京郊罕见的山水城结合的自然古村落（见图 6-10）。距北京市区 120 公里，首都机场 98 公里，密云区城区 60 公里，承德市区 80 公里。目前拥有京承高速、京通铁路、101 国道三条主要交通干线。景区是在原有的五个自然村落基础上整治改建而成，保存有精美的民国风格的山地四合院建筑 43 万平方米，总占地面积 9 平方千米，总投资 45 亿元人民币，主要的盈利构成为"门票+经营+房产销售"。

图 6-10　古北水镇

古北水镇依托司马台长城和北方水文化等资源，集观光游览、休闲度假、商务会展、创意文化等旅游业态为一体，服务与设施一流、参与性和体验性极高的独具北方风情的度假式小镇，是以北京 2000 万游客为主的高品质度假市场。

古北水镇主要承担司马台·雾灵山国际休闲度假区的度假及配套服务功能。除了入口处的民国街区，景区核心部分分为水街风情区、卧龙堡民俗文化区、汤河古寨区三大部分。整体规划为"六区三谷"，分别为老营区、民国街区、水街风情区、卧龙堡民俗文化区、汤河古寨区、民宿餐饮区与后川禅谷、伊甸谷、云峰翠谷。

古北水镇的业态配比是以古北水镇为基地，打造集观光游览、休闲度假、商务会展、创意文化等旅游业态为一体的丰富业态，提高游客的参与性与体验性。

二、韩城芝川水镇

韩城芝川水镇是韩城的一个古镇，距市中心10公里，东濒黄河，西接卫东、芝阳两乡镇，现连龙亭原，北接金城区，占地155亩。韩城芝川冰镇是依托司马迁祠4A级景区和黄河黄土生态山水资源，深挖古镇2700年历史文化资源，承接黄河金三角旅游度假市场，以CTC（创意旅游综合体开发）为路径，打造成国内一流的"文化创意+生态涵养"综合型旅游目的地，"历史文化+休闲度假旅游"的典范之作。

韩城芝川水镇的空间结构：韩城芝川水镇采用"28"空间发展模式构建——"两环八区"联动发展。"两环"分为"内环"和"外环"。"内环"是关中第一水街：构筑一条环线水系，沿水系布局水街，既是水镇的主干道、主游线、主街区，同时也是一条独具特色的旅游水系风景道。"外环"则是生态湿地景观环：在水镇东侧外围，依托现有荷塘，构筑生态湿地公园景观。在空间结构的科学引导下，结合项目地的资源特质，将地块以水体景观环为主线，以文化、功能为双核，沿水布局，合理划分为八大功能区，实现大项目带动、产业互为支撑的八区联动。"八区"分别为：南入口服务区、西入口服务区、芝川印象（商贸区）、芝川味道（商贸区）、芝川记忆（创意区）、芝川文化（演艺区）、芝川民俗（体验区）和水色芝川（宜居区）。而韩城芝川水镇的景观结构则是以水为骨架，以岛为填充的"皿"字形景观结构。

芝川镇又称之为五门镇，因五道城门而得名。南门门额书——"古韩雄镇"，北门门额书——"少梁故地"，西门门额——"梁山西拱"，东门门额——"紫气东来"，小南门门额——"高山仰止"。

通过结合当地饮食习惯及民俗特色，以前店后厂式的布局，打造特有的关中油坊、布坊、醋坊、辣子坊、豆腐坊、茶坊、面坊、醪糟坊、药坊等手工食品作坊，丰富芝川居民产业链，为游客提供体验式购物；同时沿水街布局关中主题餐饮和小吃店，充分满足游客对美食的体验感。芝川水镇有黄河文化、关中文化、史记文化及少梁文化。因此，芝川水镇的开发体系构建为：多元文化再现，历史长廊画卷。按照芝川镇要素，打造集关中文化、史记文化、少梁文化等于一体的文化演艺盛宴；同时赋予观光、游览、餐饮等功能，让游客可以在观演中读懂芝川，在逛街购物中品味芝川。

除了悠久的历史文化底蕴，这里还有许多妙趣横生的民俗。根据记载，芝川古镇每年每次庙会都唱大戏。请好戏班子，唱大戏三天三夜，分别是九月十三、十四、十五。每当庙会期四里八乡的亲朋好友男女老幼都来瞧热闹。街道及各商号人山人海，商贸活动十分活跃。因此，芝川水镇设立古镇戏台，每逢节庆举办唱大戏活动，既丰富游客体验，又提升了古镇人气。同时配合戏曲民俗来配套周边的餐饮、茶馆、商铺等商业设施。将水上集市设立在古镇戏台西侧，与戏台呼应。居民以船为"花车"摊位，承载着新鲜的瓜果和特产前来赶集售卖，为水镇游客和第二居所业主提供生活必需品。既形成了一条独具特色的亮丽风景线又提升了水镇人气。最终使得芝川民俗街既是便民商业街又是民俗节庆游行主街区，以史记《表》文化为主线，着力打造"史家绝唱，街纳十表"的景观大道，将史记《表》文化融入灯光临水走廊。

6.13.3 历史遗产+文旅小镇

乌镇隶属浙江省嘉兴市桐乡，西临湖州市，北界江苏苏州市吴江区，为两省三市交界之处。陆上交通有县级公路姚震线贯穿镇区，经姚震公路可与省道盐湖公路、国道320公路、318公路、沪杭高速公路（申嘉湖高速）相衔接。乌镇距桐乡市区13公里，距嘉兴、湖州、吴江三市分别为27公里、45公里和60公里，距杭州、苏州均为80公里，距离上海有140公里。镇城面积71.19平方千米，建城区面积25平方千米。乌镇是典型的江南地区汉族水乡古镇，有"鱼米之乡，丝绸之府"之称（见图6-11）。

图6-11 乌镇

乌镇的主题定位：一期景区为"深厚的文化底蕴原汁原味的水乡古镇"、"中国最后的枕水人家"的观光旅游景点；二期景区为"宿在乌镇，枕水江南"的休闲度假景区。形象口号："一样的古镇，不一样的乌镇。"

乌镇水系形态为十字形，西栅水系围合，东栅水街中轴；西栅水系：二河三湖、12座小岛，水网密布；京杭大运河、西市河；翡翠漾，喜鹊湖；游船码头元宝湖。西栅街区存留了大量明清古建和老街长弄，古建筑外观上保留了古色古香的韵味，而在内部则有选择地充实进了现代化的配套设施，在极大改善了原住民生活居住条件的同时，也给游客提供舒适的居住环境和全方位的休闲娱乐。东栅水系：一河一湖；东大河；游船码头湖。东栅水乡风貌完整，生活气息浓郁，手工作坊和传统商铺各具特色，特色展馆琳琅满目。

乌镇业态是以游览、餐饮、购物为主的旅游目的地吸引物型业态。

乌镇模式为整体产权开发、复合多元经营、度假商务并重、资产全面增值。承接古镇文脉，保持古镇风貌，力求原汁原味，做到"整旧如故，以存其真"。具体的做法可归纳为"迁、拆、修、补、饰"五个字。所谓"迁"，搬迁历史街区内必须迁移的工厂、大型商场、部分现代民居；"拆"，拆除必须拆除的不协调建筑；"修"，用旧材料和传统工艺修缮破损的老街、旧屋、河岸、桥梁等；"补"，恢复或补建部分旧建筑，填补空白，连缀整体；"饰"，各类电线、管道全部地埋铺设，空调等现代设施全部遮掩。乌镇在开发中坚持"历史遗产保护和再利用"，具体实施了遗迹保护工程、文化保护工程、环境保护工程等"三大工程"。此外，乌镇更在不断完善和充实景区品牌文化内涵上进行创意突破，还深层次地挖掘了民间传统文化。乌镇开发的模式经验有典型意义，它在管线地埋、河道清淤、修旧如故、控制过度商业化等方面的成就，一直以来可谓是全国古镇开发中的典范。

Section 14
产业建质特色小镇

6.14.1 乐清市柳市镇

柳市镇位于浙江省乐清市东南部沿海乐清湾之滨，瓯江口北岸，北临乐清市中心城区，南与温州市区隔江相望，为乐清"一心两翼"的南翼重要组团城市。柳市镇是一个以生产经营电工电器而闻名的集镇，其电气产业集群已占据全国市场销售额的近三分之二。先后获得了"中国电器之都"、"中国小康建设十佳镇"、"全国文明镇"等一系列称号（见图6-12）。

图 6-12 乐清市柳市镇

柳市镇镇域面积为 92.3 平方千米，常住人口 28.0 万，其中外来人口 18.9 万，辖村庄 158 个。2015 年，全镇实现工业产值 642.2 亿元，固定资产投资 124.8 亿元，规模企业 381 家，城镇居民人均可支配收入 5.72 万元。2015 年年底公布的《中国中小城市发展报告（2015）》绿皮书中，其经济综合实力位居浙江强镇首位、全国百强镇第 16 位（见图 6-13）。

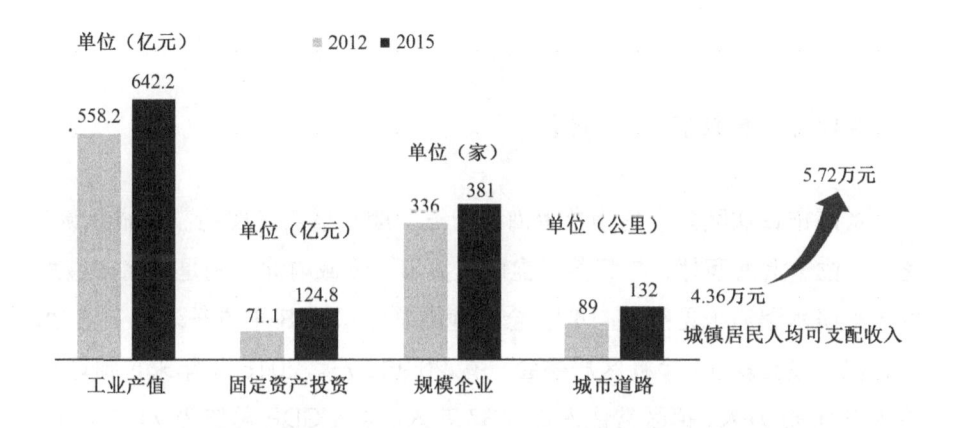

图 6-13 2012 年与 2015 年柳市镇经济发展

柳市镇的产业形态特色鲜明。改革开放以来，柳市镇较早地实行了以市场化为取向的经济改革，逐渐形成了以高低压电器、电子、机械、仪表、船舶修造等为主导行业的较为完整的工业产业体系和便捷的物流体系，电工电器产业逐步成为柳市依托发展的支柱产业，打造中国的电器之都。目前正在建设省重大产业项目、小微企业园以及众创园等项目。

柳市水网密集，水系丰富，三面环山一面靠海，自然景观优越。目前正启动建设"城市绿肺"林宅湿地公园，累计完成绿化 7400 多亩，建成后，区人均公共绿地面积提升到 5.91 平方米。主要城市道路的街景改造和夜景打造全面完成，建成区亮灯率达 100%。柳市的核心区目前已初步具备小城市风貌。

柳市有着极为丰富的民间工艺美术，黄杨木雕、细纹刻纸、龙档（板凳龙）、蓝夹缬被列为国家非物质文化遗产。象阳片区获得"中国民间文化艺术之乡"称号，2015 年后横村被命名为浙江省非物质文化遗产旅游景区非遗主题（实验）小镇。目前全镇工艺美术从业人员约 2000 人，其中中国工艺美术大师 5 人，浙江省工艺美术大师 19 人。

6.14.2　上海市朱家角镇

上海市青浦区朱家角镇是上海"十五"期间重点发展的"一城九镇"之一，位于上海西郊，与江苏省昆山市接壤，镇域内淀山湖是上海市最大的天然淡水湖泊（见图 6-14）。全镇地域总面积 138 平方千米，下辖 28 个村民委员会及 11 个社区居委会，有 20 962 户。2015 年年末，镇域常住人口 9.93 万人，镇区常住人口 3.87 万人。全镇 GDP 总值为 71.7 亿元，城镇居民年人均纯收入 36 197 元，农村居民人均纯收入 22 496 元。

朱家角文化底蕴深厚，资源优势明显，桥、水、绿等特色鲜明，围绕打造上海文创产业特色区与集聚区的目标，着力吸引高新、高质、高端文创要素集聚。朱家角镇产业基金管理规模稳居全市各镇前列，为朱家角打造"文创+基金"小镇注入了新视野、新动力和新能量，为区域经济转型升级提供了强大的资本支撑。为加快推动文旅、商旅、体旅融合发展，举办了世界华人龙舟邀请赛等重要文化、体育、商务活动，商旅文相结合的产业链逐步形成，旅游品质不断提升。

依托良好的生态资源，打造生态宜居环境。淀山湖大道、珠溪路设计引进了国外 Park Way 的理念，体现了生态、传统、未来三大元素，沿线两侧宽阔的绿化带种植各类乔木、灌木 200 余种，构建了体现江南水乡风貌的生态景观大道。

图 6-14　朱家角镇

朱家角镇文化遗产保护成果丰硕，拥有"田山歌"、"摇快船"、"船拳"、"酱园技艺制作"、"淀山湖传说"等非物质文化遗产和 21 个非遗基地，91 个文物点，"韵声社"京剧角等民间文化活动闻名遐迩，民间藏书列入上海市文化年鉴并收入联合国教科文组织汇编。朱家角镇被评为 2014–2016 年"上海市民间文化艺术之乡"。

Section 15
主题娱乐特色小镇

主题娱乐型文旅小镇是以主题公园、主题乐园等为依托或本质，为游客提供休闲、度假、餐饮购物、主题娱乐等功能的综合体。如冰雪童话小镇、迪士尼小镇、欢乐谷金矿小镇、星期八小镇等都是主题娱乐、主题公园型文旅小镇的代表类型。

6.15.1　迪士尼小镇——主题公园配套小镇

迪士尼小镇是上海迪士尼度假区的重要组成部分，本质是以逛街为主题，主要提供餐饮、购物、剧院等服务的场所。迪士尼小镇的诞生与上海迪士尼度假区的开发密不可分。上海迪士尼度假区作为中国大陆第一座迪士尼度假区及全球第六个迪士尼度假区，是一个全方位开发的度假目的地。上海迪士尼度假区集梦幻、想象、创意和探险于一体，延续全球迪士尼度假区的传统，为游客带来全球最佳的度假体验，包括一座迪士尼传统主题乐园、两家主题酒店（上海迪士尼主题酒店、玩具总动员酒店）和购物餐饮娱乐区及配套休闲区。迪士尼小镇作为上海迪士尼度假区大型购物餐饮娱乐区的载体而诞生，成为依托迪士尼主题乐园开发的主题小镇。

迪士尼小镇是上海迪士尼度假区内的大型购物餐饮娱乐区，占地面积46 000平方米，向公众免费开放。迪士尼小镇选址毗邻迪士尼主题乐园，游客游览完迪士尼主题乐园后还可以继续体验迪士尼小镇的魅力，同时，迪士尼小镇也是上海及其周边居民休闲购物的绝佳去处。

迪士尼小镇由"小镇市集"、"百食香街"、"百老汇大道"、"百老汇广场"和"迪士尼小镇湖畔"五个区域构成。国际化的迷人街区、独具特色的餐饮和购物胜地，让游客在流连忘返中得以感受意想不到的全新体验。迪士尼小镇设计风格完美融合了迪士尼传统元素、经典中式设计及海派文化元素；迪士尼小镇的标志为米奇造型的传统中国结，其他迪士尼传统典型元素无处不在；同时，传统海派石库门建筑风格被充分运用于迪士尼小镇，房子多为砖墙结构，弥漫着老上海石库门的格调气息，墙面上还印有老上海画报上的俏丽女子画像，代表了迪士尼对上海文化传承的敬意；小镇中西合璧的建筑风格和迪士尼的独特氛围吸引了众多游客观赏。进入小镇首先映入眼帘的是出镜率最高的蒸汽船米奇，迪士尼传统经典米奇元素也遍布迪士尼小镇各个角落，还有手戴米奇经典手套的热情工作人员，招呼游客，让游客在小镇也能感受到迪士尼乐园的欢乐氛围。

迪士尼小镇提供游客游览、购物、娱乐全方位的奇幻感受。"小镇市集"位于迪士尼小镇的中心区域，设有"迪士尼世界商店"、"小镇市集"特色商店和"甜蜜满勺"糖果店等精选的特色商店，给游客带来世界级迪士尼购物体验。"迪士尼世界商店"为游客提供琳琅满目的迪士尼原创服装、玩具、文具、收藏品和礼品，以及特别为上海迪士尼度假区设计的商品。

"百食香街"经营业态以餐饮为主，游客可以在此品尝到世界各地的美食，开放式的厨房和露天餐饮区，营造一种温馨舒适、宾至如归的氛围。"百老汇大道"是精品购物街，以世界各地精品商品经营为主，游客还可以买到许多设计师与迪士尼合作的商品。除精品商店之外，"百老汇大道"

还设有引领潮流的画廊，展示独具特色的进口藏品，使"百老汇大道"成为名副其实的精品购物之地。

"百老汇广场"与"百老汇大道"相连，是一个富有浪漫气息的剧院区域，坐落着迪士尼小镇的地标建筑"华特迪士尼大剧院"，为上海带来世界级的戏剧飨宴；全球首部普通话版本的迪士尼音乐剧《狮子王》就在"华特迪士尼大剧院"上演。大剧院周边配套精选餐厅，为大剧院顾客提供浪漫就餐场所；"华特迪士尼大剧院"让游客们的休闲度假体验更丰富。

"迪士尼小镇湖畔"位于临湖区域，以临湖餐厅、商品为主，设计灵感源自上海的航海历史，以清新的蓝、白、金交融的色调体现现代度假区的风格。迪士尼小镇湖畔特色使游客在享受高品质的餐饮和购物体验的同时，还可在此欣赏到星愿湖、奇幻童话城堡和上海迪士尼乐园酒店的美景。

迪士尼主题乐园还未正式开园前，迪斯尼小镇就已经提前被挤爆，可见依托迪士尼乐园的迪士尼小镇的受欢迎程度。迪士尼乐园开园时，迪士尼小镇涌现了近50家商铺，包括众多知名度高且备受信赖的国内外品牌。

6.15.2　冰雪童话小镇——创意主题娱乐小镇

冰雪童话小镇位于青岛灵山湾旅游度假区，是灵山湾旅游度假区人工打造的一个冰雪主题娱乐型小镇；是一个集文化主题大道、主题集市、儿童乐园、欢乐雪场、室内娱乐场等项目为一体的创意旅游综合体。

灵山湾旅游度假区位于青岛市西海岸新区东部海滨，北依小珠山，西靠"岸海名山"大珠山，南望葱郁青翠的灵山岛，集"山、海、林、滩、岛"于一体，资源丰富，以期打造成为国际知名、中国一流、北方第一、媲美三亚的旅游度假胜地为目标。灵山湾旅游度假区旅游资源组合丰富，但资源利用的淡旺季明显，冬季旅游是灵山湾旅游度假区乃至整个青岛的旅游短板。

为解决灵山湾旅游度假区、青岛市冬季旅游短板问题，以冰雪为创意点的冰雪童话小镇诞生了。2015年春节期间，冰雪童话小镇盛大开幕，依托灵山湾旅游度假区城市阳台景区现有场地资源条件，以夜晚灯光秀、欢乐雪场、儿童室内娱乐场、木屋街区、圣诞集市、主题演艺六大亮点撬动青岛冬季旅游市场；成为西海岸新区、青岛市民冬季旅游的产品爆款。冰雪童话小镇开业仅15天，即接待120万游客。

冰雪童话小镇占地约180亩，主要由文化主题大道、冰雪童话小镇、主题集市、欢乐雪场、室内娱乐场、木屋街区、灯光秀等几大组团旅游项目构成。冰雪童话小镇因时间紧迫性，所有建筑以木屋临建为主，保证了冰雪童话小镇在较短的时间内迅速落地运营。冰雪童话小镇欢乐雪场是家长与孩子共同娱乐体验的地方。欢乐雪场丰富的雪上娱乐项目，包括雪上飞碟、雪地悠波球、雪地摩托等；家长和孩子、情侣都可在此体验惊险刺激的雪地娱乐。

冰雪童话小镇采用木屋临建为主的建筑布局形态，方便场地后期灵活营业，利于产品迭代。冰雪童话小镇后期将根据季节变化为主题；利用现有空间，打造沙滩啤酒小镇、露营小镇等系列主题旅游产品。冰雪童话小镇以低成本、短周期、见效快的特点创造了崭新的开发模式。

冰雪童话小镇木屋街区、圣诞集市布置餐饮、酒吧、演艺等大量业态，带动了周边居民就业，提供创收增收渠道。为鼓励企业、个体入驻，冰雪童话小镇投资方第一年免费提供木屋空间，吸引企业、个体户入驻，有效带动了周边个体、企业入驻的积极性和热情。

Section 16
健康疗养特色小镇

康体疗养型文旅小镇，是以康体疗养、养生度假为核心主导产业，凭借先进医疗、健康环境、养生资源开展康体疗养产业，从而带动住宿、旅游、养生、度假产业发展，如依云小镇、瑞士疗养小镇、温泉养生小镇。

发展要点：注重生态环境、养生资源、康体医疗场所的构建，配套休闲、度假、观光产业发展。

6.16.1 依云小镇

依托独特的水资源发展依云小镇位于法国 Haute-Savoie 地区，坐落在日内瓦南岸，从瑞士日内瓦机场途经 1 个多小时的车程便来到了美丽的依云小镇，这个小镇呈半圆形湖面而建，在小镇的背后，阿尔卑斯山高耸入云。雄伟的青山、碧绿的湖水、鲜艳的花儿、精致的住宅，这一切把这个法国南方小镇点缀得美丽而又温情。

埃维昂也叫"依云"，Evian（云）在拉丁语中就是"水"的意思。在依云镇，70%的财政收入和依云矿泉水相关；矿泉水厂 900 多名工人中，3/4 来自当地，也就是说，在这个 7000 多人的小镇里，至少八分之一的居民与依云水发生着直接的关系。背靠阿尔卑斯山，面临美丽的莱芒湖，湖对面是瑞士的洛桑。依云是法国人和欧洲人休闲度假的好去处，夏天疗养，冬天滑雪。

依云镇独特的地理构造成就了依云水。依云镇背后雄伟的阿尔卑斯山是依云水的源头，来自高山融雪和依云镇山地雨水在阿尔卑斯山脉腹地经过长达 15 年的天然过滤和冰川砂层的矿化形成了依云矿泉水。小城因为依云矿泉水的名气成为一个旅游会议城镇。

法国埃维昂依云温泉是以依云水著称的温泉，是世界上少有的天然等渗性温泉水。小镇最著名的是疗养中心和 SPA 会所，注重医生处方疗养和美容瘦身 SPA 结合。因为这里的温泉源于阿尔卑斯山，泉水清明洁净，含钙、镁、锌、锡等，因此对治疗皮肤疾病、泌尿消化、神经系统，以及心脏血管等方面疾病有较好的疗效。

依云小镇从初期的疗养胜地，到水主题的养生度假胜地，最后走向集聚旅游度假、运动、商务会议等多功能的综合型养生度假区。依云小镇现已经成为会议之都，处于高端发展期。功能布局主要包括：滨湖地带建设旅游休闲集中区，腹地小镇中心和度假服务区提供度假和居住的服务配套，形成四季皆宜的养生度假区。其中，滨湖旅游休闲区主要包括：游艇码头、湖滨休闲广场、博彩中心、滨湖休闲道；小镇中心包括：火车站、体育场、教堂、学校、旅馆、工业区、居住社区；度假服务区包括：依云水平衡中心、依云水厂、影剧院、酒店、餐馆、酒吧、广场、游客服务中心、度假物业、高尔夫；旅游板块包括：乘船到附近日内瓦、洛桑、蒙特勒观光游览，或者直升机飞至勃朗峰滑雪。通过构建多元的配套设施，逐步形成矿泉水制造、美体保健、商务会展、旅游观光以及户外运动为一体的产业体系。

6.16.2　日本汤布院温泉疗养小镇

温泉小镇（Spa Town）是近一两百年来国际温泉产业发展中最常见

也是最成功的一种产业集群和空间集约发展模式，最早起源于欧洲。温泉小镇是指有天然温泉或矿泉出露，可供人们进行温泉和矿泉水疗（包括沐浴、浴疗和饮疗等），以达到保健康复目的的地方或城镇。

近年来日本人气最旺，尤其最受日本女性客人青睐的温泉小镇是"汤布院温泉乡"。汤布院是日本九州岛大分县由布山下的一座小镇，原称由布院，后与汤平村合并，称为"汤布院"。由布山是温泉景区，著名的别府温泉"八汤""八狱"就在这一带。

汤布院的出名可以归功于它的各式温泉，泉水透明无味，泉涌量丰沛稳定，居日本第三。800多处温泉形成了一座风情无限的温泉乡。经成分分析，确定对皮肤、神经痛、关节炎等有帮助。布院大大小小的温泉旅馆就有127家之多，各式各样，风格各异。通过"温泉创意产业+文旅小镇"的发展模式打造区域旅游新的亮点，从而构建温泉依托型特色小镇，培育区域内新的增长力。

汤布院除了是日本著名的温泉小镇以外，还是充满童话气息的艺术小镇。这里是日本动画大师宫崎骏画《龙猫》时的灵感发源地，因此汤布院有一家架设着龙猫公车站牌的龙猫专卖店。小镇的观光景点包括汤之坪街道、大分川沿岸、金鳞湖周边和乌越地区。这里不仅有令人流连忘返的古老街道、田园风光，还有许多各具特色的美术馆。如展示现代艺术家且收藏各种古老日本面具的"空想艺术馆"；世界级建筑家设计的由布院车站，也是这座盆地小城吸引人的建筑物之一。

汤布院温泉小镇本质是一个具有欧式风情的养生休闲度假商业街，融入众多养生康体、休闲娱乐、艺术体验、餐饮、观光、度假功能业态，并融入温泉文化、日本动漫文化等多种文化元素。

此外，汤布院还主办了"汤布院音乐节"、"汤布院电影节"等具有全国影响力的活动，通过这样的活动，美术馆、博物馆等文化性设施对游客更具有吸引力，不仅丰富了汤布院温泉小镇的旅游项目类别，更是一种文化传播的方式，它将成为未来文化旅游发展的一大趋势。

6.16.3 桐庐健康小镇

桐庐,传承至今的古行政区名,意为桐君老人于桐君山下,结庐采药、治病救人。相传桐君老人是上古时药学家,赞帝臣,以擅长本草著称,桐庐也成为名副其实的"中医药鼻祖圣地"。近年来,桐庐先后被命名为"中医养生保健基地"、"华夏养生福地"、"中国长寿之乡"。

正是因为这样得天独厚的中医药文化基础,自 2013 年起,桐庐县政府就敏锐地抓住了健康服务业这一朝阳产业的发展机会,未雨绸缪地在大奇山国家森林旁建起了富春山健康城,经过一年多的发展,富春山健康城已经初具雏形,为将来这一片区打造养生健康小镇埋下了坚实的伏笔。

总规划面积 6.06 平方千米的"健康小镇",因其三面环水一面临江,地形宛如一把太师椅,山水繁盛,绿意葱茏,成为得天独厚的风景佳地。空气常年清新,空气中负氧离子浓度为每立方厘米 5130 个以上,是普通城市的 50 倍,噪音范围仅为 20~30 分贝,还有远离水质污染的直饮水库。

健康小镇的区块内有大奇山国家森林公园,巴比松米勒庄园、杭州潇洒运动休闲公园、大奇山郡、凤川玫瑰园,桐君堂医药博物馆、颐居养生园、大奇山村落风景区等旅游健康休闲综合体。小镇西侧的健康细胞园区块,建设用地 100 亩,未来会成为一个细胞"银行"——将目前健康状况良好、活跃的人体干细胞、脐带血等进行低温保存,以备不时之需。

小镇中间区域未来则会成为智慧健康产业孵化园,通过提高、扶持、孵化,扩展和集聚发展引进一批信息经济、智慧经济、健康产业、文化创意、电子商务、体育休闲、总部经济等新兴经济业态,将智慧健康产业、孵化园培育成桐庐经济新增长点。

Section 17
风情主题特色小镇

6.17.1 嘉善巧克力甜蜜小镇

巧克力甜蜜小镇坐落于浙江嘉善大云镇，是国内首家、亚洲最大的巧克力特色旅游风景区。嘉善根据省里"产业定位要特而强、不搞大而全"，"功能叠加要聚而合、不搞散而弱"，"建设形态要精而美、不搞大而广"，"制度供给要活而新、不搞老而僵"的创建要求，紧紧围绕"浪漫甜蜜"这个主题，提出并切实地贯彻了"以旅游为主线、以企业为主体、以文化（甜蜜）为灵魂、以生态为主调"的创建理念，着力整合全县"温泉、水乡、花海、农庄、婚庆、巧克力"等浪漫元素，建设一个集工业旅游、文化创意、浪漫风情为一体的体验式小镇，将巧克力的生产、研发、展示、体验、文化和游乐有机串联起来，是一个典型意义上的工业旅游示范基地。

按照特色小镇申报要求，嘉善按照 5A 级景区标准规划建设巧克力甜蜜小镇。小镇围绕产业培育和旅游度假两大功能，以当地自然乡村田园风光为背景，保留原始水系和原始风貌，通过挖掘巧克力文化内涵，把巧克力小镇建设成为国内著名的巧克力风情体验基地、婚庆蜜月度假基地和文化创意产业基地。主题园按照歌斐颂巧克力制造中心、瑞士小镇体验区、浪漫婚庆区、儿童游乐体验区、休闲农业观光区的"一心四区"进行布局。重点实施斯麦乐巧克力工业旅游示范区、歌斐颂巧克力主题园区、云澜湾休闲度假园区、十里水乡休闲配套区、巧克力产业配套园、天洋"梦东方"巧克力世界等六大类项目，计划总投资 55 亿元，规划建设面积 3.17 平方千米。

作为省级特色小镇建设项目之一，歌斐颂巧克力小镇集巧克力生产、研发、展示、体验、游乐及休闲度假于一体，让游客彻底融入巧克力文化之中。斯麦乐巧克力乐园一期主要功能为巧克力体验中心，它由巧克力工厂、歌斐颂巧克力世界和斯麦乐花果园构成。作为国内唯一一个拥有巧克力生产工厂和巧克力体验项目的乐园，以巧克力"体验"和"文化"为理念，将巧克力的食用性、观赏性、体验性和衍生性相结合，从国外引进巧克力Mini生产线，可以让游客定制一份专属于自己的巧克力。只要在计算机终端输入自己对巧克力的特殊需求：什么口味，可可含量多少，加什么料，甚至可以在巧克力下刻下名字，30分钟后就能拿到。

除此之外，巧克力小镇还拥有独一无二的自然乡村田园风光，保留原始水系和原始风貌，是一处都市郊野休闲的后花园。整个乐园内弥漫着巧克力芬芳的空气，建筑采用欧式风格，温润而醇厚的红黄色调、穹隆顶阁、楼亭、罗马柱，营造了浓浓的巧克力发源地的文化印记和欧洲情调，如时空穿越般让人漫步在"欧洲风情的巧克力小镇"中。

甜蜜小镇是国内首个巧克力工业旅游项目，不仅填补了国内巧克力工业旅游的空白，而且，巧克力作为一种时尚食品，通过一定的策划、包装、拓展，可以打造成为一种独特的旅游景区产品，并形成独具巧克力文化魅力的主题乐园，其旅游潜力更大，成效将更明显。同时作为一种特色旅游产品，在本区域内可与其他成熟旅游产品如古镇西塘等互补并有机组合起来，形成相对固定的产品推向市场，形成更强的市场吸引力，提高旅游附加值。

6.17.2　越城黄酒小镇

绍兴黄酒小镇东浦片区坐落于绍兴黄酒的发祥地——千年酒乡东浦镇。所谓"越酒行天下，东浦酒最佳"。东浦古镇位于绍兴市区西北方向，离市中心仅8公里之遥，15分钟的车程即到，交通十分便捷。古镇老街新桥上有一副对联——"浦北中心为酒国，桥西出口是鹅池"，便点出了东浦的特产是酒。

2015年6月，浙江省公布第一批37个特色小镇省级创建名单，绍兴黄酒小镇赫然在列。小镇以"大绍兴、大黄酒、大文化、大旅游"为战略目标，按照"一镇两区"的创建模式，着力做好黄酒产业创新、黄酒文化旅游发展和黄酒养生社区打造工作。东浦片区以千年古镇为基础，重点推进黄酒产业创新提升、黄酒历史文化和生态旅游。黄酒小镇东浦片区规划总面积约4.6平方千米（含水面1平方千米），共分为13个功能区块。

特色小镇，除了承载沉甸甸的历史文化，还能接轨未来、孕育新经济。在绍兴，不乏经济名镇，但东浦镇多少显得有些落寞。地处绍兴大三区（越城、柯桥、上虞）中心，却没有形成自身的核心产业。自20世纪90年代以来便成了"隔壁"轻纺城的"配套"：纺织、印染、化工、建筑、物流样样有，却从未自成一派。

多年来的实践表明，地处大绍兴核心，传统工业经济的发展空间越来越小。同时，原有的产业结构又比较低端，安全、环境隐患大，发展高新技术产业也不是件容易的事，但经济增长模式和产业结构的转型则是肯定的。

浙江特色小镇概念为"非镇非区"，既不是行政区划单元上的"镇"，也不是产业园区、风景区的"区"，而是按照创新、协调、绿色、开放、共享的发展理念打造，具有明确产业定位、文化内涵、旅游特征和一定社区功能的发展空间平台。

围绕绍兴黄酒小镇的建设，展"特镇经济"。充分发挥好东浦集镇的配套功能，提升小镇的生活质量，不仅让游客喜欢来，更让创业者留下来，把外出务工者吸引回来，打造黄酒小镇特有的慢生活。小镇目前规划共分13个功能区，分别是黄酒产业创意园区、黄酒博物馆、酒吧街区、酒店区、越秀演艺中心、游船码头、游客中心及配套设施、酒坊街区、民宿街区、民俗街区、黄酒文化养生社区、名人艺术中心，每个区块都围绕黄酒延伸出产业、文化、旅游和社区等不同的功能，打造一个充满产业动力和生活气息的"特镇"。

浙江之所以在城乡接合部建"小而精"的特色小镇，就是要在有限的空间里充分融合特色小镇的产业功能、旅游功能、文化功能、社区功能。可以说"黄酒+"模式为"特镇经济"带来了新的经济增长点。

第七章
特色小镇规划编制指南

从 2016 年下半年开始，全国各地都在发力特色小镇。但在实操过程中，大多数地区对特色小镇建设发展如何进行规划都不太熟练，而这个问题这又直接关系着特色小镇成功与否。

本章是以东南地区某经济大市出台的《特色小镇建设发展规划编制导则》为例，对如何进行特色小镇规划编制做了全面详细的说明。

Section 01
特色小镇规划编制总则

一、概念定义

特色小镇"非镇非区"，不是行政区划单元上的一个镇，也不是产业园区的一个区，而是按"创新、协调、绿色、开放、共享"的发展理念，聚焦特色产业，集聚高端要素，融合产业、文化、旅游、社区功能的创新创业载体。发展特色小镇是推进供给侧结构性改革的重要平台，是深入推进新型城镇化的重要抓手。

二、编制依据

为贯彻落实《国家发展改革委关于加快美丽特色小（城）镇建设的指导意见》（发改规划〔2016〕2125 号）和《关于加快推进特色小镇建设的实施意见》，结合实际情况，规范《特色小镇建设发展规划》编制工作，制定本导则。

三、建设发展规划要求

1. 产业特色鲜明

根据城市发展定位，聚焦支撑未来发展的优势传统产业、先进制造业、战略性新兴产业和现代服务业，并选择一个所在镇（区）最具基础优势、最具成长空间的细分产业作为特色小镇主攻方向，促进产业做精、做特、做强，打造具有持续竞争力的独特产业生态。《特色小镇建设发展规划》须统筹协调周边镇（区）发展，鼓励跨镇（区）协同发展及整合资源共建特色小镇。

2. 规划布局合理

按照节约集约用地、"多规合一"的原则，充分利用现有区块环境禀赋和存量资源，升级改造区块内锌铁棚区、传统工业园区，合理布局生产、生活、生态、文化等空间。规划面积要适当控制，要设立核心建设区或起步区，推动核心建设区紧凑布局、高效利用。其中，规划须选址在交通便捷、环境优美、文化浓郁、社区服务完善的区域，促进产业功能、旅游功能和社区功能融合发展。核心建设区或起步区须选择与"三规"相符合、规划建设条件优越、产权清晰的区域，便于发展建设。规划须坚持"宜创、宜业、宜居、宜游"理念，落实智慧城市、健康城市、海绵城市、公交示范城市、生态文明建设示范城市、全域旅游示范城市等规划建设要求，完善基础设施、服务配套及公共产品供给。

3. 功能融合完备

规划须满足创新创业人才对优质工作生活环境的需求，突出产业、景观、文化、生态等特色。规划须加强非遗等传统文化和岭南地域文化保护传承，活化改造历史文化街区、名镇和名村，保护山水人文，增强绿色休憩空间。

4. 创新创业活跃

规划须立足高新、高端、高质、高效，推动技术、产业、业态、模式、社会治理、公共服务等全方位创新，培育壮大新动能。规划须发展面向大众、服务中小企业的服务平台，与高校、科研机构合作共建新型研发机构、重点实验室等，打造大众创业、万众创新的有效载体。汇聚创新人才、风投资本、众创空间、孵化器等高端要素，构建富有活力的创新创业生态圈。

5. 投资机制创新

规划须倡导政府和社会资本合作，坚持高强度投入和高效益产出，谋划一批新的建设项目，且1年内启动项目建设，3至5年内建成。

四、规划衔接

《特色小镇建设发展规划》须与所在镇（区）国民经济和社会发展规划、土地利用总体规划、环境保护规划、产业发展规划等"多规"进行衔接。

所在镇（区）为中心城区范围的《特色小镇建设发展规划》须符合《城市总体规划（2010-2020）》。

所在镇（区）为非中心城区范围的《特色小镇建设发展规划》须纳入所在镇（区）总体规划。

Section 02
组织机制

一、组织领导

建立市特色小镇规划建设工作联席会议制度。由市政府主要领导担任联席会议召集人，相关分管副市长担任副召集人，相关职能部门作为成员单位。联席会议下设办公室，办公室设在市发改局，负责联席会议日常工作。

二、专家领衔与咨询

建立专家领衔规划建设制度。成立市特色小镇规划建设专家委员会，选择相关领域专家组成专家委员会专家库。市特色小镇规划建设专家委员会下设办公室，办公室设在市规划局，负责组织规划建设专家委员会日常工作。

三、公众参与与咨询

建立特色小镇规划建设公众咨询论证机制。听取行业协会、商会、专业技术人才、专家学者、居民等社会各界意见。

四、编制主体

各镇（区）人民政府是《特色小镇建设发展规划》的编制主体和责任

主体。

各镇（区）人民政府要对照《关于加快推进特色小镇建设的实施意见》的要求切实建立实施推进工作机制，加强组织协调，确保各项工作按时间节点和计划要求规范有序推进。

五、部门审查

由市规划局负责《特色小镇建设发展规划》编制的技术指导与技术审查。

由所在镇（区）自行安排部门负责《特色小镇建设发展规划》编制的技术协调。

六、编制单位

各镇（区）人民政府须按照高起点规划、高标准建设、高效能管理的要求，选择规划设计水平高、熟悉本地建设发展情况的规划设计团队开展《特色小镇建设发展规划》编制工作。

Section 03
编制内容

一、规划目标

特色小镇规划建设须形成"一年打基础、三年见成效、五年大跨越"的发展态势,须形成构筑小空间大集聚、小平台大效益、小载体大创新格局的规划目标。

从全域角度看,特色小镇须实现5年内新增数百亿元固定资产投资、数百家高新技术企业、数百名高端人才和数十家创新创业团队,5年后总产值超千亿元。产业类、科创类特色小镇达到3A级景区标准,严控项目环保准入、污染物控制等目标管控;文化旅游类特色小镇达到4A级以上景区标准,实现保护与提升规划区内生态环境要素的目标。

从镇(区)发展角度看,特色小镇须达到成为所在镇(区)经济转型升级重要动力、实施创新驱动发展战略重要平台、建设和美宜居健康城镇重要载体的规划目标。

二、规划原则

1. 绿色引领发展原则

树立"绿水青山就是金山银山"的发展理念,防止无序建设,确实保障并构建特色小镇良好的生态环境，高标准实施对环境敏感目标的保护，严格实施环保准入制度，严格控制污染物排放，加强小镇建设过程中的环境管理。

2. 保护历史文化原则

按照保护独特风貌，挖掘文化特色的理念，确实保障特色小镇的历史文化资源，彰显小镇的历史人文特色。

3. 保障公共服务原则

以人为本，提升人民群众的幸福感和获得感，防止形象工程，切实保障人民群众的根本利益，增加公共服务供给，打造宜居精品小镇。

4. 规划协同创新原则

坚持规划协同，创新机制激发活力，增强集聚辐射引领作用，形成特色小镇示范带动周边区域发展的格局。

三、规划内容与要求

规划内容须包括且不限于如下方面：特色小镇的战略定位、规划目标与指标体系、总体空间布局、特色产业发展策略、历史文化保护与发展、旅游发展策划、生态环境保护、城市设计、基础设施建设、公共服务和社会治理、体制机制创新、开发时序安排、年度实施计划和实施保障机制等。

规划要求可参考且不限于如下方面。

1. 总则

说明规划背景、编制依据、规划范围、规划期限等。

（1）规划背景：简述规划编制的背景、必要性和意义。

（2）编制依据：提出规划编制的法律法规、技术规范、相关文件等依据。

（3）规划范围：明确小镇规划和建设用地范围的四至界线，原则上要求小镇的物理空间集中连片或组团式发展（组团间须有通达的交通连接）。核心建设区或起步区须为集中连片建设发展区，作为特色小镇的重点发展片区。研究范围根据小镇特色可适当扩大至小镇外围区域。

（4）规划期限：规划基准年原则上以规划编制的前一年为规划基准年，即2016年。

特色小镇发展建设规划的期限至"十三五"规划期末（2020年），亦可以对小镇发展远期（2025年）、远景期（2030年）的规划建设提出展望和设想。

2. 现状分析

（1）创建基础：小镇的建设、产业、资源、生态环境、历史人文等情况，突出特色优势说明。

（2）发展分析：从产业发展、空间布局、生态环境保护、历史人文传承等方面分析小镇存在的问题及未来一个时期的发展趋势，面临的机遇和挑战。

3. 规划目标与指标

（1）规划目标：对照创建要求，阐述小镇的发展定位与目标、发展重点和实施路径等内容。基于产业定位目标，选择特色主题，树立、提炼、总结小镇特征。

（2）规划指标：提出小镇产业发展、城镇化、资源与生态环境保护和利用等方面的指标体系，包括定性、定量指标。其中定量指标须可量化，作为考核指标。

4. 产业发展规划

须突出"特而强"，深挖产业潜力，延伸产业链条，激发发展活力。主要有以下内容。

（1）产业投资计划。分析特色产业的投资计划及安排，提出产业投资的主体及实施的可行性。

（2）产业发展方向。分析细分产业发展趋势，突出培育壮大龙头企业、延伸健全产业链条，提出小镇产业培育重点、转型升级方向和路线图。

（3）重点产业项目。明确产业重点建设项目，落实用地安排。

（4）双创平台建设。围绕小镇产业发展，提出创新、创业载体建设内容和布局。

5. 空间规划布局

须力求"聚而合"，挖掘、延伸、融合产业功能、文化功能、旅游功能和社区功能。主要有以下内容。

（1）"三规"条件符合性分析：对小镇范围内的城市总体规划、土地利用总体规划、控制性详细规划等规划要求进行详细分析，评估小镇建设与"三规"的符合性。

（2）"四线"管控。小镇空间规划布局符合小镇范围内的生态控制线、基本农田控制线、城市增长边界控制线和产业区块控制线的要求。

（3）用地布局与安排。在小镇全域范围内，统筹安排建设用地、农业用地、生态用地和其他用地。

（4）功能分区。确定建设用地的空间布局，提出土地使用强度管制和相应的控制指标。落实产业、文化、旅游和社区功能，避免机械式的功能分区，促进功能适度混合。

（5）交通组织。明确小镇主要路网骨架布局，要求倡导绿色智慧交通，鼓励建设慢行交通系统。

（6）设施配套。明确小镇给排水、电力通信、燃气、环卫等市政基础设施等相关公共服务设施的布局和建设要求。

6. 城市设计

力求"精而美",展现地貌特色、建筑特色、生态特色、人文特色。主要有以下内容。

(1)小镇整体城市设计。须包含整体形象的景观风貌基调、重要空间形态设计,形成层次分明、错落有序的空间组织。

(2)建筑风格。要传承和保护地域建筑风貌,提炼地域特色建筑元素,强化建筑风格设计,明确与小镇发展定位相适宜的建筑风格,提出现有建筑改造提升措施。

(3)人文环境。须包括延续历史文化根脉、保护非物质文化遗产的原则、目标和内容。要把文化基因植入产业发展、生态建设全过程,着力形成区域特色文化。

(4)景观构建。须包括小镇发展的景观规划体系,打造景观通廊、规划布局公共空间,打造独特的自然人文景观。

(5)社区营造及功能完善。坚持放管服结合,积极培育小镇自治,打造有利于小镇发展的营商环境。

7. 实施计划

须包括项目策划、建设时序和资金筹措等内容。

(1)项目策划。提出小镇建设项目的建设内容、投资规模、建设年限、用地选址、建设主体、责任单位等。

(2)建设时序。提出小镇年度建设计划安排,以及每个项目的年度投资和供地计划,重点项目要以附表形式体现。

(3)资金筹措。提出项目开发模式,明确资金筹措渠道,积极引导社会资本参与小镇建设。

8. 实施保障

从组织领导、要素保障、资金支持、人才扶持、改革创新等方面，提出特色小镇创建的相关保障措施。

根据各镇（区）特色小镇发展基础与条件，选择编制若干研究课题作为《特色小镇建设发展规划》的重要支撑。研究专题可参考且不限于如下方面。

（1）产业发展研究专题（必做专题）：产业发展基础研判、发展机遇与挑战，产业战略定位与目标、特色产业发展策略、产业重点建设项目及实施主体，产业扶持政策、保障措施的研究建议。

（2）人才集聚与培育发展研究专题（选做专题）。调整和优化人才结构对策，增强调动、利用人才资源的能力，吸引高素质人才的研究建议。

（3）文化建设研究专题（选做专题）。注重历史文物保护，明确文化资源的整合与创新内容，提出社区文化建设目标和内容的研究建议。

（4）旅游发展研究专题（选做专题）。提出达到3A级景区标准（文化旅游类特色小镇须达到4A级以上景区标准）的发展路径和建设重点，制定旅游交通、游览引导、旅游服务等旅游设施配建等方面的研究建议。

（5）城市设计研究专题（选做专题）。包括整体形象的空间形态设计、景观风貌设计、园林绿化配置，强化建筑风格设计等方面的设计引导，具体提出建筑高度、体量、风格、色彩等控制要求的研究建议。

（6）生态环境保护研究专题（选做专题）。包括基于生态环境和地形地貌的特色风貌塑造、环境整治和优化等方面的研究建议。

Section 04
成果要求

一、成果形式

成果形式必须包括且不限于规划文本、规划说明书、研究专题、规划图集及规划附件。

规划文本、规划说明书、研究专题及规划附件可采用 A3 或 A4 幅面；图纸须按比例采用 A3 幅面。

电子数据成果的文字内容部分可提供 Word 格式或 Pdf 格式；图纸须提供 Dwg 和 Jpg 格式，并须符合市规划局有关规划成果电子报批和管理的格式要求。

二、成果要求

（1）规划文本，主要对规划的各项目标和规划内容提出规定性要求。

（2）规划说明书，主要说明规划的指导思想、内容、重要指标选取的依据，以及在实施中要注意的事项。

（3）研究专题，对小镇建设的重大问题、事项开展专项研究，提出解决思路、实施计划及创新机制，其中产业发展研究专题为必须编制研究专题，各镇区根据实际情况可选择编写人才引进、文化建设、旅游发展、城市设计、生态环境保护等相关专题研究。

（4）规划图集，内容必须包括且不限于如下图纸内容。

区域位置图；用地现状图；用地规划图；"三规"规划对比图；"四线"管控规划图；道路交通规划图；产业及项目布局规划图；公共服务设施规划图；小镇（核心区）城市设计总平面图；小镇（核心区）城市设计鸟瞰图；可根据小镇实际情况增加城市更新、历史文化、旅游发展等相关规划图。

（5）规划附件包括小镇投资项目实施计划、小镇创建实施方案及"一图一表"（小镇实施项目规划布局图、小镇实施项目进度一览表）。附件与《特色小镇建设发展规划》作为创建特色小镇的申报材料。

Section 05
审议程序

一、规划编制程序

规划须经所在镇（区）人民政府委托编制单位，开展规划编制工作，形成规划初稿。

规划初稿经市特色小镇规划建设专家委员会专家评审会及部门联审会审查，由市规划局及相关部门出具规划审查意见，由市特色小镇规划建设专家委员会出具专家评审意见。

规划初稿阶段，须同步进行公众咨询论证和用地情况核查工作。公众咨询工作，须在广泛征求行业协会、商会、专业技术人才、专家学者、居民等社会各界意见后，修改完善规划。用地情况核查工作，须将规划初稿提交市国土局、市规划局等相关部门，对相关规划的用地符合性进行核查工作并出具核查意见，提出修改完善意见。

规划初稿经修改完善后，形成规划方案，须经社会公示后（不少于15个工作日），方案上报市特色小镇规划建设工作联席会议审议及报市人民政府审定，通过后形成规划成果。成果经批准组织实施，并报市规划局备案。

二、规划调整程序

规划调整，由所在镇（区）人民政府政府向市特色小镇规划建设工作联席会议办公室提出申请。市特色小镇规划建设工作联席会议审议申请通过后，方可启动规划调整。

规划调整启动后，按照规划编制程序经市特色小镇规划建设专家委员会专家评审会及部门联审会审查，同步进行公众咨询论证和用地情况核查工作，经公示后由市特色小镇规划建设工作联席会议审议报市人民政府审定组织实施，并报市规划局备案。

Section 06
规划实施

一、组织实施

各镇（区）人民政府根据《特色小镇建设发展规划》，编制创建特色小镇实施方案、建设计划，组织相关建设主体有序推进各项建设任务，落实年度建设计划。

二、督促落实

市特色小镇规划建设工作联席会议办公室负责督促镇（区）落实《特色小镇建设发展规划》实施工作。

通过"标图建库"、编制特色小镇年度实施报告、建设发展规划实施情况等工作统筹监督落实规划实施。对特色小镇建设进度滞后的镇（区），下发督促整改通知书。对通过年度考核的镇（区），及时兑现相关优惠政策。对年度考核不合格的镇（区），取消享受相关优惠政策；对连续两年考核不合格的镇（区），退出特色小镇创建名单。

本导则自发布之日起实施，由市特色小镇规划建设工作联席会议办公室负责解释。

附件1 《特色小镇建设发展规划》编制与审批流程

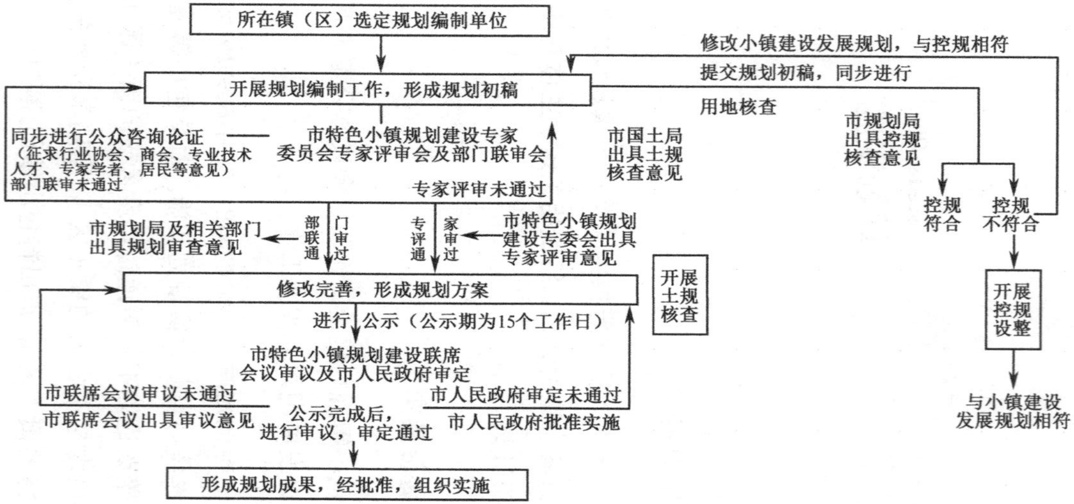

第七章　特色小镇规划编制指南

附件2　《特色小镇建设发展规划》建设项目年度计划表

项目类型	序号	项目名称	项目主要内容	建设主体	发展特色	固定资产投资（亿元）	高新技术企业数量（家）	创新创业团队数量（个）	高端人才数量（名）	项目总产值（亿元）	景区建设标准
产业类	1										
	2										
	3										
公共服务类	4										
	5										
基础设施类	6										
……											

注：此表由所在镇（区）人民政府负责填写，可按2017年、2018年、2019年、2020年逐年进行拆解，根据镇区发展情况逐年申报建设项目。

项目实施一览表主要栏目包括：项目类型、工作量、投资估算、资金来源和实施时序。

（1）项目类型和工作台账：根据需要进行细分，列出台账。

（2）投资估算：根据各建设项目的工作量，结合当地市场指导单价，分别估算各类项目的造价，并估算投资金额。

（3）资金来源：区分不同建设项目的投资主体、资金筹措渠道（可以包括政府投资、企业建设、社会筹集等渠道）和筹措方式，明确数额和到位时间。

（4）实施时序：根据特色小镇现状及资金筹措情况，以统筹安排建设项目的实施时序。

第八章
特色小镇申报文件

Section 01
特色小镇申报流程

一、特色小镇通用创建流程

第一步：自愿申报	（1）创建方案（区域范围，产业定位，投资主体，投资规模，建设计划） （2）概念性规划
第二步：分批审核	（1）初审（省特色小城镇规划建设工作联席会议办公室提出初审意见） （2）会议审查（省特色小城镇规划建设工作联席会议审查） （3）审定公布（省政府审定后分批公布创建名单）
第三步：年度考核	（1）制定《特色小城镇考核细则》 （2）兑现扶持政府《考核合格》 （3）考核结果公布（考核结果纳入目标考核体系并在省级主流媒体公布） （4）退出机制（连续两年未完成年度目标考核任务的特色小城镇）
第四步：考核验收	（1）制定《特色小城镇创建导则》 （2）组织验收（省特色小城镇规划建设工作联席会议） （3）认定为省级特色小城镇（通过验收）

二、浙江省创建流程

第一步：自愿申报	（1）创建方案（四至范围，产业定位，投资主体，投资规模，建设计划） （2）概念性规划
第二步：确定创建名单	（1）初审（省级相关职能部门牵头） （2）联审（省推进新型城镇化工作联席会议审定，省政府分批公布创建名单） （3）审定公布（省推进新型城镇化工作联席会议办公室牵头制定）

续表

第三步：年度考核	（1）建立年度考核制度 （2）兑现扶持政府《考核合格》 （3）考核结果公布（考核结果纳入目标考核体系并在省级主流媒体公布） （4）退出机制（连续两年未完成年度目标考核任务的特色小城镇）
第四步：验收命名	（1）制定《浙江省特色小城镇创建导则》 （2）组织验收（省特色小城镇规划建设工作联席会议） （3）认定为省级特色小城镇（通过验收）

三、甘肃省创建流程

第一步：调研论证、确定名单	
第二步：制定方案、编制规则	（1）制定特色小镇建设实施方案 （2）编制特色小镇规划建设： A．特色小镇的规划建设范围、产业定位、投资主体、投资规模、项目建设计划 B．规划范围约3平方千米控制性详细规则 C．核心区约1平方千米的城市设计
第三步：分类指导、分步实施	
第四步：总结验收，交流提升	

四、山东省创建流程

第一步：自愿申报	（1）创建方案（四至范围，产业定位，投资主体，投资规模，建设计划） （2）概念性规划
第二步：审核公布	（1）初审（省城镇化工作领导小组办公室送省有关部门） （2）联审（省城镇化工作领导小组办公室组织） （3）审定公布（省城镇化工作领导小组办公室提出建议名单分批报省政府审定后公布）
第三步：年度评估	（1）第三方评价机构年度评估（省城镇化工作领导小组办公室委托） （2）兑现扶持政策（达到发展目标要求）
第四步：验收命名	（1）评价验收（省城镇化工作领导小组办公室） （2）省政府命名为山东省特色小镇（通过验收）

五、辽宁省创建流程

第一步：自愿申报	（1）创建方案（四至范围，产业定位，投资主体，投资规模，建设计划） （2）概念性规划
第二步：分批审核	（1）初审（各有关部门） （2）专家审查（省宜居乡村建设领导小组办公室组织） （3）批准分布（创建名单经省政府批准后公布）
第三步：年度考核	（1）建立年度考核制度 （2）考核结果公布（考核结果纳入目标考核体系并在省级主流媒体公布）
第四步：验收命名	（1）组织验收（省宜居乡村建设领导小组办公室） （2）省政府命名省级特色乡镇（通过验收）

六、天津市创建流程

第一步：组织申报	（1）提出本市级特色小镇名单（本区域内） （2）编制方案与规划（特色小镇创建方案、概念规划、环境规划） （3）明确四至范围和产业定位 （4）分解三年或五年建设计划 （5）落实投资主体和投资项目
第二步：分批审核	（1）初审（市规划局初步审查各区特色小镇规划方案、择优选出市级特色小镇创建对象） （2）审定公布创建对象（报市特色小镇规划建设联席会议审定同意后予以公布） （3）重点推荐培育对象（市特色小镇规划建设联席会议办公室会同相关区人民政府）
第三步：培育建设	（1）有序推进各项建设任务（各区人民政府组织相关建设主体） （2）通报特色小镇规划建设情况（由市特色小镇规划建设联席会议办公室按季度进行通报）
第四步：年度考核	（1）各区年度目标考核体系（市级特色小镇建设任务纳入） （2）退出机制（未完成年度目标考核任务，下一年度不再享受市级特色小镇政策）
第五步：验收命名	（1）评估验收（市发展改革委组织相关部门） （2）命名为天津市特色小镇（验收台格并报市级人民政府同意）

七、湖北省创建流程

第一步：自愿申报	（1）创建方案（区域范围，产业定位，投资主体，投资规模，建设计划） （2）概念性规划
第二步：分批审核	（1）初审（省特色小城镇规划建设工作联席会议办公室提出初审意见） （2）会议审查（省特色小城镇规划建设工作联席会议审查） （3）审定公布（省政府审定后分批公布创建名单）
第三步：年度考核	（1）制定《湖北省特色小城镇考核细则》 （2）兑现扶持政策《考核合格》 （3）考核结果公布（考核结果纳入目标考核体系并在省级主流媒体公布） （4）退出机制（连续两年未完成年度目标考核任务的特色小城镇）
第四步：考核验收	（1）制定《湖北省特色小城镇创建导则》 （2）组织验收（省特色小城镇规划建设工作联席会议） （3）认定为省级特色小城镇（通过验收）

八、海南省创建流程

第一步：规划审核	（1）编制特色产业小镇产业发展 （2）编制特色产业小镇建设规划 （3）初审（省政府相关职能部门） （4）联审（省特色产业小镇产业发展和建设工作联席会议办公室组织） （5）审定（省特色产业小镇产业发展和建设工作联席会议）
第二步：年度考核	建立年度考核制度
第三步：验收命名	（1）组织验收（省特色产业小镇产业发展和建设工作联席会议） （2）认定（通过验收）

九、河北省创建流程

第一步：自愿申报	（1）创建方案（四至范围、产业定位、投资主体、投资规模、建设计划） （2）概念性规划
第二步：确定创建名单	（1）初审（省级相关职能部门牵头） （2）联审（省特色小镇规划建设工作联席会议办公室组织） （3）审定公布（省特色小镇规划建设工作联席会议审定后公布）
第三步：动态管理	（1）制定年度考核办法 （2）公布年度达标小镇（年度统计数据） （3）兑现奖惩政策 （4）退出创建名单（连续两年没有完成建设进度）
第四步：验收命名	（1）制定《河北省特色小镇创建导则》 （2）组织验收《省特色小镇规划建设工作联席会议》 （3）认定为省级特色小镇（通过验收）

十、福建省创建流程

第一步：自愿申报	（1）创建方案（四至范围，产业定位，投资主体，投资规模，建设计划） （2）概念性规划
第二步：确定创建名单	（1）初审（省级相关职能部门牵头） （2）联审（省推进新型城镇化工作联席会议审定，省政府分批公布创建名单） （3）审定公布（省推进新型城镇化工作联席会议办公室牵头制定）
第三步：年度考核	（1）建立年度考核制度（省推进新型城镇化工作联席会议办公室牵头制定） （2）退出机制（连续两年未完成年度目标考核任务的特色小城镇）
第四步：验收命名	（1）组织验收（省推进新型城镇化工作联席会议办公室组织有关部门） （2）命名为福建省特色小镇（验收合格报省政府）

Section 02

特色小镇创建指标体系

创建内容	序号	评价指标	指标权数	评价部门	指标属性
规划设计	1	发展概念规划	5	住房和城乡建设部门	定量
	2	小镇总体城市设计	5	住房和城乡建设部门	定量
建设进展	3	年度建设项目完成情况	6	住房和城乡建设部门	定量
	4	年度建设投资完成情况	6	住房和城乡建设部门	定量
功能配置	5	综合服务平台建设	4	住房和城乡建设部门	定量
	6	WiFi和数字化管理覆盖	4	住房和城乡建设部门	定量
	7	集中供热普及率	4	住房和城乡建设部门	定量
	8	燃气普及率	4	住房和城乡建设部门	定量
产业发展	9	主导产业税收占镇税收总量的比重	5	统计部门	定量
	10	规划区内规模以上工业企业总产值	5	统计部门	定量
创新能力	11	高新技术产业产值占经济总量比重	5	科技部门	定量
	12	每万人专利拥有量	5	科技部门	定量
生态环境	13	规划区内绿地率	4	住房和城乡建设部门	定量
	14	生活垃圾无害化处理率	4	住房和城乡建设部门	定量

续表

创建内容	序号	评价指标	指标权数	评价部门	指标属性
	15	城镇污水处理率	4	住房和城乡建设部门	定量
	16	绿色建筑占比	4	住房和城乡建设部门	定量
人才发展	17	专业技术人员数量	3	人力资源社会保障部门	定量
	18	留学归国人员数量	2	人力资源社会保障部门	定量
综合效益	19	新增税收	6	财政部门	定量
	20	新增就业人员	5	人力资源社会保障部门	定量
	21	特色景观旅游名镇达标情况	5	住房和城乡建设部门	定量
	22	年接待游客数量	5	旅游部门	定量
	合计		100		

Section 03
特色小镇申报材料

本节以某省公布的互联网特色小镇申报材料为例，可作为制定参考。

8.3.1 总体思路和目标

一、概念和内涵

特色小镇区别于行政区划单元和产业园区，是以互联网产业的特色应用为依托，具有明确产业定位、互联网应用基础和一定社区功能的发展空间平台。小镇注重大视野、新业态，突出发展特色主导产业，既是生产生活生态相融合的新型社区，也可成为"园中园"、"镇中镇"，是新型工业化、城镇化、信息化和绿色化融合发展的新形式。

二、创建思路

特色小镇实行创建制，以推进互联网技术与产业融合为目标，打造集产业链、投资链、创新链、人才链、服务链于一体的创业创新生态系统，引领互联网经济快速发展。以城市互联网集聚区为依托创建特色小镇（产业型），大力培育互联网创新型企业，提升互联网核心创新能力，推动互联网产业形成集聚规模。以特色产业小镇为依托创建特色小镇（应用型），推进互联网与特色产业深度融合，培育互联网新模式、新应用、新业态，促进特色产业提质增效和转型升级，加快互联网在经济社会广泛应用。

三、总体目标

在全省范围开展互联网小镇创建工作，力争 3 年内创建产业型特色小镇 10 个，创建应用型特色小镇 50 个，培育 1000 家创新型互联网中小企业，互联网产业集聚区初具规模，互联网与传统产业加速融合，互联网新业态形成新的经济增长动力。

8.3.2 特色小镇（产业型）

一、建设目标

力争 3 年在全省范围内形成 1 个以上规模超千亿元、2 个规模超百亿元的互联网产业集聚小镇，培育 5~10 家产值超 10 亿的龙头企业、100 家互联网骨干企业和 500 家创新型互联网中小企业。

二、建设任务

（1）打造互联网产业集聚区。发挥现有互联网产业优势，推动互联网企业相对集中进入集聚小镇。重点布局发展物联网、云计算、大数据等互联网主导产业，形成专业化分工、上下游协作的产业链，完整配套互联网产业体系，加快形成产业集聚发展。

（2）加快互联网企业引进培育。加大招商引资力度，引导互联网龙头骨干企业落户，将有实力的中小企业培育壮大为骨干企业，形成龙头企业为引领、骨干企业为支撑、中小微企业蓬勃发展的格局。

（3）建设互联网创业创新平台。创建一批创业咖啡、创业学院、创新工场、虚拟众创等众创空间和载体，建立创业导师队伍，开展互联网创业创新培训，推动创新成果向创业转换，孵化一批互联网创新型应用中小企业。推动互联网龙头骨干企业建立企业技术中心、工程中心、重点实验室和检测机构等重大基础性公共创新平台，鼓励开放技术和资源，带动特色创客和小微企业创业创新。

（4）发展特色新业态。发展大数据、云计算、物联网、移动互联网等互联网核心技术，培育发展互联网新技术、新产品、新模式，促进特色新服务、新应用的研究开发和示范推广，推动"互联网+"新业态形成。

（5）完善产业发展配套服务。制定互联网小镇发展规划，完善出台扶植小镇创建的财政、国土、税收、人才、商事、审批等配套政策，建设创投基金、融资服务、企业孵化、人才培训、技术咨询等平台，简化企业投资程序，构建创新创业的营商环境。完善教育、医疗、文化、体育、交通、基础网络等生活配套服务的社区功能。

8.3.3　特色小镇（应用型）

一、建设目标

力争 3 年在全省范围内孵化培育 500 家互联网创新型应用中小企业，推动 3000 家传统企业与互联网企业实现跨界融合，特色产业镇传统产业与互联网深度融合，社会民生领域互联网应用水平显著提升。

二、建设任务

（1）推动互联网与特色产业融合。通过互联网与工业、农业、商业、物流、金融、旅游等特色产业镇跨界融合，加快组织产业链上下游开展云设计、云制造，发展网络协同制造、个性化定制、O2O 营销、在线服务等互联网新模式，促进传统产业转型升级。

（2）带动互联网技术应用发展。依托特色产业镇的优势，推动移动互联网、物联网、云计算、大数据技术创新，加快在医疗、健康、养老、教育、文化、社会保障、社区服务等民生领域应用，培育电子商务、网络消费等新业态，推进商业模式创新，推动形成特色小镇。

（3）推进互联网协同研发创新。推进应用小镇与省内外科研实力强的高校、科研院所、互联网创新型企业深入合作，发展云计算中心、大数据中心、互联网融合创新平台，提高产品与服务的智能化、网络化水平，培育电子商务、网络消费等新业态，推进商业模式创新。加强对主导产业的基础性、公共性技术研发的扶持，为特色产业镇企业提供低成本、高速便捷的信息服务，提升应用小镇创新能力与效率。

（4）培育互联网中小微企业。依托小镇主导产业和特色互联网应用，建立互联网产业联盟、创业孵化基地，为创客提供工作场所、团队运营、资金扶持、产品推广等孵化服务支撑。举办中小微企业特色培训班，建立众创、众包、众扶、众筹等互联网平台，加快创新项目向孵化企业转化，培育壮大一批互联网小微企业和创新应用。

（5）完善互联网基础设施。制定互联网小镇发展规划，完善出台扶植小镇创建的财政、国土、税收、人才、商事、审批等配套政策，建设创投基金、融资服务、企业孵化、人才培训、技术咨询等平台，简化企业投资程序，构建创新创业的营商环境。加快建设全光网小镇，推进千兆光纤网络入镇、百兆网络进户。加快小镇 4G 网络和高速 WLAN 全覆盖建设。完善教育、医疗、文化、体育、交通、基础网络等生活配套服务。

8.3.4　特色小镇创建程序

特色小镇实行创建制，创建期为 3 年。实行"宽进严定"的原则，按照"自愿申报、分批审核、年度考核、验收命名"的程序组织申报。

一、申报组织

1. 申报主体

本方案所指特色小镇申报工作，由特色小镇管理机构（如县、镇级人民政府或工业园区、高新区、保税区、旅游区日常管理机构等，下同）作为申报主体报送申报材料，经各地级以上市（区）经济和信息化主管部门审核后推荐报送省经济和信息化委。

2. 申报材料

（1）XXX省特色小镇申报表。

（2）XXX省特色小镇申请报告。

（3）申报单位组织机构代码证复印件。

（4）申报单位所在地政府出台或正在出台促进特色相关产业发展政策措施和资金扶持的有关文件。

（5）相关辅助材料及其他需要详细说明的事项。

二、申报条件

1. 特色小镇（产业型）

（1）工作机制。小镇所在地（市）、县（区）政府重视创建工作，成立由主要领导牵头、相关部门和小镇共同参与的创建领导工作机制；小镇要有明确的政府主管部门（所在地级以上市或区经济和信息化主管部门或产业园区管委会等）和日常管理机构，已有或正在组建负责小镇运营的专门服务团队。

（2）空间布局。产业小镇具有相对集中的互联网产业发展空间布局，原则上要有明确的产业区域边界或在现有产业园区内划定特别功能区；产业小镇规划建设面积一般不少于 300 亩，其中核心区面积不少于 150 亩（可酌情增减），互联网企业相对集中入驻。

（3）产业基础。互联网产业主导地位突出，大型互联网企业集聚，具有一定的产业发展规模和品牌影响力；互联网产业发展速度较快，对所在地区的产业支撑、带动、示范作用较强。

产业小镇拥有 3 家以上互联网骨干企业（年产值 2 亿元以上）或 10 家以上互联网企业（年产值 3000 万元以上），初步形成骨干企业为主体、专业化分工、上下游产业协作配套的互联网产业体系。

（4）应用项目。以特色产业小镇为中心，辐射周边或省内外其他相关地区，在"互联网+制造、农业、金融、物流、商务、交通、政务、民生"等各领域中提供信息化解决方案，利用互联网技术和资源促进该领域发展的示范和带动作用明显。

（5）研发创新。小镇内 20%以上的互联网企业建立研发机构，有 3 个以上众创空间、创业学院、创业咖啡、孵化器等创业创新服务平台，10 家以上企业与高校、科研院所、互联网领军企业开展研发合作。

（6）政策配套。小镇所在地级以上市（区）政府已出台或已开始研究制定小镇创建总体规划，明确扶持小镇发展的政策措施，加大财政扶持力度，并承诺按照省、市部分不低于 1:1 的比例用于互联网小镇创建工作。

（7）基础服务。小镇交通便利，公共服务、生活配套基本设施完备，拥有 3 家以上创投基金、融资服务、人才培训、技术咨询等平台进驻，可以提供专业性公共服务。光纤接入达到 100M 以上、4G 信号、公共区域 WLAN 热点全覆盖。

2. 特色小镇（应用型）

（1）工作机制。小镇所在地（市）、县（区）政府重视创建工作，成立由主要领导牵头、相关部门和小镇共同参与的创建领导工作机制；小镇要有明确的政府主管部门（所在地级以上市或区经济和信息化主管部门或产业园区管委会等）和日常管理机构，已有或正在组建负责小镇运营的专门服务团队。

（2）空间布局。小镇具有相对集中的主导产业发展空间布局，原则上要有明确的产业区域边界或在现有产业园区内划定特别功能区。

珠三角地区应用小镇规划建设面积一般不少于300亩，其中核心区面积不少于150亩；粤东西北地区应用小镇规划建设面积一般不少于200亩，其中核心区面积不少于100亩（面积可酌情增减）。

（3）产业基础。应用小镇需要具备一定的产业基础，主导产业集聚、优势突出，具有一定的产业发展规模和品牌影响力。拥有3家以上从事或应用互联网技术产品和服务的企业，30%以上传统企业与互联网融合渗透，利用互联网开展生产、营销、管理和服务。

（4）应用项目。以应用小镇为中心，辐射至应用小镇所在地市及省内其他相关地区，在医疗、健康、养老、教育、文化、社会保障、社区服务等民生领域实施了特色示范项目，对区域内特色应用发展的示范和带动作用明显。

（5）研发创新。应用小镇内30%以上的传统企业建立互联网研发或IT部，有1个以上众创空间、创业学院、创业咖啡、孵化器等创业创新服务平台，已有3家以上企业与省内外科研实力强的高校、科研院所、互联网创新型企业开展研发合作。

（6）政策配套。小镇所在地级以上市（区）政府已出台或已开始研究制定小镇创建总体规划，明确扶持小镇发展的政策措施，加大财政扶持力度，并承诺按照省、市部分不低于1:1的比例用于互联网小镇创建工作。

（7）基础设施。小镇交通便利，公共服务、生活配套基本设施完备，拥有3家以上创投基金、融资服务、人才培训、技术咨询等平台进驻，可以提供专业性公共服务。光纤接入达到 100M 以上、4G 信号、公共区域 WLAN 热点全覆盖。

三、分批审核

互联网小镇创建审核，原则上每年组织一次，由省经济和信息化委组织对申报材料评审，综合考量，确定创建名单并向社会公布。

四、年度考核

纳入创建名单的特色小镇，所在地级以上市（区）经济和信息化主管部门须于每年 1 月 10 日前，将小镇上一年发展情况报省经济和信息化委。省经济和信息化委每年组织对特色小镇建设情况进行评估，评价结果与省相关扶持政策挂钩。

五、验收命名

按照"成熟一批验收一批"的原则，小镇达到创建目标后，由所在地（市）经济和信息化部门向省经济和信息化委提出验收书面申请，省经济和信息化委组织验收合格，正式命名为"XXX 省互联网+示范小镇"。

8.3.5 工作措施

一、加强组织领导

省经济和信息化委负责指导协调全省特色小镇创建工作，制定推进特色小镇创建的政策措施。

地市（区）人民政府负责指导协调当地特色小镇创建工作，制定特色小镇发展规划和扶持措施；经济和信息化主管部门负责特色小镇的审核和推荐上报工作。

县（区、市）级政府建立由主要领导牵头、相关部门和小镇共同参与的创建协调工作机制，组织、协调、推进各项工作和政策落实。

特色小镇管理机构作为创建主体，负责创建申报、建设和日常管理工作，制定特色小镇发展规划和具体政策措施，有序推进小镇创建工作。

二、加强产业规划指导

特色小镇管理机构要结合当地产业基础和优势，制定特色小镇创建实施方案，细化特色小镇建设目标、产业布局、发展任务和产业政策，明确责任分工，加强检查督办，推动各项任务落实到位。引导传统企业制定向特色转型发展，在实施方法、技术创新、人才建设等方面给予科学指导，降低企业转型发展的成本与风险。

三、加大政策扶持力度

经确定进入培育建设名单的特色小镇及入驻企业，可优先获得省、市培育发展特色产业的相关政策和省级财政资金"互联网+"领域项目扶持。省经济和信息化委优先在特色小镇中择优推荐申报国家级两化融合贯标试点企业。各地市要加大对特色小镇创建的财政扶持，用于适当补贴创业企业、小微企业等的物业租赁费用、交流培训经费、优秀企业奖补等，充分调动企业主体的积极性，吸引企业入驻集聚发展。

四、开展高端招商引资

省市联动，有针对性地开展全产业链招商引资。推动国外互联网品牌公司及国内外高端互联网企业落户特色小镇。推动特色小镇引进互联网技术高端项目或并购收购设立公司，鼓励以股权投资、贷款贴息、以奖代补等方式予以支持。对于成功落地的重大项目，要积极配合特色小镇协调解决土地、环评等项目落地问题。

五、完善创业创新环境

建立和完善社会资本参与特色产业的引导机制，支持有条件的政府设立互联网创新创业基金，扶持创业创新发展。引导各类创业孵化器与天使投资、创业投资相结合，完善投融资模式。鼓励对众创空间等孵化机构的办公用房、用水、用能、网络等软硬件设施给予适当优惠，减轻创业者负担。

附 件

1. XXX省特色小镇（产业型）申报表

小镇名称	
小镇地址	
基本情况	（小镇面积、主导产业、互联网发展情况） 特色小镇日常管理机构： 负责人：
工作机制	特色小镇的政府主管部门： 是否建立政府牵头的工作协调机制： 是否建立小镇运营的专门服务团队： 是否符合城乡规划： 规划名称：
空间布局	规划建设面积（亩）： 其中核心区面积（亩）： 特色小镇规划要点： 互联网产业产值（万元）： 占当地全部产业总产值比重（%）： 年产值2亿元以上互联网企业数量： 分别为： （1）企业名称及产值：

续表

空间布局	（2）企业名称及产值： （3）企业名称及产值： ……
产业基础	年产值0.3至2亿元互联网企业数量： 分别为： （1）企业名称及产值： （2）企业名称及产值： （3）企业名称及产值： …… 建立专职研发机构的企业数量： 占企业总数比例（％）： ，分别为： （1）企业名称及产值研发机构名称： （2）企业名称及产值研发机构名称： （3）企业名称及产值研发机构名称： ……
研发创新	创业创新服务平台数量，分别为： （1） （2） （3） …… 开展研发合作企业数量，分别为： （1）研发领域： （2）研发领域： （3）研发领域： ……
政策配套	承诺配套资金省、市部分比例： 产业政策、人才引进等其他配套政策： 专业性公共服务平台数量，分别为： （1） （2）

续表

政策配套	（3） ……
基础设施	是否实现光纤全覆盖； 是否实现 4G 信号全覆盖
创建工作方案要点	小镇建设总体目标；重点建设项目的名称、投资额、用地、分年投资计划等

2. XXX 省特色小镇（产业型）申请报告编写提纲

一、小镇基本情况

地理位置、覆盖范围、产业配套设施、入驻企业规模、企业分类别统计和布局等。

二、小镇互联网产业发展情况

（1）互联网产业发展水平（产值规模、企业数量、发展潜力、行业地位、产业集聚度等）。

（2）互联网产业发展基础（骨干企业、产业链配套、人才、产学研合作、公共服务平台等）。

（3）互联网产业小镇创新能力（研发机构、研发投入、知识产权、技术成果转化等）。

（4）互联网新模式、新技术、新产品发展情况（个性化定制、网络制造等新模式、大数据、物联网、移动互联网、云计算等新一代信息技术和智能产品发展情况）。

（5）互联网技术融合示范应用情况（互联网新技术、新模式应用情况，已经实施或者正在实施的重大互联网技术应用示范项目情况等）。

三、特色小镇创建工作方案

（1）小镇建设总体目标及发展规划。

（2）小镇项目建设实施方案（骨干企业、重点项目建设、重大应用示范项目的实施、新建设的重点行业互联网技术应用示范项目计划、拟引进的重大高端项目计划、公共服务平台建设等）。

（3）组织管理、投入和保障措施。

附录 A　国家及地方政府关于特色小镇申报条件、流程汇总

自 2016 年以来，三部委为推进特色小镇发展部署了一系列举措如下，内容涵盖打造、培育、建设、政策、资金等方面内容。

（1）《住房和城乡建设部 国家发展改革委 财政部关于开展特色小镇培育工作的通知》建村[2016]147 号（2016 年 7 月）。

（2）住建部《关于做好 2016 年特色小镇推荐工作的通知》建村建函[2016]71 号（2016 年 8 月）。

（3）各省（区、市）特色小镇推荐数量分配表。

（4）住建部公布第一批中国特色小镇名单（2016 年 10 月）。

（5）国家发展改革委《关于加快美丽特色小（城）镇建设的指导意见》发改规划[2016]2125 号（2016 年 10 月）。

（6）中央财经领导小组办公室、国家发展改革委、住房和城乡建设部联合召开特色小（城）镇经验交流会主要意见（2016 年 10 月）。

一、浙江特色小镇申报流程及条件

浙江省为加快形成"培育一批、创建一批、验收命名一批"的特色小镇建设格局，助力经济转型发展、城乡统筹发展，2015 年 8 月颁布《浙

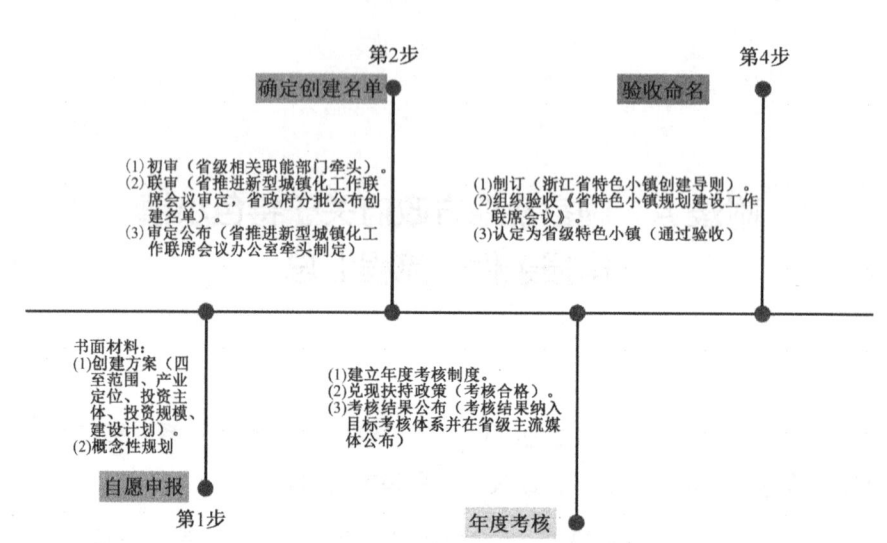

江省特色小镇创建导则》。如图 A-1 所示为浙江特色小镇申报流程。

图 A-1 浙江特色小镇申报流程

第1步 自愿申报
书面材料：
(1)创建方案（四至范围、产业定位、投资主体、投资规模、建设计划）
(2)概念性规划

第2步 确定创建名单
(1)初审（省级相关职能部门牵头）
(2)联审（省推进新型城镇化工作联席会议审定，省政府分批公布创建名单）
(3)审定公布（省推进新型城镇化工作联席会议办公室牵头制定）

第3步 年度考核
(1)建立年度考核制度
(2)兑现扶持政策（考核合格）
(3)考核结果公布（考核结果纳入目标考核体系并在省级主流媒体公布）

第4步 验收命名
(1)制订《浙江省特色小镇创建导则》
(2)组织验收《省特色小镇规划建设工作联席会议》
(3)认定为省级特色小镇（通过验收）

1. 申报条件

（1）产业定位：符合信息经济、环保、健康、旅游、时尚、金融、高端装备制造等七大产业，以及茶叶、丝绸、黄酒、中药、青瓷、木雕、根雕、石雕、文房等历史经典产业。

（2）建设空间：相对独立于城市和乡镇建成区中心，原则上布局在城乡接合部。规划面积一般控制在 3 平方千米左右（旅游类特色小镇可适当放宽），其中建设面积一般控制在 1 平方千米左右。

（3）投入资金：完成固定资产投资 50 亿元以上（商品住宅项目和商业综合体除外），信息经济、金融、旅游和历史经典产业特色小镇的总投资额可放宽到不低于 30 亿元，特色产业投资占比不低于 70%。

（4）建设内涵：以集聚特色产业高端要素为核心，着力打造创新创业平台，吸引"国千、省千"人才，以及大学生、大企业高管、科技人员创业者、留学归国人员，运用现代新技术，开发新产品，加快特色产业转型发展、领先发展。

（5）功能定位：实现产业、文化、旅游和一定的社区功能有机融合。建立特色小镇公共服务 APP，提供创业服务、商务商贸、文化展示等综合功能的小镇客厅，建设成为 3A 级以上景区，其中旅游产业要按 5A 级景区标准建设。积极应用现代信息传输技术、网络技术和信息集成技术，实现公共 WiFi 和数字化管理全覆盖，建设产城人融合发展的现代化开放型特色小镇。

（6）运行方式：坚持政府引导、企业主体、市场化运作。特色小镇要有明确的建设主体，由企业为主推进项目建设。政府做好规划编制、基础设施配套、项目监管、文化内涵挖掘、生态环境保护、统计数据审核上报等工作。

（7）建设进度：原则上 3 年内完成投资，其中 26 个加快发展县（市、区）的建设期限可放宽到 5 年。其中，第一年完成投资不少于 10 亿元，26 个加快发展县（市、区）和信息经济、旅游、金融、历史经典产业特色小镇不低于 6 亿元。

（8）综合效益：建成后有大量的新增税收、新增就业岗位产生，年接待游客 30 万人次以上，集聚一大批工商户、中小企业、中高级人才，加快形成新业态，培育在全国乃至全世界具有核心竞争力的特色产业和品牌。

2. 申报材料

（1）规划方案：有符合土地利用总体规划、城乡规划、环境功能区规划的特色小镇概念性规划，包括空间布局图、功能布局图、项目示意图，如已经开工的要有实景图。

（2）建设计划：有分年度的投资建设计划，明确每个建设项目的投资主体、投资额、投资计划、用地计划、建设规模、项目建成后产生的效益，以及相应的年度推进计划。以表格形式进行汇总。

（3）业主情况：简明扼要介绍特色小镇建设主体的公司名称、实力、资金筹措计划等。可附上已建成运营项目案例。

（4）扶持举措：特色小镇所在县（市、区）政府支持申报省级特色小镇创建对象的服务扶持举措或政策意见。

（5）基本情况：如实、完整地填写《特色小镇基本情况表》（详见附件）。

3. 申报程序

（1）申报范围：所有符合基本条件的特色小镇。其中，39个工业大县以制造业特色小镇为重点，兼顾有竞争优势和潜力产业的其他特色小镇。

（2）申报时间：由省特色小镇规划建设工作联席会议办公室（以下简称省联席会议办公室）根据各地特色小镇规划建设情况发文通知，原则上每年集中申报2次。

（3）申报数量：坚持上不封顶、下不保底，为明确重点、分期推进，每个县（市、区）每次申报数量为1个，最多不超过2个。

（4）申报方式：县（市、区）规划的特色小镇，由县（市、区）政府向省联席会议办公室上报申请材料，并抄送所在设区市政府，如申报对象超过1个，请排序上报；规划范围跨行政区域，以及设区市直管的产业集聚区和经济开发区规划的特色小镇，由设区市政府向省联席会议办公室上报申请材料；省属企事业和高等院校单位规划的特色小镇，由省属企事业单位和高等院校向省联席会议办公室上报申请材料。

二、福建省特色小镇申报流程及条件

为加快推进特色小镇规划建设工作，助力产业转型升级，推动大众创业万众创新和城乡统筹发展，福建省2016年6月印发《福建省特色小镇创建指南》。如图A-2所示为福建省特色小镇申报流程。

1. 申报条件

（1）产业定位：特色小镇产业定位应结合所在城市的产业、人才和资源优势，聚焦新一代信息技术、高端装备制造、新材料、生物与新医药、节能环保、海洋高新、旅游、互联网经济等新兴产业，兼顾工艺美术（木雕、石雕、陶瓷等）、纺织鞋服、茶叶、食品等传统特色产业。特色小镇产业发展规划必须符合生态环境保护的要求。

第2步 确定创建名单
(1) 初审（省级相关职能部门牵头）
(2) 联审（省推进新型城镇化工作联席会议审定，省政府分批公布创建名单）
(3) 审定公布（省推进新型城镇化工作联席会议办公室牵头制定）

第4步 验收命名
(1) 组织验收（省特色小镇规划建设工作联席会议办公室组织有关部门）
(2) 命名为福建省特色小镇（验收合格报省政府）

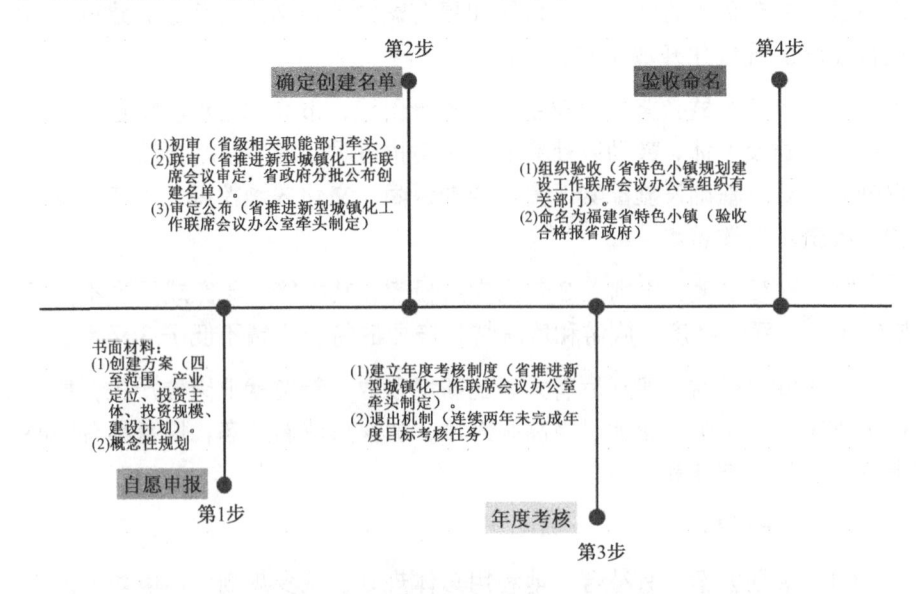

第1步 自愿申报
书面材料：
(1) 创建方案（四至范围、产业定位、投资主体、投资规模、建设计划）
(2) 概念性规划

第3步 年度考核
(1) 建立年度考核制度（省推进新型城镇化工作联席会议办公室牵头制定）
(2) 退出机制（连续两年未完成年度目标考核任务）

图A-2 福建省特色小镇申报流程

（2）空间形态：特色小镇规划区域面积一般控制在3平方千米左右（旅游类特色小镇可适当放宽）。其中，建设用地规模一般控制在1平方千米左右，原则上不超过规划面积的50%。特色小镇要建设3A级以上景区，旅游产业类特色小镇按5A级景区标准建设。

（3）建设投资：新建类特色小镇原则上3年内完成固定资产投资30亿元以上（商品住宅项目和商业综合体除外），改造提升类18亿元以上，23个扶贫开发工作重点县可分别放宽至20亿元以上和10亿元以上，其中特色产业投资占比不低于70%。互联网经济、旅游和传统特色产业类特色小镇的总投资额可适当放宽至上述标准的80%。

（4）建设内涵：以集聚人才、资本、技术等高端要素为核心，通过运用新技术、构筑新平台、催生新业态、应用新模式，推进特色产业转型发展、迈向中高端，实现"产、城、人、文"四位一体有机结合。在投资便利化、商事仲裁、负面清单管理等方面改革创新，最大限度集聚人才、技术、资本等高端要素，打造更有效率的政务生态系统、更有活力的产业生态系统、更有激情的创业生态系统和更有魅力的自然生态系统，建设产城融合发展的现代化开放型特色小镇。

（5）运行方式：坚持企业主体、政府引导、市场化运作。特色小镇要明确投资建设主体，鼓励以社会资本为主推进项目建设。地方政府负责做好规划引导、基础设施配套、资源要素保障、文化内涵挖掘、生态环境保护、投资环境改善等。

（6）建设进度：原则上3年内完成投资，其中第一年完成投资不少于5亿元，互联网经济、旅游和传统特色产业的特色小镇不低于3亿元。

（7）综合效益：建成后有大量的新增税收、新增就业岗位产生，集聚一大批工商户、中小企业、中高级人才，加快形成新业态，培育具有核心竞争力的特色产业和品牌。

2. 申报材料

（1）规划方案：有符合土地利用总体规划、城乡规划、环境功能区规划的特色小镇概念性规划，包括空间布局图、功能布局图、项目示意图，如已经开工的要有实景图。

（2）建设计划：有分年度的投资建设计划，明确每个建设项目的投资主体、投资额、投资计划、用地计划、建设规模、项目建成后产生的效益，以及相应的年度推进计划。以表格形式进行汇总。

（3）业主情况：简要介绍特色小镇建设主体的公司名称、实力、资金筹措计划等。可附上已建成运营项目案例。

（4）扶持举措：特色小镇所在县（市、区）政府支持申报省级特色小镇创建对象的服务扶持举措或政策意见。

（5）基本情况：如实、完整地填写《特色小镇基本情况表》。

3. 申报程序

（1）申报范围：所有符合基本条件的特色小镇。

（2）申报时间：由省城镇化办根据各地特色小镇规划建设情况发文通知，原则上每年于3月、9月分两批集中申报。

（3）申报数量：坚持上不封顶、下不保底，为明确重点、分期推进，每个设区市每批申报数量不超过5个。

（4）申报方式：县（市、区）规划的特色小镇，由县（市、区）政府向设区市政府上报申报材料，经设区市筛选后由设区市政府统一报省城镇化办；规划范围跨行政区域，以及设区市直管的产业集聚区和经济开发区规划的特色小镇，由设区市政府向省城镇化办上报申请材料；省属企事业和高等院校单位规划的特色小镇，由省属企事业单位和高等院校向省城镇化办上报申请材料。如申报对象超过1个，需排序上报。

三、河北省特色小镇申报条件及流程

为加快打造一批体现河北特点、引领带动区域发展的特色小镇，助力产业转型升级、城乡统筹发展，推动美丽乡村和旅游强省建设，2016年12月印发《河北省特色小镇创建导则》。如图A-3所示为河北省特色小镇申报流程。

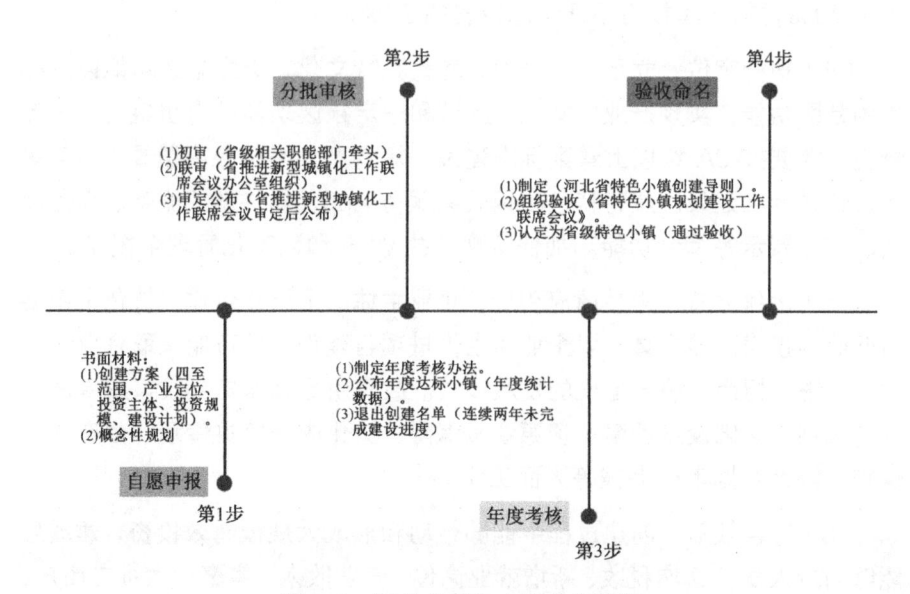

图A-3 河北省特色小镇申报流程

1. 申报条件

（1）产业定位：特色小镇要聚焦特色产业集群和文化旅游、健康养老等现代服务业，兼顾皮衣皮具、红木家具、石雕、剪纸、乐器等历史经典产业。每个小镇要根据资源禀赋和区位特点，明确一个最有基础、最有优势、最有潜力的产业作为主攻方向，突出"一镇一主业"。

（2）规划布局：以现有城镇、景区、产业园区为依托，根据产业和人口聚集发展趋势和连片开发条件，合理确定规划布局。一般位于城镇周边、景区周边、高铁站周边及交通轴沿线，选址应符合城乡规划、土地利用总体规划要求，相对独立于城市和乡镇建成区中心，原则上布局在城乡接合部。严格划定小镇边界，规划面积一般控制在3平方千米左右（旅游产业类特色小镇可适当放宽），建设用地面积一般控制在1平方千米左右。特色小镇规划要注重特色打造，突出"一镇一风格"。

（3）有效投资：三年内完成固定资产投资20亿元以上（商品住宅项目和商业综合体除外），金融、科技创新、旅游、文化创意、历史经典产业类特色小镇的总投资额可放宽到不低于15亿元，特色产业投资占比不低于70%，第一年投资不低于总投资的20%。

（4）功能定位：立足特色产业，培育独特文化，衍生旅游功能以及必需的社区功能，实现产业、文化、旅游和一定社区功能的有机融合。一般特色小镇要按3A级以上景区标准建设，旅游产业类特色小镇要按4A级以上景区标准建设。建有特色小镇公共服务App，提供创业服务、商务商贸、文化展示等综合功能。加快实现公共WiFi和数字化管理全覆盖。

（5）运作方式：坚持政府引导、企业主体、市场化运作。特色小镇要有明确的投资建设主体，以企业为主推进项目建设，尽可能采取企业统一规划、统一招商、统一建设的发展模式。政府引导和服务到位，统筹做好规划编制、基础设施配套、资源要素保障、文化内涵挖掘传承、生态环境保护、统计数据审核上报等方面工作。

（6）综合效益：创建过程中能够带动和形成大规模有效投资，建成后能够创造大量的新增税收、新增就业岗位、营业收入，集聚一大批工商户、中小企业、中高级人才，培育具有核心竞争力的特色产业和品牌，形成新的经济增长点。

2. 申报材料

（1）规划方案：有符合土地利用总体规划、城乡规划、环境功能区规划的特色小镇概念性规划，包括空间布局图、功能布局图、项目示意图，如已经开工的要有实景图，明确特色小镇的四至范围、产业定位。

（2）建设计划：有分年度的投资建设计划，明确每个建设项目的投资主体、投资额、投资计划、用地计划、建设规模、项目建成后产生的效益，以及相应的年度推进计划。以表格形式进行汇总。

（3）业主情况：简明扼要说明特色小镇建设主体的公司名称、实力、资金筹措计划等。可附上已建成运营项目案例。

（4）扶持举措：特色小镇所在设区市、县（市、区）政府支持申报省级特色小镇创建对象的服务扶持举措或政策意见。

（5）基本情况：如实、完整地填写《特色小镇基本情况表》。

3. 申报程序

（1）申报范围：所有符合基本条件的特色小镇。

（2）申报时间：由省特色小镇规划建设工作联席会议办公室（以下简称省联席会议办公室）发文通知，原则上每年集中申报1次。

（3）申报数量：总体上坚持上不封顶，不平均分配名额。为集中力量、突出重点，每个县（市、区）每次申报数量为1个，最多不超过2个。

（4）申报方式：由各县（市、区）结合实际自愿提出申请，经各市（含定州、辛集市）甄别筛选，整体排序后上报省联席会议办公室。

4. 审核程序

（1）审核分类：根据规划建设工作深度和实际进度，每批次分创建类、培育类两类审核确认。

（2）部门初审：省联席会议办公室将各市申报材料提交省联席会议成

员单位，分别提出审核、推荐意见。

（3）评估论证：省联席会议办公室会同省住房城乡建设厅对初审意见进行汇总梳理，并委托第三方机构，组织专家组，对申报材料进行评估论证，确定备选名单。

（4）审定公布：省联席会议办公室根据第三方机构论证意见，将特色小镇创建、培育名单报请省特色小镇规划建设联席会议审定，由联席会议办公室向社会公布。

四、山东省特色小镇申报条件及程序

如图A-4所示为山东省特色小镇申报流程。

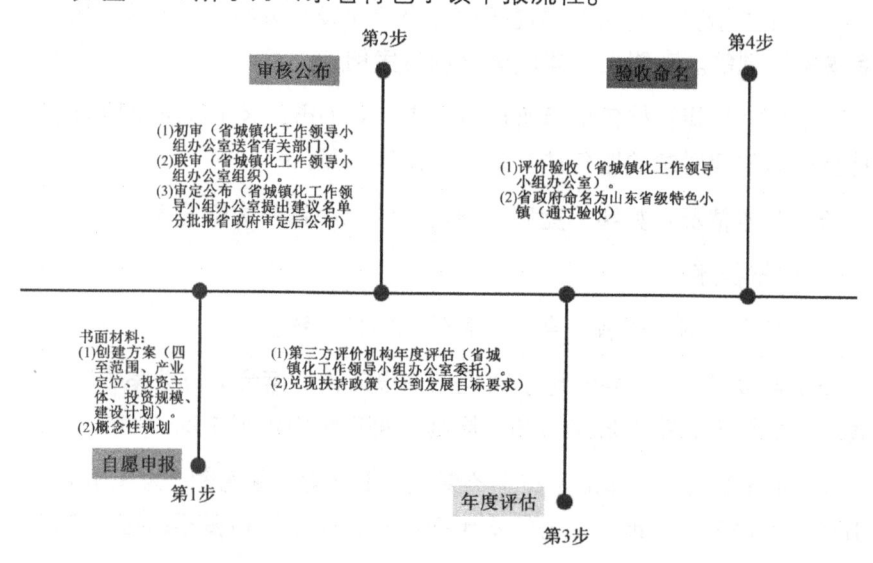

图A-4 山东省特色小镇申报流程

1. 创建目标

特色小镇是区别于行政区划单元和产业园区，具有明确产业定位、文化内涵、旅游特色和一定社区功能的发展空间平台。到2020年，创建100个左右产业上"特而强"、机制上"新而活"、功能上"聚而合"、形态上"精而美"的特色小镇，成为创新创业高地、产业投资洼地、休闲养生福

地、观光旅游胜地，打造区域经济新的增长极。

2. 创建标准

（1）定位明确，特色突出。以产业为基础，一业为主，多元发展，特色突出。

（2）以产兴城，以城兴业。围绕打造创新创业载体，做大做强主导产业，就业岗位和税收有较大增长，主导产业税收占特色小镇税收总量的70%以上。

（3）产城融合，功能配套。优化功能布局，集聚大批工商户、中小企业、中高级人才，实现产业、文化、旅游和社区有机结合，实现生产、生态、生活融合发展。

（4）规模集聚，品牌示范。主导产业在行业内有较大影响力，特色产业和品牌具有核心竞争力，在全省或全国有较大知名度。

（5）宜居宜游，生态优美。人文气息浓厚，旅游特色鲜明，每年接待一定数量游客，达到省级特色景观旅游名镇标准，其中旅游类小镇达到国家级特色景观旅游名镇标准。

3. 创建内容

（1）明确产业定位。尊重经济规律，按照一镇一业、一镇一品要求，因势利导，突出主导产业，拉长产业链条，壮大产业集群，提升产业层次，做大做强特色经济。聚集人才，培育海洋开发、信息技术、高端装备、电子商务、节能环保、金融等新兴产业；挖掘资源禀赋，发展旅游观光、文化创意、现代农业、环保家具等绿色产业；依托原有基础，优化造纸、酿造、纺织等传统产业。

（2）科学规划布局。特色小镇规划符合城镇总体规划，并与经济社会发展、土地利用、生态环境保护、历史文化保护、旅游发展等相关专业规划有效衔接。规划面积一般控制在3平方千米左右，起步阶段建设面积一般控制在1平方千米左右。将城市设计贯穿特色小镇规划建设全过程，塑

259

造特色风貌。

（3）增加有效投资。原则上 5 年完成固定资产投资 30 亿元以上，每年完成投资不少于 6 亿元。西部经济隆起带的特色小镇和信息技术、金融、旅游休闲、文化创意、农副产品加工等产业特色小镇的固定资产投资额不低于 20 亿元，每年完成投资不少于 4 亿元。

（4）完善功能配置。高标准配套建设基础设施和教育、医疗等公共服务设施。建设具有创业创新、公共服务、商贸信息、文化展示、旅游信息咨询、产品交易和信息管理等功能的综合服务平台，积极应用现代信息技术，实现公共 WiFi 和数字化管理全覆盖。

（5）创新运营方式。发挥政府服务职能，积极做好规划编制设计、基础设施配套、资源要素保障、文化内涵挖掘传承、生态环境保护等工作；发挥市场在资源配置中的决定性作用，以企业为主推进项目建设；发挥第三方机构作用，为入驻企业提供电子商务、软件研发、产品推广、技术孵化、市场融资等服务，将特色小镇打造为新型众创平台。

4. 创建程序

如表 A-1 所示。

表 A-1　山东省特色小镇创建程序

创建内容	序号	评价指标	指标权数	评价部门	指标属性
规划设计	1	发展概念规划	5	住房城乡建设部门	定量
	2	小镇总体城市设计	5	住房城乡建设部门	定量
建设进展	3	年度建设项目完成情况	6	住房城乡建设部门	定量
	4	年度建设投资完成情况	6	住房城乡建设部门	定量
功能配置	5	综合服务平台建设	4	住房城乡建设部门	定量
	6	WiFi 和数字化管理覆盖	4	住房城乡建设部门	定量
	7	集中供热普及率	4	住房城乡建设部门	定量
	8	燃气普及率	4	住房城乡建设部门	定量

附录 A　国家及地方政府关于特色小镇申报条件、流程汇总

续表

创建内容	序号	评价指标	指标权数	评价部门	指标属性
产业发展	9	主导产业税收占镇税收总量的比重	5	科技部门	定量
	10	规划区内规模以上工业企业总产值	5	科技部门	定量
创新能力	11	高新技术产业占经济总量比重	5	科技部门	定量
	12	每万人专利拥有量	5	科技部门	定量
生态环境	13	规划区内绿地率	4	住房城乡建设部门	定量
	14	生活垃圾无害化处理率	4	住房城乡建设部门	定量
	15	城镇污水处理率	4	住房城乡建设部门	定量
	16	绿色建筑占比	4	住房城乡建设部门	定量
人才发展	17	专业技术人员数量	3	人资资源保障部门	定量
	18	留学归国人员数量	2	人资资源保障部门	定量
综合效益	19	新增税收	6	财政部门	定量
	20	新增就业人员	5	人力资源社会保障部门	定量
	21	特色景观旅游名镇达标情况	5	住房城乡建设部门	定量
	22	年接待游客数量	5	旅游部门	定量
	合计		100		定量

（1）自愿申报。特色小镇申报每年组织 1 次，按照创建内容，凡具备创建条件的均可申报。凡列入新生小城市和重点示范镇的不再列为特色小镇。设区市政府向省城镇化工作领导小组办公室报送书面申报材料（包括创建方案，特色小镇的建设范围、产业定位、投资主体、投资规模、建设计划、营商环境改善措施，并附概念性规划）。

（2）审核公布。省城镇化工作领导小组办公室将申报材料送省有关部门初审，并在初审基础上组织联审，根据联审结果提出建议名单分批报省

政府审定后公布。

（3）年度评估。对列入创建名单的小镇，省城镇化工作领导小组办公室委托第三方评价机构进行年度评估，达到发展目标要求的兑现扶持政策。

（4）验收命名。对经过创建，达到创建内容标准要求，通过省城镇化工作领导小组办公室评价验收的，省政府命名为山东省特色小镇。

五、辽宁省特色小镇申报流程

如图 A-5 所示为辽宁省特色小镇申报流程。

第2步 审核公布
(1)初审（各有关部门）。
(2)专家审查（省宜居乡村建设领导小组办公室组织）。
(3)批准公布（创建名单经省政府批准后公布）

第4步 验收命名
(1)组织验收（省宜居乡村建设领导小组办公室）。
(2)省政府命名为省级特色小镇（通过验收）

第1步 自愿申报
书面材料：
(1)创建方案（四至范围、产业定位、投资主体、投资规模、建设计划）。
(2)概念性规划

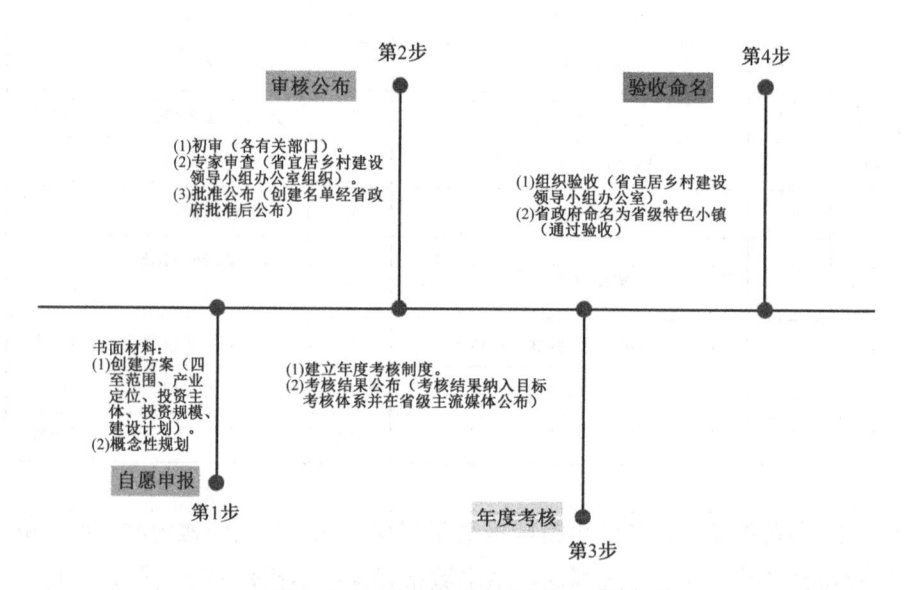

第3步 年度考核
(1)建立年度考核制度。
(2)考核结果公布（考核结果纳入目标考核体系并在省级主流媒体公布）

图 A-5　辽宁省特色小镇申报流程

六、天津特色小镇申报流程

如图 A-6 所示为天津特色小镇申报流程。

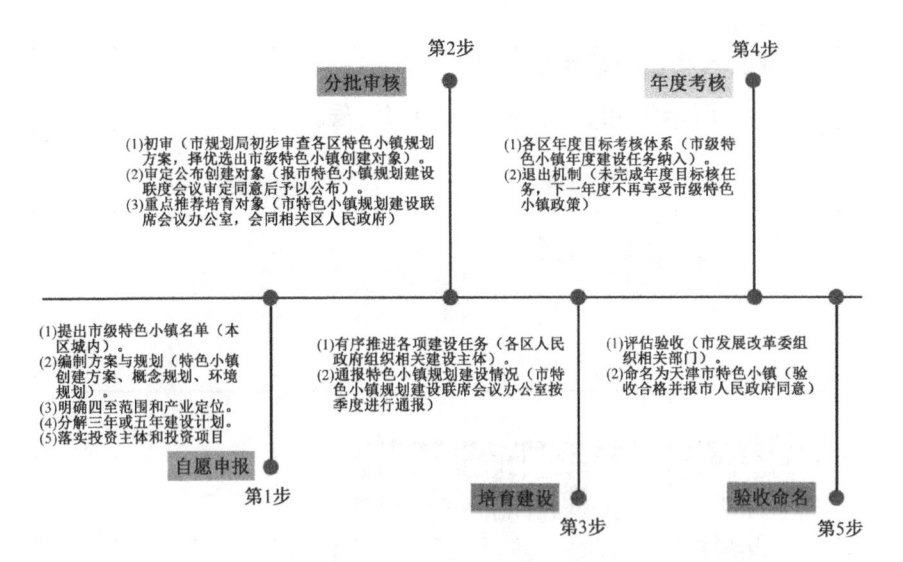

附录A 国家及地方政府关于特色小镇申报条件、流程汇总

第1步 自愿申报
(1)提出市级特色小镇名单(本区域内)。
(2)编制方案与规划(特色小镇创建方案、概念规划、环境规划)。
(3)明确四至范围和产业定位。
(4)分解三年或五年建设计划。
(5)落实投资主体和投资项目。

第2步 分批审核
(1)初审(市规划局初步审查各区特色小镇规划方案,择优选出市级特色小镇创建对象)。
(2)审定公布创建对象(报市特色小镇规划建设联席会议审定同意后予以公布)。
(3)重点推荐培育对象(市特色小镇规划建设联席会议办公室,会同相关区人民政府)

第3步 培育建设
(1)有序推进各项建设任务(各区人民政府组织相关建设主体)。
(2)通报特色小镇规划建设情况(市特色小镇规划建设联席会议办公室按季度进行通报)

第4步 年度考核
(1)各区年度目标考核体系(市级特色小镇年度建设任务纳入)。
(2)退出机制(未完成年度目标核任务,下一年度不再享受市级特色小镇政策)

第5步 验收命名
(1)评估验收(市发展改革委组织相关部门)。
(2)命名为天津市特色小镇(验收合格并报市人民政府同意)

图A-6 天津特色小镇申报流程

七、江西省特色小镇申报流程

如图A-7所示为江西省特色小镇申报流程。

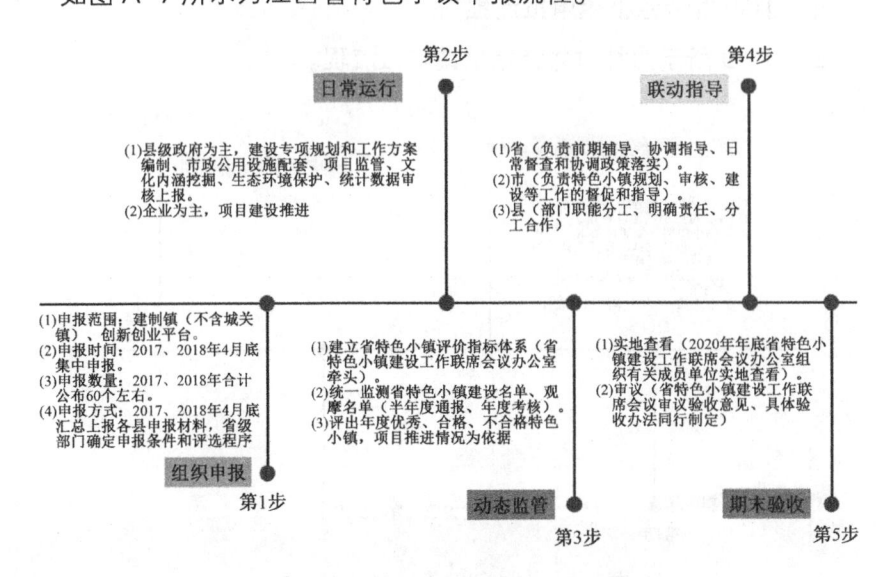

第1步 组织申报
(1)申报范围:建制镇(不含城关镇)、创新创业平台。
(2)申报时间:2017、2018年4月底集中申报。
(3)申报数量:2017、2018年合计公布60个左右。
(4)申报方式:2017、2018年4月底汇总上报各县申报材料,省级部门确定申报条件和评选程序

第2步 日常运行
(1)县级政府为主,建设专项规划和工作方案编制、市政公用设施配套、项目监管、文化内涵挖掘、生态环境保护、统计数据审核上报。
(2)企业为主,项目建设推进

第3步 动态监管
(1)建立省特色小镇评价指标体系(省特色小镇建设工作联席会议办公室牵头)。
(2)统一监测省特色小镇建设名单、观摩名单(半年度通报、年度考核)。
(3)评出年度优秀、合格、不合格特色小镇,项目推进情况为依据

第4步 联动指导
(1)省(负责前期辅导、协调指导、日常督查和协调政策落实)。
(2)市(负责特色小镇规划、审核、建设等工作的督促和指导)。
(3)县(部门职能分工、明确责任、分工合作)

第5步 期末验收
(1)实地查看(2020年年底省特色小镇建设工作联席会议办公室组织有关成员单位实地查看)。
(2)审议(省特色小镇建设工作联席会议审议验收意见,具体验收办法同行制定)

图A-7 江西省特色小镇申报流程

八、湖北省特色小镇申报流程

如图 A-8 所示为湖北省特色小镇申报流程。

第2步 分批审核
(1)初审（省特色小（城）镇规划建设工作联席会议办公室提出初审意见）。
(2)会议审查（省特色小（城）镇规划建设工作联席会议审查）。
(3)审查公布（各政府评定后分批公布创建名单）

第4步 考核验收
(1)制订《湖北省特色小（城）镇创建细则》。
(2)组织验收（湖北省特色小（城）镇规划建设工作联席会议）。
(3)认定为省级特色小（城）镇（通过验收）

第1步 自愿申报
书面材料：
(1)创建方案（四到范围、产业定位、投资主体、投资规模、建设计划）
(2)概念性规划

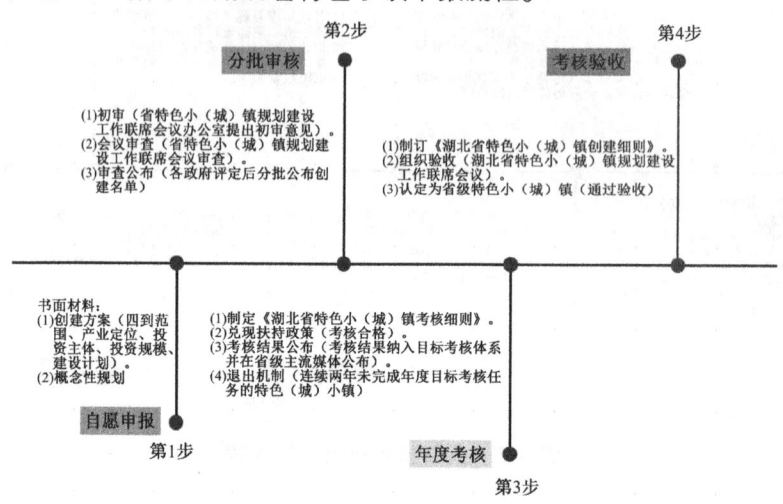

第3步 年度考核
(1)制定《湖北省特色小（城）镇考核细则》。
(2)兑现扶持政策（考核合格）。
(3)考核结果公布（考核结果纳入目标考核体系并在省级主流媒体公布）
(4)退出机制（连续两年未完成年度目标考核任务的特色（城）小镇）

图 A-8 湖北省特色小镇申报流程

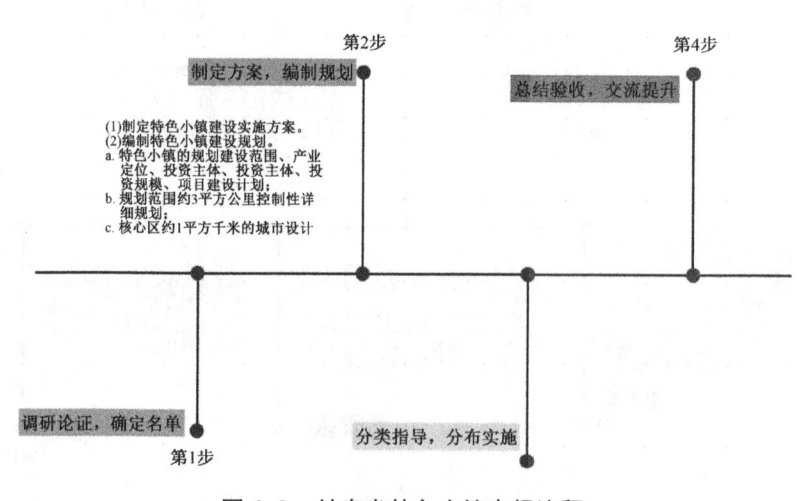

九、甘肃省特色小镇申报流程

如图 A-9 所示为甘肃省特色小镇申报流程。

第2步 制定方案，编制规划
(1)制定特色小镇建设实施方案。
(2)编制特色小镇建设规划。
  a.特色小镇的规划建设范围、产业定位、投资主体、投资主体、投资规模、项目建设计划；
  b.规划范围约3平方公里控制性详细规划；
  c.核心区约1平方千米的城市设计

第4步 总结验收，交流提升

第1步 调研论证，确定名单

第3步 分类指导，分布实施

图 A-9 甘肃省特色小镇申报流程

十、海南省特色小镇申报流程

如图 A-10 所示为海南省特色小镇申报流程。

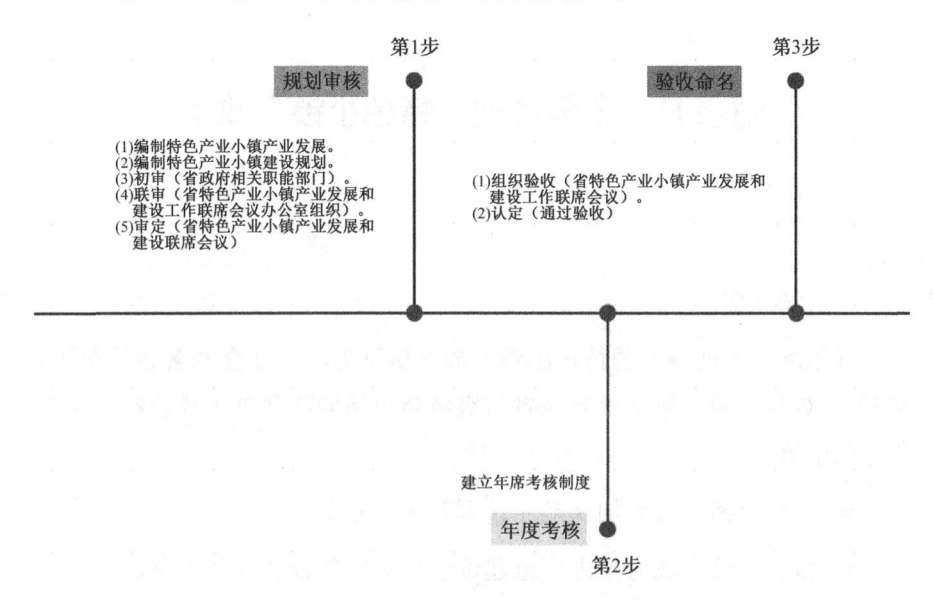

第1步 规划审核
(1)编制特色产业小镇产业发展。
(2)编制特色产业小镇建设规划。
(3)初审（省政府相关职能部门）。
(4)联审（省特色产业小镇产业发展和建设工作联席会议办公室组织）。
(5)审定（省特色产业小镇产业发展和建设联席会议）

第3步 验收命名
(1)组织验收（省特色产业小镇产业发展和建设工作联席会议）。
(2)认定（通过验收）

第2步 年度考核
建立年席考核制度

图 A-10　海南省特色小镇申报流程

附录 B 全国各地"特色小镇"政策

一、浙江省

近年浙江等地培育的特色小镇发展充满活力，走在全国各省的前列。2015年6月4日，第一批浙江省省级特色小镇创建名单正式公布，共37个特色小镇。

- ◆ 特色小镇正成为加快产业转型升级的新载体。
- ◆ 特色小镇正成为推进项目建设、拉动有效投资的新引擎。
- ◆ 特色小镇正成为推进供给侧结构性改革的新实践。
- ◆ 特色小镇正成为各级干部积极主动作为的新舞台。

浙江省政府出台《关于加快特色小镇规划建设的指导意见》（浙政发〔2015〕8号），明确了特色小镇规划建设的总体要求、创建程序、政策措施、组织领导等内容。相关文件如表B-1所示。

表 B-1　浙江省出台的特色小镇文件

编号	发布时间	文件名称	发布部门
1	2015.4.22	《关于加快特色小镇规划建设的指导意见》浙政发[2015]8号	浙江省人民政府
2	2015.6.1	浙特镇办[2015]2号文件（第一批省级特色小镇创建名单正式公布）	浙江省特色小镇规划建设工作联席会议办公室

续表

编号	发布时间	文件名称	发布部门
3	2015.6.29	《关于推进电子商务特色小镇创建工作的通知》浙电商办[2015]6号	浙江省电子商务工作领导小组办公室
4	2015.9.2	《关于加快推进特色小镇建设规划工作的指导意见》浙建规[2015]83号	浙江省住房和城乡建设厅
5	2015.9.15	《关于开展第二批省级特色小镇创建名单申报工作的通知》浙特镇办[2015]6号	浙江省特色小镇规划建设工作联席会议办公室
6	2015.9.17	《关于开展特色小镇规划建设统计监测工作的通知》浙特镇办[2015]7号	浙江省特色小镇规划建设工作联席会议办公室
7	2015.10.9	《浙江省特色小镇创建导则》浙特镇办[2015]9号	浙江省特色小镇规划建设工作联席会议办公室
8	2015.10.15	《关于金融支持浙江省特色小镇建设的指导意见》杭银发[2015]207号	中国人民银行杭州中心支行
			浙江省特色小镇规划建设工作联席会议办公室
9	2015.12.28	《浙江省特色小镇建成旅游景区的指导意见》浙旅政法[2015]216号	浙江省发展和改革委员会
10	2016.3.16	《关于高质量加快推进特色小镇建设的通知》浙政办发[2016]30号	浙江省人民政府办公厅

根据《指导意见》，特色小镇产业定位着力聚焦一批聚焦七大产业、兼顾丝绸黄酒等历史经典产业、具有独特文化内涵和旅游功能的特色小镇，坚持产业、文化、旅游"三位一体"和生产、生活、生态融合发展（见图B-1）。

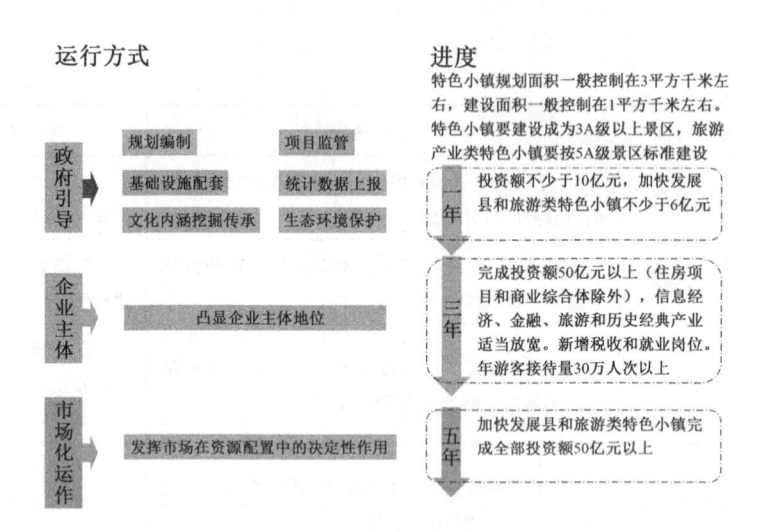

图 B-1　浙江省特色小镇的运行方式

特色小镇将采用创新的创建机制，通过"自愿申报、分批审核、年度考核、验收命名"四个程序完成"特色小镇"创建（见图 B-2）。

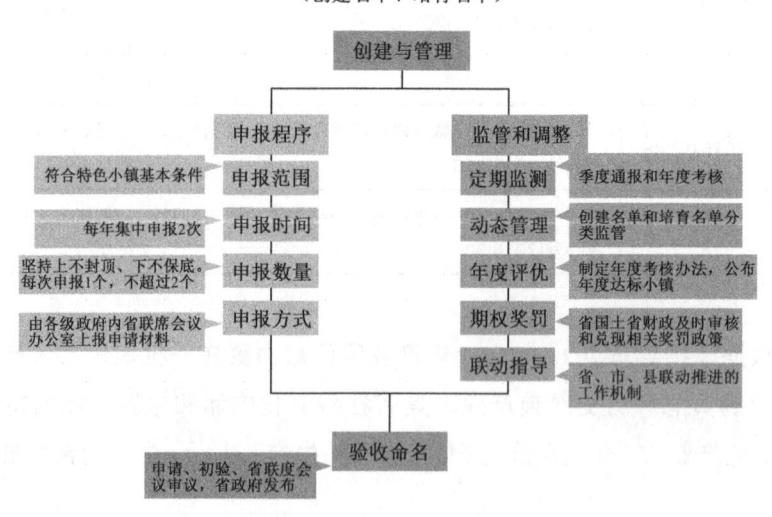

图 B-2　浙江省特色小镇的创建与管理

二、天津市

天津市政府办公厅近日发布《天津市特色小镇规划建设工作推动方案》。根据该《方案》，到 2020 年，天津市将创建 10 个市级实力小镇、20 个市级特色小镇，在现代产业、民俗文化、生态旅游、商业贸易、自主创新等方面竞相展现特色，建设成一镇一韵、一镇一品、一镇一特色的实力小镇、特色小镇、花园小镇（见表 B-2）。

表 B-2 天津特色小镇规划建设方向

武清区	将打造电商小镇、台商小镇、工业创新小镇、创客小镇、欧式风情小镇、运河创意休闲小镇等"市级特色小镇"，以及自行车小镇、绢花小镇、泉州水城、津门首驿、东方马都等"区级特色小镇"
西青区	中北镇打造产城融合特色小镇，大力发展新能源汽车、无人驾驶汽车
东丽区	华明高新区建设制造业特色小镇，打造智能网联汽车生产基地，同时发展生物医疗与医疗器械、新材料、工业科技打印等

三、江苏省

2015 年年底，江苏提出计划通过"十三五"的努力，打造 100 个左右特色小镇。今年 5 月，南京市发改委农经处表示，南京将用 3 年时间打造一批特色小镇。目前除了南京已率先进行试点建设，扬州、泰州、宿迁等市也在积极探索中。

南京市将通过要素聚合、资源整合、产城融合，把特色小镇打造成为经济增长的新引擎、创业创新的新平台、产业发展的新高地、文化传承的新载体、美丽南京的新名片。到 2020 年，全市将力争建成 30 个左右产业富有特色、文化独具韵味、生态充满魅力的市级特色小镇，并鼓励建设一批区级特色小镇。

南京市明确对特色小镇实行"动态管理"，将制定专门的建设管理办法。对列入市级建设名单的特色小镇，实行季度通报情况、年度综合评估。对连续两年未完成年度目标任务和未达到建设要求的特色小镇，实行退出机制，不再享受相关扶持政策。此外，将特色小镇工作纳入市对区年度综合考核目标体系。

四、山东省

2012 年，山东省委、省政府确定实施"百镇建设示范行动"。出台了《山东省人民政府关于开展"百镇建设示范行动"加快推进小城镇建设和发展的意见》，在实施扩权强镇、保障发展用地、适度扩大财权、加强资金扶持、优化机构设置等七个方面制定了创新性的优惠政策。

- 委托给示范镇的行政许可和审批事项，一律进入镇便民服务中心，实行"一站式服务"。
- "十二五"期间省里每年为 100 个示范镇安排不少于 5000 亩的新增建设用地计划指标，直接单列下达。
- 省里每年安排 10 亿元的示范镇建设专项资金。

五、贵州省

2013 年，贵州省要求各地、各部门围绕《贵州省关于加快 100 个示范小城镇改革发展的十条意见》，全面深入推进 10 大改革事项，41 项任务清单。同时，围绕《十条意见》，省委组织部、省编委办等部门出台了 29 个配套落实的具体操作文件，"1+N"政策体系基本建立。改革创新成为释放小城镇活力的重要抓手。

- 2014 年，全省 100 个示范小城镇各项工作超额完成年度目标，完成项目投资 365 亿元，新增城镇人口 8.5 万人，新增企业 2850 家。
- 通过多渠道筹集资金。省住建厅创新政银合作，与工行贵州省分行等 7 家金融机构共同搭建政银合作平台，各金融机构要落实"3 年内每年安排支持示范小城镇建设的贷款不低于框架协议金额的 10%"政策。进一步加大了对示范小城镇"8+X"项目、经济社会发展、城乡一体建设等方面的支持力度。

六、陕西省

2016年，陕西省发出《关于进一步推进全省重点示范镇文化旅游名镇（街区）建设的通知》，提出通过建立动态调整机制、持续加大扶持力度、提升规划建设管理水平、切实落实扩权强镇、加强技术支持和专家指导、严格目标责任考核等8项措施，进一步推动全省重点示范镇、文化旅游名镇，即"两镇"建设，带动全省特色小城镇发展。

- 持续推进简政放权，配备规划建设管理专职人员。两镇的主要负责人可由县级领导兼任。
- 从2016年到2020年，省财政给予每个省级重点示范镇每年1000万元专项资金支持，每个省级文化旅游名镇每年500万元专项资金支持。
- 同时，省上还将分批次给予每个省级重点示范镇1000亩、文化旅游名镇200亩城乡建设增减挂钩用地指标、新增建设用地指标。
- 成效显著的市级重点镇奖励600万元和600亩用地指标。

七、广东省

广州目前已编制了《关于加快特色小镇规划建设的实施意见》，计划先期创建30个市级特色小镇，为其提供用地扶持、资金扶持、产业扶持和人才支持。

黄浦区依据知识城、科学城和临港经济区三大板块空间布局，重点规划建设4个特色小镇：知识小镇、宜居健康小镇、海丝文化特色小镇和旅游休闲慢行小镇。

白云区依托白云国际机场建设人和航空小镇；依托帽峰山、流溪河建设钟落潭健康小镇；依托物流园、淘宝村建设太和电商小镇。

花都区规划了17个特色鲜明、产业基础好、可持续发展的特色小镇，近期将重点扶持打造其中4个：花东绿色金融小镇、梯面生态旅游小镇、秀全珠宝小镇、狮岭时尚产业小镇。

增城区打造成以岭南中医药为特色，以健康管理为模式，以温泉度假为配套的健康小镇；谋划建设新塘基金小镇、朱村科教小镇、增江街1978文化创意小镇等10个特色小镇。

从化区打造6个特色主题小镇，西塘村"童话小镇"，以"互联网+"生态旅游为主题的"莲麻小镇"，联溪村"徒步休闲小镇"，温泉镇风景区"温泉浪漫小镇"，以花为主题的西和村"风情小镇"，集桃花、美食、音乐于一体的锦洞村"桃花小镇"等。

番禺区计划打造石碁红木小镇和万博基金小镇。其中，广州市金融工作局已经向番禺区政府颁授"万博基金小镇"牌匾，番禺万博基金小镇也成为了广东省首个基金小镇。

八、福建省

2016年6月3日，福建省政府发布《福建省人民政府关于开展特色小镇规划建设的指导意见》，明确通过3~5年的培育创建，建成一批产业特色鲜明、体制机制灵活、人文气息浓厚、创业创新活力迸发、生态环境优美、多种功能融合的特色小镇。

第一部分是总体要求。特色小镇区别于建制镇和产业园区，是规划面积为3平方千米左右的特色产业聚集区，是具有明确产业定位、文化内涵、兼具旅游和社区功能的发展空间平台。

第二部分是创建程序。务实、分批推进特色小镇规划建设，各地根据实际情况自愿申报，对各地申报创建特色小镇不平均分配名额，凡符合特色小镇内涵和质量要求的，纳入特色小镇创建名单。对纳入创建名单的特色小镇实行年度考核，连续两年未完成年度目标考核任务的，实行退出机制，下一年度起不再享受特色小镇相关扶持政策。建设期满后，完成规划建设目标、达到特色小镇标准要求的，经验收合格，报省政府审定命名为福建省特色小镇。

第三部分是政策举措。从要素保障、资金支持、人才扶持、改革创新等方面,明确支持特色小镇规划建设的具体政策措施。

第四部分是组织领导。明确要建立协调机制、实行重点扶持、推进责任落实和加强动态监测,确保特色小镇规划建设工作取得实效。

九、政策亮点

一是强化要素保障。优先满足特色小镇用地需求,对每个特色小镇各安排100亩用地指标,新增建设用地计划予以倾斜支持。在符合相关规划和不改变现有工业用地用途的前提下,对工矿厂房、仓储用房进行改建、扩建及利用地下空间,提高容积率的,可不再补缴土地价款差额。符合条件的建设项目优先列入省重点建设项目。

二是加大资金支持力度。对特色小镇给予债券和贴息支持,小镇范围内符合条件的项目,优先申报国家专项建设基金和相关专项资金,优先享受省级产业转型升级等相关专项资金补助或扶持政策,优先支持向政策性银行争取长期低息的融资贷款,给予特色小镇规划设计补助,支持特色小镇生活污水处理设施和生活垃圾处理收运设施建设。

三是给予人才扶持。借鉴中关村国家自主创新示范区和我省自贸试验区做法,对特色小镇范围内的高端人才实行税收优惠和个税优惠政策,加大对高层次人才运营项目的担保支持。

四是鼓励改革创新。列入省级创建名单的特色小镇,优先上报国家相关改革试点;优先实施国家和省里先行先试的相关改革试点政策;允许先行先试符合法律法规要求的改革。

十、四川省

2013年四川省委作出开展"百镇建设行动"的重大决策,每年选取100个基础条件好、发展潜力大、特色优势明显的小城镇,进行重点培育。

"规划打造特色小城镇,要注重发挥小城镇联结城市、带动乡村的独特作用,注重突出地域特色、民族特色和历史文化特色,用规划把小城镇的文化底蕴、民族风情、自然风光和产业特色亮出来,为小城镇建设注入鲜活的生命力。"四川省委政研室副主任王整介绍说。

而强化产业支撑,以特色产业立镇,化解小城镇发展"空心化"难题,正是四川打造特色小镇的核心之举。四川认识到,实现农业转移人口在"家门口"就近就业创业,必须找准历史和现实的产业特色,推动特色小城镇建设。目前已初步形成了6种发展模式。

工业园区特色镇,突出发展历史经典产业和新兴产业特色镇。泸州市二郎镇和遂宁市沱牌镇发掘川酒千年文化内涵,推动"名酒·名园·名镇"互动发展,成为展示四川厚重白酒文化的特色名镇。

旅游观光特色镇,发挥四川历史文化厚重、山川雄奇秀美、民族风情浓郁的优势发展旅游特色镇。如江油市依托"诗仙故里"文化积淀,打造成为著名的青莲国际诗歌小镇。

商贸物流特色镇,重点在区位条件好的小城镇发展商贸物流特色镇,如成都市濛阳镇打造国际农产品交易中心、创建国家级蔬菜博览会品牌发展农业贸易重镇。

生态宜居特色镇,重点在生态条件好的区域发展适宜居住、康养和观光的生态宜居特色镇。如攀枝花市红格镇利用冬季气候温和、盛产温泉的优势,打造阳光旅游品牌小镇。

现代农业特色镇,发挥四川现代农业优势,建设服务农村、带动农业、助农增收的特色小城镇。如资阳市龙台镇突出柠檬种植优势打造"中国第一柠檬小镇",内江市镇西镇发展无花果、大头菜等特色农产品。

创新创业特色镇,围绕创新创业,发展"孵化+创投"、"互联网+"、创新工场等业态的新生园区镇和城中镇。如郫县菁蓉镇打造"创客小镇"品牌,推动产、镇、人融合发展,仅一年时间就集聚创业创新人才上万人。

附录 C 第二批全国特色小镇推荐工作

各省（区、市）住房城乡建设厅（建委）、北京市农委、上海市规划和国土资源局：为落实《住房和城乡建设部国家发展改革委财政部关于开展特色小镇培育工作的通知》（建村[2016]147 号）精神，做好第二批全国特色小镇推荐工作，经商财政部，现将有关事项通知如下。

一、推荐要求

各地推荐的特色小镇应符合建村[2016]147 号文件规定的培育要求，具备特色鲜明的产业形态、和谐宜居的美丽环境、彰显特色的传统文化、便捷完善的设施服务和充满活力的体制机制，并满足以下条件。

（1）具备良好的发展基础、区位优势和特色资源，能较快发展起来。

（2）实施并储备了一批质量高、带动效应强的产业项目。

（3）镇规划编制工作抓得紧，已编制的总体规划、详细规划或专项规划达到了定位准确、目标可行、规模适宜、管控有效 4 项要求。现有规划未达到定位准确等 4 项要求的已启动规划修编工作。

（4）制定并实施了支持特色小镇发展的政策措施，营造了市场主导、政企合作等良好政策氛围。

（5）实施了老镇区整治提升和发展利用工程，做到设施完善、风貌协调和环境优美。

（6）引入的旅游、文化等大型项目符合当地实际，建设的道路、公园等设施符合群众需求。

对存在以房地产为单一产业，镇规划未达到有关要求、脱离实际，盲目立项、盲目建设，政府大包大揽或过度举债，打着特色小镇名义搞圈地开发，项目或设施建设规模过大导致资源浪费等问题的建制镇不得推荐。县政府驻地镇不推荐。以旅游文化产业为主导的特色小镇推荐比例不超过 1/3。

二、推荐程序

我部根据各省（区、市）建制镇数量、规划编制与实施情况、特色小镇培育工作进展、地方组织推进小城镇建设力度等因素，确定了 2017 年各省（区、市）特色小镇推荐名额（见表 C-1）。请各省（区、市）按照分配名额组织好特色小镇推荐工作。

表 C-1　各省（区、市）特色小镇推荐名额分配表

编号	省（区、市）	推荐数量
1	北京市	5
2	天津市	5
3	河北省	11
4	山西省	10
5	内蒙古自治区	10
6	辽宁省	10
7	吉林省	8
8	黑龙江省	8
9	上海市	6
10	江苏省	15
11	浙江省	15
12	安徽省	11
13	福建省	11
14	江西省	10
15	山东省	15
16	河南省	11
17	湖北省	11
18	湖南省	11

续表

编号	省（区、市）	推荐数量
19	广东省	15
20	广西壮族自治区	10
21	海南省	6
22	重庆市	9
23	四川省	13
24	贵州省	11
25	云南省	11
26	西藏自治区	5
27	陕西省	11
28	甘肃省	6
29	青海省	5
30	宁夏回族自治区	5
31	新疆维吾尔自治区	7
32	新疆生产建设兵团	3
合计		300

按照自愿申报、择优推荐的原则，由县（市、区）住房城乡建设部门做好特色小镇信息填报等工作，经县（市、区）人民政府审核后，于2017年6月15日前将有关材料报省级住房城乡建设部门。省级住房城乡建设部门要严格按照建村[2016]147号文件要求，组织专家对上报的有关材料进行初审、评估并实地考核，确定本省（区、市）特色小镇推荐名单和排序，于2017年6月30日前将推荐名单和推荐材料报我部村镇建设司。我部将以现场答辩形式审查推荐的特色小镇，会同财政等部门认定并公布第二批全国特色小镇名单。现场答辩的有关安排另行通知。

三、材料要求

各省级住房城乡建设部门上报的推荐材料应包括特色小镇推荐信息表

（见表 C-2）、特色小镇培育说明材料、相关视频（可选）和有关规划。推荐信息表 1 式 2 份并加盖单位公章，相关信息录入特色小镇培育网（www.charmingtown.cn）。培育说明材料应逐项用文字、照片和图纸进行说明，以 PPT 格式提交（说明材料模板及示例可从特色小镇培育网下载）。视频材料时长为 5~10 分钟，文件格式不限。有关规划包括总体规划、详细规划和专项规划，提交电子版。推荐材料可通过光盘或 U 盘方式提交。

表 C-2 特色小镇推荐信息表

省县（市、区）镇

（表格中无特别说明的数据统计时限截止到 2016 年年底）

基本情况	地形	□山区 □平原 □水河 □其他	区位	□大城市近郊 □远郊区 □农业地区	
	功能类型	A 商贸流通型 B 工业发展型 C 农业服务型 D 旅游发展型 E 历史文化型 F 民族聚居型 G 其他（请注明）			
	镇域常住人口（人）		镇区常住人口（人）		
	镇 GDP（万元）		镇所属县 GDP（万元）		
	城镇居民人均年可支配收入（元）		农村居民人均年可支配收入（元）		
	公共财政收入（万元）		其中：可支配财政收入（万元）		
	全社会固定资产投资（万元）	2015 年	2016 年	2017 年 1 季度	
	民间资本固定资产投资（万元）	2015 年	2016 年	2017 年 1 季度	
	房地产开发投资（万元）	2015 年	2016 年	2017 年 1 季度	
	已获称号	国家级称号：□全国重点镇 □中国历史文化名镇 □全国特色景观旅游名镇 □美丽宜居小镇 □国家发改委新型城镇化试点镇 □财政部、住建部建制镇试点示范 □其他（请注明） 省级称号：___			
主导产业发展	主导产业类型				
	主导产业产品品牌荣誉、称号	国家级；省级；地市级			
	主导产业产值在省、市同类行业镇中排名	省级排名；地市级排名			

续表

	年份	2015年	2016年	2017年1季度
	主导产业年投资额（万元）			
	主导产业产值（万元）			
	主导产业吸纳的就业人员（人）			
	直接或间接带动周边农民就业（人）			
	2015年至2017年1季度已立项或建设的产业项目（可按照实际自行增加项目）	（1）名称，建设用地面积（公顷），总投资（万元）。 （2）名称，建设用地面积（公顷），总投资（万元）。 （3）名称，建设用地面积（公顷），总投资（万元）。		
美丽环境建设	土地利用	2015年底建成区面积（公顷），2016年新增建设用地（公顷），2017年计划新增建设用地（公顷），至2020年规划建设用地面积（公顷）		
	2015年至2017年1季度建设的住房、商业项目	（1）自建房：数量（套），新增建设用地面积（公顷），总投资（万元）。 （2）商品房：数量（套），新增建设用地面积（公顷），总投资（万元）。 （3）保障房：数量（套），新增建设用地面积（公顷），总投资（万元）。 （4）商业综合体：数量（套），新增建设用地面积（公顷），总投资（万元）		
	2015年至2017年1季度实施的生态环境治理、综合环境整治和美丽乡村建设项目（可自行增加项目）	（1）名称，建设内容，总投资（万元）。 （2）名称，建设内容，总投资（万元）。 （3）名称，建设内容，总投资（万元）		
传统文化保护	拥有非物质文化遗产	国家___项；省级___项；市级___项		
	保留地域特色文化	□民俗活动 □特色餐饮 □民间技艺 □民间戏曲 □其他特色		
	2015年至2017年1季度建设的文化活动中心场所	数量（个），新增建设用地面积（公顷），资金投入（万元）（包括非遗活化、民间技艺传承场所等）		
	2015年至2017年1季度举办的文化活动（可自行增加项目）	（1）名称，参与人次___人，级别。 （2）名称，参与人次___人，级别 （级别从国际、国家级、省级、地市级、县级、镇级中选择）		
服务设施建设	自来水卫生达标率（%）		生活污水达标排放率（%）	
	生活垃圾无害化处理率（%）		宽带入户率（%）	
	绿化覆盖率（%）		公共区域WiFi全覆盖	□是 □否
	有污水处理设施的行政村比例（%）		垃圾得到有效治理的行政村比例（%）	

续表

	市政基础设施运维管理费用（万元）	2015年		2016年		2017年1季度
	大型连锁超市或商业中心（处）			银行（信用社）网点（个）		
	2015年至2017年1季度建设的基础设施和公共服务设施（可自行增加项目）	（1）名称，建设规模，总投资（万元）。 （2）名称，建设规模，总投资（万元）。 （3）名称，建设规模，总投资（万元）。				
体制机制创新	编制了有关规划（可多选）	（1）总体规划。（2）控制性详细规划。（3）专项规划				
	已编制的规划是否包括（可多选）	（1）镇职能定位。（2）产业发展和布局。（3）镇村联动发展措施。（4）传统文化保护措施。（5）镇区风貌塑造。（6）重点地段的详细设计。（7）建设高度和强度控制。（8）近期建设项目库				
	是否设立了下列机构（可多选）	（1）综合执法机构。（2）"一站式"综合行政服务。（3）规划建设管理机构				
	创新措施和取得成效	（1）规划建设管理创新；措施，成效。 （2）社会管理服务创新；措施，成效。 （3）镇村融合创新；措施，成效。 （4）其他创新；措施，成效				
	2015年至2017年1季度实施的PPP或政府购买服务项目（可自行增加项目）	（1）名称建设内容，总投资（万元）。 （2）名称建设内容，总投资（万元）。 （3）名称建设内容，总投资（万元）。				
县级人民政府意见	申报意见： 单位盖章 日期：　年　月　日					
省级住房城乡建设部门意见	专家组审核意见： 现场考核意见： 单位盖章 日期：　年　月　日					

三、其他相关部委文件

（一）《住房和城乡建设部 国家发展改革委 财政部关于开展特色小镇培育工作的通知》建村[2016]147号，2016年7月

各省、自治区、直辖市住房城乡建设厅（建委）、发展改革委、财政厅，北京市农委、上海市规划和国土资源管理局：

为贯彻党中央、国务院关于推进特色小镇、小城镇建设的精神，落实《国民经济和社会发展第十三个五年规划纲要》关于加快发展特色镇的要求，住房和城乡建设部、国家发展改革委、财政部（以下简称三部委）决定在全国范围开展特色小镇培育工作，现通知如下。

1. 指导思想、原则和目标

（1）指导思想。

全面贯彻党的十八大和十八届三中、四中、五中全会精神，牢固树立和贯彻落实创新、协调、绿色、开放、共享的发展理念，因地制宜、突出特色，充分发挥市场主体作用，创新建设理念，转变发展方式，通过培育特色鲜明、产业发展、绿色生态、美丽宜居的特色小镇，探索小镇建设健康发展之路，促进经济转型升级，推动新型城镇化和新农村建设。

（2）基本原则。

坚持突出特色。从当地经济社会发展实际出发，发展特色产业，传承传统文化，注重生态环境保护，完善市政基础设施和公共服务设施，防止千镇一面。依据特色资源优势和发展潜力，科学确定培育对象，防止一哄而上。

坚持市场主导。尊重市场规律，充分发挥市场主体作用，政府重在搭建平台、提供服务，防止大包大揽。以产业发展为重点，依据产业发展确定建设规模，防止盲目造镇。

坚持深化改革。加大体制机制改革力度，创新发展理念，创新发展模式，创新规划建设管理，创新社会服务管理。推动传统产业改造升级，培育壮大新兴产业，打造创业创新新平台，发展新经济。

（3）目标。

到2020年，培育1000个左右各具特色、富有活力的休闲旅游、商贸物流、现代制造、教育科技、传统文化、美丽宜居等特色小镇，引领带动全国小城镇建设，不断提高建设水平和发展质量。

2. 培育要求

（1）特色鲜明的产业形态。

产业定位精准，特色鲜明，战略新兴产业、传统产业、现代农业等发展良好、前景可观。产业向做特、做精、做强发展，新兴产业成长快，传统产业改造升级效果明显，充分利用"互联网+"等新兴手段，推动产业链向研发、营销延伸。产业发展环境良好，产业、投资、人才、服务等要素集聚度较高。通过产业发展，小镇吸纳周边农村剩余劳动力就业的能力明显增强，带动农村发展效果明显。

（2）和谐宜居的美丽环境。

空间布局与周边自然环境相协调，整体格局和风貌具有典型特征，路网合理，建设高度和密度适宜。居住区开放融合，提倡街坊式布局，住房舒适美观。建筑彰显传统文化和地域特色。公园绿地贴近生活、贴近工作。店铺布局有管控。镇区环境优美，干净整洁。土地利用集约节约，小镇建设与产业发展同步协调。美丽乡村建设成效突出。

（3）彰显特色的传统文化。

传统文化得到充分挖掘、整理、记录，历史文化遗存得到良好保护和利用，非物质文化遗产活态传承。形成独特的文化标志，与产业融合发展。优秀传统文化在经济发展和社会管理中得到充分弘扬。公共文化传播方式方法丰富有效。居民思想道德和文化素质较高。

（4）便捷完善的设施服务。

基础设施完善，自来水符合卫生标准，生活污水全面收集并达标排放，垃圾无害化处理，道路交通停车设施完善便捷，绿化覆盖率较高，防洪、排涝、消防等各类防灾设施符合标准。公共服务设施完善、服务质量较高，教育、医疗、文化、商业等服务覆盖农村地区。

（5）充满活力的体制机制。

发展理念有创新，经济发展模式有创新。规划建设管理有创新，鼓励多规协调，建设规划与土地利用规划合一，社会管理服务有创新。省、市、县支持政策有创新。镇村融合发展有创新。体制机制建设促进小镇健康发展，激发内生动力。

3. 组织领导和支持政策

三部委负责组织开展全国特色小镇培育工作，明确培育要求，制定政策措施，开展指导检查，公布特色小镇名单。省级住房城乡建设、发展改革、财政部门负责组织开展本地区特色小镇培育工作，制定本地区指导意见和支持政策，开展监督检查，组织推荐。县级人民政府是培育特色小镇的责任主体，制定支持政策和保障措施，整合落实资金，完善体制机制，统筹项目安排并组织推进。镇人民政府负责做好实施工作。

国家发展改革委等有关部门支持符合条件的特色小镇建设项目申请专项建设基金，中央财政对工作开展较好的特色小镇给予适当奖励。

三部委依据各省小城镇建设和特色小镇培育工作情况，逐年确定各省推荐数量。省级住房城乡建设、发展改革、财政部门按推荐数量，于每年8月底前将达到培育要求的镇向三部委推荐。特色小镇原则上为建制镇（县城关镇除外），优先选择全国重点镇。

（二）住建部《关于做好2016年特色小镇推荐工作的通知》建村建函[2016]71号，2016年8月

各省（区、市）住房城乡建设厅（建委）、北京市农委、上海市规划和国土资源管理局：

根据《住房和城乡建设部　国家发展改革委　财政部关于开展特色小镇培育工作的通知》（建村[2016]147号）（以下简称《通知》）的要求，为做好2016年特色小镇推荐上报工作，现将有关事项通知如下。

1. 推荐数量

根据各省（区、市）经济规模、建制镇数量、近年来小城镇建设工作及省级支持政策情况，确定2016年各省推荐数量。

2. 推荐材料

推荐特色小镇应提供下列资料。

（1）小城镇基本信息表。各项信息要客观真实。

（2）小城镇建设工作情况报告及PPT。报告要紧紧围绕《通知》中5项培育要求编写。同时按编写提纲提供能直观、全面反映小城镇培育情况的PPT。有条件的地方可提供不超过15分钟的视频材料。

（3）镇总体规划。符合特色小镇培育要求、能够有效指导小城镇建设的规划成果。

（4）相关政策支持文件。被推荐镇列为省、市、县支持对象的证明资料及县级以上支持政策文件。

以上材料均需提供电子版，基本信息表还需提供纸质盖章文件。

3. 推荐程序

各省（区、市）要认真组织相关县级人民政府做好推荐填报工作，组织专家评估把关并实地考核，填写专家意见和实地考核意见，将优秀的候选特色小镇报我司。候选特色小镇近5年应无重大安全生产事故、重大环境污染、重大生态破坏、重大群体性社会事件、历史文化遗存破坏现象。我司将会同国家发展改革委规划司、财政部农业司组织专家对各地推荐上报的候选特色小镇进行复核，并现场抽查，认定公布特色小镇名单。

各省（区、市）村镇建设相关部门严格按照推荐数量上报，并于2016年8月30日前将候选特色小镇材料及电子版上报我司，同时完成在我部网站（网址：http://czjs.mohurd.gov.cn）上的信息填报。

（三）各省（区、市）特色小镇推荐数量分配表

如表C-2所示。

表C-2　各省（区、市）特色小镇推荐数量分配表

编号	省（区、市）	数量
1	北京市	4
2	天津市	3
3	河北省	5
4	山西省	4
5	内蒙古自治区	4

续表

编号	省（区、市）	数量
6	辽宁省	5
7	吉林省	3
8	黑龙江省	4
9	上海市	4
10	江苏省	8
11	浙江省	10
12	安徽省	6
13	福建省	6
14	江西省	5
15	山东省	8
16	河南省	5
17	湖北省	6
18	湖南省	6
19	广东省	8
20	广西壮族自治区	5
21	海南省	3
22	重庆市	5
23	四川省	8
24	贵州省	6
25	云南省	4
26	西藏自治区	3
27	陕西省	6
28	甘肃省	3
29	青海省	3
30	宁夏回族自治区	3
31	新疆维吾尔自治区	4
32	新疆生产建设兵团	2
合计		159

（四）住建部公布第一批中国特色小镇名单，2016年10月

如表C-3所示。

表C-3　第一批中国特色小镇名单（127个）

序号	省区	数量	名单
1	北京市	3	房山区长沟镇、昌平区小汤山镇、密云区古北口镇
2	天津市	2	武清区崔黄口镇、滨海新区中塘镇
3	河北省	4	秦皇岛市卢龙县石门镇、邢台市隆尧县莲子镇、保定市高阳县庞口镇、衡水市武强县周窝镇
4	山西省	3	晋城市阳城县润城镇、晋中市昔阳县大寨镇、吕梁市汾阳市杏花村镇
5	内蒙古自治区	4	赤峰市宁城县八里罕镇、通辽市科尔沁左翼中旗舍伯吐镇、呼伦贝尔市额尔古纳市莫尔道嘎镇
6	辽宁省	4	大连市瓦房店市谢屯镇、丹东市东港市孤山镇、辽阳市弓长岭区汤河镇、盘锦市大洼区赵圈河镇
7	吉林省	3	辽源市东辽县辽河源镇、通化市辉南县金川镇、延边朝鲜族自治州龙井市东盛涌镇
8	黑龙江省	3	齐齐哈尔市甘南县兴十四镇、牡丹江市宁安市渤海镇、大兴安岭地区漠河县北极镇
9	上海市	3	金山区枫泾镇、松江区车墩镇、青浦区朱家角镇
10	江苏省	7	南京市高淳区桠溪镇、无锡市宜兴市丁蜀镇、徐州市邳州市碾庄镇、苏州市吴中区甪直镇、苏州市吴江区震泽镇、盐城市东台市安丰镇、泰州市姜堰区溱潼镇
11	浙江省	8	杭州市桐庐县分水镇、温州市乐清市柳市镇、嘉兴市桐乡市濮院镇、湖州市德清县莫干山镇、绍兴市诸暨市大唐镇、金华市东阳市横店镇、丽水市莲都区大港头镇、丽水市龙泉市上垟镇
12	安徽省	5	铜陵市郊区大通镇、安庆市岳西县温泉镇、黄山市黟县宏村镇、六安市裕安区独山镇、宣城市旌德县白地镇
13	福建省	5	福州市永泰县嵩口镇、厦门市同安区汀溪镇、泉州市安溪县湖头镇、南平市邵武市和平镇、龙岩市上杭县古田镇
14	江西省	4	南昌市进贤县文港镇、鹰潭市龙虎山风景名胜区上清镇、宜春市明月山温泉风景名胜区温汤镇、上饶市婺源县江湾镇
15	山东省	7	青岛市胶州市李哥庄镇、淄博市淄川区昆仑镇、烟台市蓬莱市刘家沟镇、潍坊市寿光市羊口镇、泰安市新泰市西张庄镇、威海市经济技术开发区崮山镇、临沂市费县探沂镇

续表

序号	省区	数量	名单
16	河南省	4	焦作市温县赵堡镇、许昌市禹州市神垕镇、南阳市西峡县太平镇、驻马店市确山县竹沟镇
17	湖北省	5	宜昌市夷陵区龙泉镇、襄阳市枣阳市吴店镇、荆门市东宝区漳河镇、黄冈市红安县七里坪镇、随州市随县长岗镇
18	湖南省	5	长沙市浏阳市大瑶镇、邵阳市邵东县廉桥镇、郴州市汝城县热水镇、娄底市双峰县荷叶镇、湘西土家族苗族自治州花垣县边城镇
19	广东省	6	佛山市顺德区北滘镇、江门市开平市赤坎镇、肇庆市高要区回龙镇、梅州市梅县区雁洋镇、河源市江东新区古竹镇、中山市古镇镇
20	广西壮族自治区	4	柳州市鹿寨县中渡镇、桂林市恭城瑶族自治县莲花镇、北海市铁山港区南康镇、贺州市八步区贺街镇
21	海南省	2	海口市云龙镇、琼海市潭门镇
22	重庆市	4	万州区武陵镇、涪陵区蔺市镇、黔江区濯水镇、潼南区双江镇
23	四川省	7	成都市郫县德源镇、成都市大邑县安仁镇、攀枝花市盐边县红格镇、泸州市纳溪区大渡口镇、南充市西充县多扶镇、宜宾市翠屏区李庄镇、达州市宣汉县南坝镇
24	贵州省	5	贵阳市花溪区青岩镇、六盘水市六枝特区郎岱镇、遵义市仁怀市茅台镇、安顺市西秀区旧州镇、黔东南州雷山县西江镇
25	云南省	3	红河州建水县西庄镇、大理州大理市喜洲镇、德宏州瑞丽市畹町镇
26	西藏自治区	2	拉萨市尼木县吞巴乡、山南市扎囊县桑耶镇
27	陕西省	5	西安市蓝田县汤峪镇、铜川市耀州区照金镇、宝鸡市眉县汤峪镇、汉中市宁强县青木川镇、杨陵区五泉镇
28	甘肃省	3	兰州市榆中县青城镇、武威市凉州区清源镇、临夏州和政县松鸣镇
29	青海省	2	海东市化隆回族自治县群科镇、海西蒙古族藏族自治州乌兰县茶卡镇
30	宁夏回族自治区	2	银川市西夏区镇北堡镇、固原市泾源县泾河源镇
31	新疆维吾尔自治区	3	喀什地区巴楚县色力布亚镇、塔城地区沙湾县乌兰乌苏镇、阿勒泰地区富蕴县可可托海镇
32	新疆生产建设兵团	1	第八师石河子市北泉镇

（五）国家发展改革委《关于加快美丽特色小（城）镇建设的指导意见》发改规划[2016]2125号，2016年10月

各省、自治区、直辖市、计划单列市发展改革委，新疆生产建设兵团发展改革委：

特色小（城）镇包括特色小镇、小城镇两种形态。特色小镇主要指聚焦特色产业和新兴产业，集聚发展要素，不同于行政建制镇和产业园区的创新创业平台。特色小城镇是指以传统行政区划为单元，特色产业鲜明、具有一定人口和经济规模的建制镇。特色小镇和小城镇相得益彰、互为支撑。发展美丽特色小（城）镇是推进供给侧结构性改革的重要平台，是深入推进新型城镇化的重要抓手，有利于推动经济转型升级和发展动能转换，有利于促进大中小城市和小城镇协调发展，有利于充分发挥城镇化对新农村建设的辐射带动作用。为深入贯彻落实习近平总书记、李克强总理等党中央、国务院领导同志关于特色小镇、小城镇建设的重要批示指示精神，现就加快美丽特色小（城）镇建设提出如下意见。

1. 总体要求

全面贯彻党的十八大和十八届三中、四中、五中全会精神，深入学习贯彻习近平总书记系列重要讲话精神，牢固树立和贯彻落实创新、协调、绿色、开放、共享的发展理念，按照党中央、国务院的部署，深入推进供给侧结构性改革，以人为本、因地制宜、突出特色、创新机制，夯实城镇产业基础，完善城镇服务功能，优化城镇生态环境，提升城镇发展品质，建设美丽特色新型小（城）镇，有机对接美丽乡村建设，促进城乡发展一体化。

（1）坚持创新探索。创新美丽特色小（城）镇的思路、方法、机制，着力培育供给侧小镇经济，防止"新瓶装旧酒""穿新鞋走老路"，努力走出一条特色鲜明、产城融合、惠及群众的新型小城镇之路。

（2）坚持因地制宜。从各地实际出发，遵循客观规律，挖掘特色优势，体现区域差异性，提倡形态多样性，彰显小（城）镇独特魅力，防止照搬照抄、"东施效颦"、一哄而上。

（3）坚持产业建镇。根据区域要素禀赋和比较优势，挖掘本地最有基

础、最具潜力、最能成长的特色产业,做精做强主导特色产业,打造具有持续竞争力和可持续发展特征的独特产业生态,防止千镇一面。

(4)坚持以人为本。围绕人的城镇化,统筹生产、生活、生态空间布局,完善城镇功能,补齐城镇基础设施、公共服务、生态环境短板,打造宜居宜业环境,提高人民群众获得感和幸福感,防止形象工程。

(5)坚持市场主导。按照政府引导、企业主体、市场化运作的要求,创新建设模式、管理方式和服务手段,提高多元化主体共同推动美丽特色小(城)镇发展的积极性。发挥好政府制定规划政策、提供公共服务等作用,防止大包大揽。

2. 分类施策,探索城镇发展新路径

总结推广浙江等地特色小镇发展模式,立足产业"特而强"、功能"聚而合"、形态"小而美"、机制"新而活",将创新性供给与个性化需求有效对接,打造创新创业发展平台和新型城镇化有效载体。

按照控制数量、提高质量、节约用地、体现特色的要求,推动小(城)镇发展与疏解大城市中心城区功能相结合、与特色产业发展相结合、与服务"三农"相结合。大城市周边的重点镇,要加强与城市发展的统筹规划与功能配套,逐步发展成为卫星城。具有特色资源、区位优势的小城镇,要通过规划引导、市场运作,培育成为休闲旅游、商贸物流、智能制造、科技教育、民俗文化传承的专业特色镇。远离中心城市的小城镇,要完善基础设施和公共服务,发展成为服务农村、带动周边的综合性小城镇。

统筹地域、功能、特色三大重点,以镇区常住人口 5 万以上的特大镇、镇区常住人口 3 万以上的专业特色镇为重点,兼顾多类型多形态的特色小镇,因地制宜建设美丽特色小(城)镇。

3. 突出特色,打造产业发展新平台

产业是小城镇发展的生命力,特色是产业发展的竞争力。要立足资源禀赋、区位环境、历史文化、产业集聚等特色,加快发展特色优势主导产业,延伸产业链、提升价值链,促进产业跨界融合发展,在差异定位和领域细分中构建小镇大产业,扩大就业,集聚人口,实现特色产业立镇、强镇、富镇。

有条件的小城镇特别是中心城市和都市圈周边的小城镇，要积极吸引高端要素集聚，发展先进制造业和现代服务业。鼓励外出农民工回乡创业定居。强化校企合作、产研融合、产教融合，积极依托职业院校、成人教育学院、继续教育学院等院校建设就业技能培训基地，培育特色产业发展所需各类人才。

4. 创业创新，培育经济发展新动能

创新是小城镇持续健康发展的根本动力。要发挥小城镇创业创新成本低、进入门槛低、各项束缚少、生态环境好的优势，打造大众创业、万众创新的有效平台和载体。鼓励特色小（城）镇发展面向大众、服务小微企业的低成本、便利化、开放式服务平台，构建富有活力的创业创新生态圈，集聚创业者、风投资本、孵化器等高端要素，促进产业链、创新链、人才链的耦合；依托互联网拓宽市场资源、社会需求与创业创新对接通道，推进专业空间、网络平台和企业内部众创，推动新技术、新产业、新业态蓬勃发展。

营造吸引各类人才、激发企业家活力的创新环境，为初创期、中小微企业和创业者提供便利、完善的"双创"服务；鼓励企业家构筑创新平台、集聚创新资源；深化投资便利化、商事仲裁、负面清单管理等改革创新，打造有利于创新创业的营商环境，推动形成一批集聚高端要素、新兴产业和现代服务业特色鲜明、富有活力和竞争力的新型小城镇。

5. 完善功能，强化基础设施新支撑

便捷完善的基础设施是小城镇集聚产业的基础条件。要按照适度超前、综合配套、集约利用的原则，加强小城镇道路、供水、供电、通信、污水垃圾处理、物流等基础设施建设。建设高速通畅、质优价廉、服务便捷的宽带网络基础设施和服务设施，以人为本推动信息惠民，加强小城镇信息基础设施建设，加速光纤入户进程，建设智慧小镇。加强步行和自行车等慢行交通设施建设，做好慢行交通系统与公共交通系统的衔接。

强化城镇与交通干线、交通枢纽城市的连接，提高公路技术等级和通行能力，改善交通条件，提升服务水平。推进大城市市域（郊）铁路发展，形成多层次轨道交通骨干网络，高效衔接大中小城市和小城镇，促进互联互通。鼓励综合开发，形成集交通、商业、休闲等为一体的开放式小城镇功能区。推进公共停车场建设。鼓励建设开放式住宅小区，提升微循环能力。鼓励有条件的小城镇开发利用地下空间，提高土地利用效率。

6. 提升质量，增加公共服务新供给

完善的公共服务特别是较高质量的教育医疗资源供给是增强小城镇人口集聚能力的重要因素。要推动公共服务从按行政等级配置向按常住人口规模配置转变，根据城镇常住人口增长趋势和空间分布，统筹布局建设学校、医疗卫生机构、文化体育场所等公共服务设施，大力提高教育卫生等公共服务的质量和水平，使群众在特色小（城）镇能够享受更有质量的教育、医疗等公共服务。要聚焦居民日常需求，提升社区服务功能，加快构建便捷"生活圈"、完善"服务圈"和繁荣"商业圈"。

镇区人口 10 万以上的特大镇要按同等城市标准配置教育和医疗资源，其他城镇要不断缩小与城市基本公共服务差距。实施医疗卫生服务能力提升计划，参照县级医院水平提高硬件设施和诊疗水平，鼓励在有条件的小城镇布局三级医院。大力提高教育质量，加快推进义务教育学校标准化建设，推动市县知名中小学和城镇中小学联合办学，扩大优质教育资源覆盖面。

7. 绿色引领，建设美丽宜居新城镇

优美宜居的生态环境是人民群众对城镇生活的新期待。要牢固树立"绿水青山就是金山银山"的发展理念，保护城镇特色景观资源，加强环境综合整治，构建生态网络。深入开展大气污染、水污染、土壤污染防治行动，溯源倒逼、系统治理，带动城镇生态环境质量全面改善。有机协调城镇内外绿地、河湖、林地、耕地，推动生态保护与旅游发展互促共融、新型城镇化与旅游业有机结合，打造宜居宜业宜游的优美环境。鼓励有条件的小城镇按照不低于 3A 级景区的标准规划建设特色旅游景区，将美丽资源转化为"美丽经济"。

加强历史文化名城名镇名村、历史文化街区、民族风情小镇等的保护，保护独特风貌，挖掘文化内涵，彰显乡愁特色，建设有历史记忆、文化脉络、地域风貌、民族特点的美丽小（城）镇。

8. 主体多元，打造共建共享新模式

创新社会治理模式是建设美丽特色小（城）镇的重要内容。要统筹政府、社会、市民三大主体积极性，推动政府、社会、市民同心同向行动。充分发挥社会力量作用，最大限度激发市场主体活力和企业家创造力，鼓励企业、其他社会组织和市民积极参与城镇投资、建设、运营和管理，成为美丽特色小（城）镇建设的主力军。积极调动市民参与美丽特色小（城）镇建设热情，促进其致富增收，让发展成果惠及广大群众。逐步形成多方主体参与、良性互动的现代城镇治理模式。

政府主要负责提供美丽特色小（城）镇制度供给、设施配套、要素保障、生态环境保护、安全生产监管等管理和服务，营造更加公平、开放的市场环境，深化"放管服"改革，简化审批环节，减少行政干预。

9. 城乡联动，拓展要素配置新通道

美丽特色小（城）镇是辐射带动新农村的重要载体。要统筹规划城乡基础设施网络，健全农村基础设施投入长效机制，促进水电路气信等基础设施城乡联网、生态环保设施城乡统一布局建设。推进城乡配电网建设改造，加快农村宽带网络和快递网络建设，以美丽特色小（城）镇为节点，推进农村电商发展和"快递下乡"。推动城镇公共服务向农村延伸，逐步实现城乡基本公共服务制度并轨、标准统一。

搭建农村一、二、三产业融合发展服务平台，推进农业与旅游、教育、文化、健康养老等产业深度融合，大力发展农业新型业态。依托优势资源，积极探索承接产业转移新模式，引导城镇资金、信息、人才、管理等要素向农村流动，推动城乡产业链双向延伸对接。促进城乡劳动力、土地、资本和创新要素高效配置。

10. 创新机制，激发城镇发展新活力

释放美丽特色小（城）镇的内生动力关键要靠体制机制创新。要全面放开小城镇落户限制,全面落实居住证制度,不断拓展公共服务范围。积极盘活存量土地,建立低效用地再开发激励机制。建立健全进城落户农民农村土地承包权、宅基地使用权、集体收益分配权自愿有偿流转和退出机制。创新特色小(城)镇建设投融资机制,大力推进政府和社会资本合作,鼓励利用财政资金撬动社会资金,共同发起设立美丽特色小(城)镇建设基金。研究设立国家新型城镇化建设基金,倾斜支持美丽特色小(城)镇开发建设。鼓励开发银行、农业发展银行、农业银行和其他金融机构加大金融支持力度。鼓励有条件的小城镇通过发行债券等多种方式拓宽融资渠道。

按照"小政府、大服务"模式,推行大部门制,降低行政成本,提高行政效率。深入推进强镇扩权,赋予镇区人口10万以上的特大镇县级管理职能和权限,强化事权、财权、人事权和用地指标等保障。推动具备条件的特大镇有序设市。

各级发展改革部门要把加快建设美丽特色小(城)镇作为落实新型城镇化战略部署和推进供给侧结构性改革的重要抓手,坚持用改革的思路、创新的举措发挥统筹协调作用,借鉴浙江等地采取创建制培育特色小镇的经验,整合各方面力量,加强分类指导,结合地方实际研究出台配套政策,努力打造一批新兴产业集聚、传统产业升级、体制机制灵活、人文气息浓厚、生态环境优美的美丽特色小(城)镇。国家发展改革委将加强统筹协调,加大项目、资金、政策等的支持力度,及时总结推广各地典型经验,推动美丽特色小(城)镇持续健康发展。

(六)中央财经领导小组办公室、国家发展改革委、住房和城乡建设部联合召开特色小(城)镇经验交流会主要意见,2016年10月

为贯彻落实习近平总书记、李克强总理和张高丽副总理重要批示精神,及时总结交流各地推进特色小镇和小城镇的实践经验,促进特色小镇和小城镇持续健康发展,10月13日,中央财经领导小组办公室、国家发展改革委、住房和城乡建设部在浙江杭州市召开特色小(城)镇经验交流会。推进新型城镇化工作部际联席会议成员单位有关司局负责人,各省、自治区、市、计划单列市、新疆生产建设兵团发展改革委、住房城乡建设厅负责同志参加会议。中央财经领导小组办公室舒国增副主任、住房和城乡建设部陈政高部长、国家发展改革委胡祖才副主任、浙江省委常委、常务副省长袁家军出席会议并讲话。

与会代表认真学习了习近平总书记、李克强总理和张高丽副总理重要批示精神，实地调研考察了杭州市基金小镇和梦想小镇建设情况。浙江省发展改革委重点介绍了近年来浙江创建特色小镇的主要做法和取得的成效。重庆、北京、吉林、河南、山东、四川等6个省市及江苏省宜兴市丁蜀镇、陕西省眉县汤峪镇也就本地推进特色小镇和小城镇的做法进行了交流。中国城镇化促进会郑新立副主席等专家进行了点评发言。

会议指出，培育发展特色小镇和小城镇，适应四化同步的时代潮流，搭建城乡优势整合的新载体、促进城乡创业创新的新平台、推动城乡要素交流的新机制，有利于推进供给侧结构性改革，有利于推动经济转型升级和发展动能转换，有利于促进大中小城市和小城镇协调发展，有利于充分发挥城镇化对新农村建设的辐射带动作用。小城镇承载着大梦想，抓特色小镇和小城镇建设大有可为。

会议强调，各地区在培育发展特色小镇和小城镇过程中，必须坚持因地制宜，提倡形态多样性，鼓励各地发展符合实际、特色鲜明、宜居宜业的新型小城镇，防止一哄而上；坚持产业建镇，加快发展特色优势产业，促进城镇经济转型升级，防止千镇一面；坚持以人为本，补齐城镇基础设施和公共服务设施短板，增强城镇承载功能，防止形象工程；坚持市场主导，更加尊重市场规律，提高政府管理和服务的能力水平，防止政府大包大揽。

会议要求，各地区要把建设特色小镇和小城镇作为推进供给侧结构性改革的重要抓手，牢固树立发展新理念，开拓创新、扎实工作，奋力开创特色小镇和小城镇发展新局面，为推动新型城镇化建设站在新起点、取得新进展做出新贡献。

附录D 特色小镇是浙江创新发展的战略选择

为适应与引领经济新常态，浙江于2016年全面启动建设一批产业特色鲜明、人文气息浓厚、生态环境优美、兼具旅游与社区功能的特色小镇，这是贯彻落实习近平总书记对浙江"干在实处永无止境、走在前列要谋新篇"指示精神的具体实践，是经济新常态下加快区域创新发展的战略选择，也是推进供给侧结构性改革和新型城市化的有效路径，有利于加快高端要素集聚、产业转型升级和历史文化传承，推动经济平稳健康发展和城乡统筹发展。

一、特色小镇是浙江适应和引领经济新常态的新探索新实践

在新常态下，浙江利用自身的信息经济、块状经济、山水资源、历史人文等独特优势，加快创建一批特色小镇，这不仅符合经济社会发展规律，而且有利于破解经济结构转化和动力转换的现实难题，是浙江适应和引领经济新常态的重大战略选择。

特色小镇是破解浙江空间资源瓶颈的重要抓手，符合生产力布局优化规律。浙江只有10万平方千米陆域面积，而且是"七山一水两分田"，长期以来一直致力于在非常有限的空间里优化生产力的布局。从块状经济、县域经济，到工业区、开发区、高新区，再到集聚区、科技城，无不是试图用最小的空间资源达到生产力的最优化布局。瑞士的达沃斯小镇、美国的格林威治对冲基金小镇、法国的普罗旺斯小镇、希腊的圣多里尼小镇等，虽然体量都不太大，但十分精致独特，建筑密度低，产业富有特色，文化独具韵味，生态充满魅力，对浙江优化生产力布局颇有启迪。特色小镇是浙江特色产业、新型城市化与"两美浙江"建设碰撞在一起的产物，既非

简单的以业兴城，也非以城兴业；既非行政概念，也非工业园区概念。从生产力布局优化规律看，生产力配置一定要在功能的集聚与扩散之间找到最佳平衡点，在城市化与逆城市化之间找到最佳平衡点，在生产、生活、生态之间找到最佳平衡点。浙江之所以在城乡接合部建"小而精"的特色小镇，就是要在有限的空间里充分融合特色小镇的产业功能、旅游功能、文化功能、社区功能，在构筑产业生态圈的同时，形成令人向往的优美风景、宜居环境和创业氛围。

特色小镇是破解浙江有效供给不足的重要抓手，符合产业结构演化规律。绍兴纺织、大唐袜业、嵊州领带、海宁皮革等块状经济，是浙江从资源小省迈向制造大省、市场大省、经济大省的功臣。然而，步入新常态的浙江制造，并没有从"微笑曲线"底端走出来，产业转型升级滞后于市场升级和消费升级，导致有效供给不足和消费需求外溢。产业结构演进的一条基本规律是，趋向高加工度化、技术集约化、知识化和服务化，特别是在经济发展水平达到一定阶段以后，主导产业逐渐从以纺织业为主的轻纺工业向以信息产业为主的高新技术产业转换。为此，我们提出，特色小镇必须定位最有基础、最有特色、最具潜力的主导产业，也就是聚焦支撑浙江长远发展的信息经济、环保、健康、旅游、时尚、金融、高端装备等七大产业，以及茶叶、丝绸、黄酒、中药、木雕、根雕、石刻、文房、青瓷、宝剑等历史经典产业，通过产业结构的高端化推动浙江制造供给能力的提升，通过发展载体的升级推动历史经典产业焕发青春、再创优势。

特色小镇是破解浙江高端要素聚合度不够的重要抓手，符合创业生态进化规律。在"大众创业、万众创新"到来的时代，竞争的关键是生态竞争。良好的生态不仅使内在的发展动力得以充分释放，对外在的高端要素资源也形成强大的吸附力。硅谷之所以源源不断诞生诸如苹果、谷歌、甲骨文这样的世界级企业，越来越多怀揣梦想的年轻人之所以愿意到杭州的梦想小镇创业，秘诀就在于这些地方形成了富有吸引力的创业创新生态。浙江建设特色小镇，聚焦七大产业和历史经典产业打造产业生态，瞄准建成3A级以上景区打造自然生态，通过"创建制""期权激励制"以及"追惩制"打造政务生态，强化社区功能打造社会生态，集聚创业者、风投资本、孵化器等高端要素，促进产业链、创新链、人才链等耦合，为特色小镇注入无穷生机。梦想小镇启用仅半年，就吸引了400多个互联网创业团队、4400多名年轻创业者落户，300多亿元风投基金蜂拥而至，形成了完整的互联网创业生态圈，如今在全球互联网领域已声名鹊起，这就是创业生态的独特魅力。

特色小镇是破解浙江城乡二元结构、改善人居环境的重要抓手，符合人的城市化规律。浙江的城市化进程走到今天，交通拥堵等"大城市病"已经出现，公共服务向农村延伸的能力已经大大增强。在城市与乡村之间建设特色小镇，实现生产、生活、生态融合，既云集市场主体，又强化生活功能配套与自然环境美化，符合现代都市人的生产生活追求。梦想小镇是"产、城、人、文"四位一体的新型空间、新型社区，在互联网时代和大交通时代，这种新型社区会对人的生活方式、生产方式带来一系列的综合性改变。这种改变，就是破解城乡二元结构的有效抓手，符合现代人既要在市场大潮中激情创新、又想在优美环境中诗意生活的追求。不久的将来，在特色小镇工作与生活，会是最让人羡慕的一种生存状态，也会成为浙江新型城市化的一道新风景。

二、特色小镇要成为创新、协调、绿色、开放、共享发展的重要功能平台

特色小镇不是行政区划单元上的"镇"，也不同于产业园区、风景区的"区"，而是按照创新、协调、绿色、开放、共享发展理念，结合自身特质，找准产业定位，科学进行规划，挖掘产业特色、人文底蕴和生态禀赋，形成"产、城、人、文"四位一体有机结合的重要功能平台。

产业定位不能"大而全"，力求"特而强"。产业选择决定小镇未来，必须紧扣产业升级趋势，锁定产业主攻方向，构筑产业创新高地。定位突出"独特"。特色是小镇的核心元素,产业特色是重中之重。找准特色、凸显特色、放大特色,是小镇建设的关键所在。每个特色小镇都紧扣七大产业和历史经典产业,主攻最有基础、最有优势的特色产业,不能"百镇一面"、同质竞争。即便主攻同一产业,也要差异定位、细分领域、错位发展,不能丧失独特性。比如,云栖小镇、梦想小镇都是信息经济特色小镇,但云栖小镇以发展大数据、云计算为特色,而梦想小镇主攻"互联网创业+风险投资"。投资突出"有效"。特色小镇的建设,不要华而不实的增长指标,要的是"转型"与"创新"的含金量。环保、健康、时尚、高端装备制造等4大行业的特色小镇3年内要完成50亿元的有效投资,信息经济、旅游、金融、历史经典产业等特色小镇3年内要完成30亿元的有效投资。这个投资必须突出"有效性",与实体经济紧密结合,聚焦前沿技术、新兴业态、高端装备和先进制造。截至11月,首批37个重点培育的特色小镇新集聚了3300多家企业,引进了1.3万多人才,包括大批青年人才,带来了含金量较高的新增投资、新建项目和新增税收。建设突出"质量"。产业布局上,不能"新瓶装旧酒",也不能在原有区块贴"新标签"。项目甄别上,不能"捡到篮子里的都是菜",特色小镇的项目必须是精挑细选的好项目。投入产出上,不能仅靠数字、指标说话,更要靠形象、效益、实物说话。要瞄准高端产业和产业高端,引进创新力强的领军型团队、成长型企业,鼓励高校毕业生等90后、大企业高管、科技人员、留学归国人员创业者为主的"新四军"创业创新,尤其要为有梦想、有激情、有创意,但无资本、无经验、无支撑的"三有三无"年轻创业者提供一个起步的舞台。

功能叠加不能"散而弱",力求"聚而合"。功能叠加不是机械的"功能相加",关键是功能融合。林立的高楼大厦不是浙江要的特色小镇,"产业园+风景区+文化馆、博物馆"的大拼盘也不是浙江要的特色小镇,浙江要的是有山有水有人文,让人愿意留下来创业和生活的特色小镇。要深挖、延伸、融合产业功能、文化功能、旅游功能和社区功能,避免生搬硬套、牵强附会，真正产生叠加效应、推进融合发展。

（1）发掘文化功能。文化是特色小镇的"内核"，每个特色小镇都要有文化标识，能够给人留下难忘的文化印象。要把文化基因植入产业发展全过程，培育创新文化、历史文化、农耕文化、山水文化，汇聚人文资源，形成"人无我有"的区域特色文化。特别是茶叶、丝绸、黄酒等历史经典产业都有上千年的文化积淀，主攻这些产业的文创小镇要重点挖掘历史文化，保护非物质文化遗产，延续历史文化根脉，传承工艺文化精髓。

（2）嵌入旅游功能。特色小镇的开发建设，旅游并不是核心目的，但拥有一定的旅游功能作支撑，小镇会更有生命力。山水风光、地形地貌、风俗风味、古村古居、人文历史等都是旅游题材。每个特色小镇都要利用自身的旅游资源，打造3A级景区，旅游特色小镇站位更高，打造5A景区。特色小镇除了传统的景区旅游外，还可以赋予休闲旅游、工业旅游、体验旅游、教学旅游、健康旅游等更加多元化的旅游功能。制造业特色小镇要围绕生产、体验和服务来设计旅游功能，比如嘉善巧克力甜蜜小镇突出"旅游+工业"特色，围绕甜蜜和浪漫主题，整合"温泉、水乡、花海、农庄、婚庆、巧克力"元素，全方位展示巧克力工艺文化和浪漫元素，2015年前11个月已接待游客112万人次，旅游营业收入突破3500万元。

（3）夯实社区功能。建立"小镇客厅"，提供公共服务App，推进数字化管理全覆盖，完善医疗、教育和休闲设施，实现"公共服务不出小镇"。山南基金小镇以"办事不出小镇"为目标，开通了国际医保服务，推行证照一站式办理，将普通小学改造提升为双语小学，"零距离"、"零时差"为小镇企业服务，集聚了大批顶级私募机构以及包括莫言在内的一批知名文化人士。

建设形态不能"大而广"，力求"精而美"。美就是竞争力。无论硬件设施，还是软件建设，要"一镇一风格"，多维展示地貌特色、建筑特色和生态特色。

（1）求精，不贪大。小，就是集约集成；小，就是精益求精。根据地形地貌，做好整体规划和形象设计，确定小镇风格，建设"高颜值"小镇。规划空间要集中连片，规划面积控制在3平方千米左右，建设面积控制在1平方千米左右。建立特色小镇电子空间坐标图，界定规划范围和建设用地范围，建设面积不能超出规划面积的50%。

（2）求美，不追高。特色小镇的"美"不是高楼大厦撑起来的，关键是建筑特色和艺术风格。从小镇功能定位出发，强化建筑风格的个性设计，系统规划品牌打造、市场营销和形象塑造，让传统与现代、历史与时尚、自然与人文完美结合。龙泉青瓷小镇建筑虽然低密度、低容积率，但"小镇味道"十分独特，引来了4位重量级工艺大师，设立了46个创作工作室。

（3）求好，不图快。必须生态优先，坚守生态良好底线，实行"嵌入式开发"，在保留原汁原味的自然风貌基础上，建设有江南特色和人文底蕴的美丽小镇，让回归自然、田园生活不再遥远，让绿色、舒适、惬意成为小镇的常态。

总之，小镇的形态之美，是独特的自然风光之美、错落的空间结构之美、多元的功能融合之美、多彩的历史人文之美的有机统一。

制度供给不能"老而僵"，力求"活而新"。特色小镇的建设，不能沿用老思路、老办法，必须在探索中实践、在创新中完善。改革突出"试验"。特色小镇的定位是综合改革试验区。凡是国家的改革试点，特色小镇优先上报；凡是国家和省里先行先试的改革试点，特色小镇优先实施；凡是符合法律要求的改革，允许特色小镇先行突破。政策突出"个性"。对如期完成年度规划目标任务的特色小镇，省里按实际使用建设用地指标的50%给予配套奖励，其中信息经济、环保、高端装备制造等特色小镇再增加10%的奖励指标，对3年内未达到规划目标任务的，加倍倒扣奖励指标。特色小镇在创建期间及验收命名后，规划空间范围内的新增财政收入上交省财政部分，前3年全额返还、后2年返还一半给当地财政。服务突出"定制"。在市场主体登记制度上，放宽商事主体核定条件，实行集群化住所登记，把准入门槛降到最低；在审批流程再造上，削减审批环节，提供全程代办，创新验收制度，把审批流程改到最便捷，让小镇企业少走弯路好办事。同时，实行企业"零地"投资项目政府不再审批、企业独立选址项目高效审批、企业非独立选址项目要素市场化供给机制和政府不再审批。义乌市打造了从市场主体登记到项目验收的"一条龙"审批流程，政府部门审批时限从原来的30个工作日缩减到4个工作日，对入驻省级特色小镇的企业申请冠省名的，注册资本从1000万元降低至500万元。

特色小镇顺应了发展规律、适应了发展趋势，使得浙江人"敢为人先，特别能创业"的精神再次喷涌而出，"小镇经济"日新月异。在省里首批重点培育的37个特色小镇基础上，第二批即将出炉，特色小镇创建热潮不断掀起。这些创建中的特色小镇，既是一个个产业创新升级的发动机，又是一个个开放共享的众创空间；既处处展现江南水清地绿的秀美风光，又告别了传统工业区"文化沙漠"现象，彰显了人文气质；既集聚了人才、资本、技术等高端要素，又能让这些要素充分协调，在适宜居住的空间里产生化学反应，释放创新动能。可以说，在浙江众多特色小镇中，我们能够清晰地看到一个个鲜活案例，贯穿着"创新、协调、绿色、开放、共享"五大发展理念在基层的探索与实践。

三、改革创新是特色小镇高质量、内涵式建设的根本动力

特色小镇建设从概念提出到全面展开、效果初显，前后不到一年时间，为什么进展顺利？因为它是经济新常态下的一次改革探索，着力处理好政府与市场、社会的关系，既尊重市场规律又发挥政府作用。更是因为它是一个多方共赢的创新空间和生活空间，政府搭起平台、集聚资源，企业找到产业升级的机会，人才获得最优的创业服务，所有参与者甚至周边的老百姓都身处宜业宜居的优美生态环境之中。可谓"小空间大战略"，更可

谓"空间虽小、多方受益"。

特色小镇是浙江的积极探索,始于改革创新,也只能成于改革创新,一定要摒弃行政化的思维定式、路径依赖和体制束缚,用改革与创新的精神推进规划、建设和运营,大胆探索,大胆试验,走出新路。

新在规划理念,实行"多规合一"。特色小镇规划不是单一的城镇规划或园区规划,而是各种元素高度关联的综合性规划。因此,必须坚持规划先行、多规融合,突出规划的前瞻性和协调性,统筹考虑人口分布、生产力布局、国土空间利用和生态环境保护。要摒弃"贪大求洋""大拆大建"的做法,坚持节约集约利用土地,合理界定人口承载力、资源承载力、环境承载力与产业支撑力,在开发中保护,在保护中开发。结合资源禀赋条件,联动编制产业、文化、旅游"三位一体",生产、生活、生态"三生融合",工业化、信息化、城镇化"三化驱动",项目、资金、人才"三方落实"的建设规划。规划编制要精细,不仅要编制概念性规划,还要编制控制性详规、核心区设计规划等,画出空间布局图、功能布局图、项目示意图,确保小镇规划可落地。

新在运营机制,实行"企业主体"。特色小镇的成败不在于政府是否给帽子、给政策,关键在于企业是否有动力,市场是否有热情。因此,特色小镇不能由政府大包大揽,必须坚持企业为主体、市场化运作。政府要有所为、有所不为,做好编制规划、保护生态、优化服务,不干预企业运营。要摒弃"先拿牌子、政府投资、招商引资"的传统做法,引入有实力的投资建设主体,让专业的人干专业的事。要给予小镇独立运作的空间,发挥当地居民、村(社区)的主动性和积极性,引导各方社会力量参与小镇的规划建设,使市场主体和当地居民成为特色小镇开发建设的真正主体。要创新融资方式,探索产业基金、股权众筹、PPP等融资路径,加大引入社会资本的力度,以市场化机制推动小镇建设。要引入第三方机构,为入驻企业提供专业的融资、市场推广、技术孵化、供应链整合等服务,使特色小镇成为新型众创平台。

新在制度供给,实行"优胜劣汰"。坚持质量导向,把实绩作为唯一标准,重点考量城乡规划符合度、环境功能符合度、产业定位清晰度、文化功能挖掘度等内涵建设情况。实施"创建制",重谋划、轻申报,重实效、轻牌子,上不封顶、下不保底,宽进严定、动态管理,不搞区域平衡、产业平衡,形成"落后者出、优胜者进"的竞争机制。实施"期权激励制",转变政策扶持方式,从"事先给予"改为"事后结算",对于验收合格的特色小镇给予财政返还奖励。实施"追惩制",对未在规定时间内达到规划目标任务的,实行土地指标倒扣,防止盲目"戴帽子",确保小镇建设质量。

镇小能量大,创新故事多;镇小梦想大,引领新常态。创新百个特色小镇的生动画卷已经在浙江大地展开。不久的将来,一个个产业特色鲜明、人文气息浓厚、生态环境优美、多功能叠加融合、体制机制灵活的美丽小镇将深刻改变浙江的经济社会发展格局,推动新常态下的浙江发展保持中高速、迈向中高端。

反侵权盗版声明

电子工业出版社依法对本作品享有专有出版权。任何未经权利人书面许可，复制、销售或通过信息网络传播本作品的行为；歪曲、篡改、剽窃本作品的行为，均违反《中华人民共和国著作权法》，其行为人应承担相应的民事责任和行政责任，构成犯罪的，将被依法追究刑事责任。

为了维护市场秩序，保护权利人的合法权益，我社将依法查处和打击侵权盗版的单位和个人。欢迎社会各界人士积极举报侵权盗版行为，本社将奖励举报有功人员，并保证举报人的信息不被泄露。

举报电话：（010）88254396；（010）88258888

传　　真：（010）88254397

E-mail：　dbqq@phei.com.cn

通信地址：北京市万寿路173信箱
　　　　　电子工业出版社总编办公室

邮　　编：100036